KB041952

프레드릭 제임슨

이언 뷰캐넌 지음
민현주·조지훈 옮김

LIVE THEORY

프레드릭 제임슨

초판 1쇄 발행 2023년 3월 10일

지은이 이언 뷰캐넌
옮긴이 민현주·조지훈

펴낸이 김현태
펴낸곳 책세상

등록 1975년 5월 21일 제2017-000226호
주소 서울시 마포구 잔다리로 62-1, 3층(04031)
전화 02-704-1251
팩스 02-719-1258
이메일 editor@chaeksesang.com
광고·제휴 문의 creator@chaeksesang.com
홈페이지 chaeksesang.com
페이스북 /chaeksesang 트위터 @chaeksesang
인스타그램 @chaeksesang 네이버포스트 bkworldpub

ISBN 979-11-5931-899-3 94100
979-11-5931-829-0 (세트)

- 잘못되거나 파손된 책은 구입하신 서점에서 교환해드립니다.
- 책값은 뒤표지에 있습니다.

LIVE THEORY

프레드릭 제임슨

이언 뷰캐넌 지음
민현주·조지훈 옮김

Fredric Jameson

차례

약어 목록 6

1장 **변증법적 비평** 13

반성성 16

역사 결정론 23

메타코멘터리 32

작가의 두 가지 문제 41

변증법적 비평과 유토피아 50

2장 **사르트르, 아도르노, 브레히트 그리고 바르트** 52

사르트르 56

아도르노 63

브레히트 74

바르트 84

3장 **정치적 무의식** 94

역사 101

알레고리 109

해석 116

4장 **포스트모더니즘** 134

포스트모던 시대 138

역사적 선례 144

문화적 지배종 149

포스트모던의 증상 153

포스트모던의 궤적 174

5장 **인식적 지도 그리기와 유토피아** 176

인식적 지도 그리기 177

유토피아 188

결론 196

6장 **프레드릭 제임슨과 대화** 197

감사의 말 218

옮긴이의 말 219

주 227

참고문헌 241

약어 목록

본문에 인용하는 제임슨의 저작은 다음 약어로 표시한다.

AF 《미래의 고고학: 유토피아와 다른 SF라고 불리는 욕망Archaeologies of the Future: The Desire Called Utopia and Other Science Fictions》

BM 《브레히트와 방법Brecht and Method》

CM 〈인식적 지도 그리기Cognitive Mapping〉

CT 《문화적 전환: 포스트모던에 관한 선집, 1983~1998The Cultural Turn: Selected Writings on the Postmodern, 1983-1998》

DD 〈데카메론으로서 십계Dekalog as Decameron〉

ET 〈시간성의 종말The End of Temporality〉

F1 〈서문〉, 줄리앙 그레마스Algirdas Julien Greimas, 《의미에 관하여: 기호학 이론 선집On Meaning: Selected Writings in Semiotics Theory》

F2 〈서문〉, 장 프랑수아 리오타르Jean-François Lyotard, 《포스트모던의 조건: 정보사회에서 지식의 위상The Postmodern

Condition: A Report on Knowledge》

FA 《침략의 우화: 파시스트로서 모더니스트 윈덤 루이스Fables of Aggression: Wyndham Lewis, the Modernist as Fascist》

FC 〈미래 도시Future City〉

FLH 〈플로베르의 리비도적 역사주의: 세 가지 이야기Flaubert's Libidinal Historicism: Trois Contes〉

FMA 〈은유에서 우화로From Metaphor to Allegory〉

GAH 〈위대한 미국인 사냥꾼: 소설 속의 이데올로기적 내용The Great American Hunter: Ideological Content in the Novel〉

IFJ 〈프레드릭 제임슨과 인터뷰Interview with Fredric Jameson〉

IT1 《이론의 이데올로기: 에세이들 1971~1986, 1권 이론의 상황The Ideologies of Theory: Essays 1971-1986. Volume 1: Situations of Theory》

IT2 《이론의 이데올로기: 에세이들 1971~1986, 2권 역사의 통사론The Ideologies of Theory: Essays 1971-1986. Volume 2: Syntax of History》

LM 《후기 마르크스주의Late Marxism: Adorno or The Persistence of the Dialectic》

MA 〈마크 앵제놋, 문학사, 19세기 문화 연구Marc Angenot, Literary History, and the Study of Culture in the Nineteenth Century〉

MF 《마르크스주의와 형식: 20세기의 변증법적 문학 이론 Marxism and Form: Twentieth-Century Dialectical Theories of

Literature》(*편집자 주: 한국어로 번역·출간된 도서의 제목은 《맑스주의와 형식》(창비, 2014)이다.)

MI 〈모더니즘과 제국주의Modernism and Imperialism〉

MPL 〈마르크스의 도둑맞은 편지Marx's Purloined Letter〉

OCS 〈문화 연구에 대하여On Cultural Studies〉

PCL 《포스트모더니즘, 혹은 후기 자본주의 문화 논리Postmodernism, or, the Cultural Logic of Late Capitalism》

PD 〈변증법의 지속성: 세 개의 장소Persistencies of the Dialectic: Three Sites〉

PH 《언어의 감옥: 구조주의와 형식주의 비판The Prison-House of Language: A Critical Account of Structuralism and Russian Formalism》

PU 《정치적 무의식: 사회적으로 상징적인 행위로서의 서사The Political Unconscious: Narrative as a Socially Symbolic Act》

RG 〈세계화의 재현에 대하여On Representing Globalisation〉

RP 〈포스트모더니즘에 대하여: 프레드릭 제임슨과 대화Regarding Postmodernism: A Conversation with Fredric Jameson〉

RS 〈랭보와 공간 텍스트Rimbaud and the Spatial Text〉

S 《사르트르: 문체의 기원Sartre: The Origins of a Style》

SM 《단일한 근대성: 현재의 존재론에 관한 에세이A Singular Modernity: Essay on the Ontology of the Present》

ST 《시간의 씨앗The Seeds of Time》

STS 〈이론의 증상 혹은 이론에 대한 증상?Symptoms of Theory or

Symptoms for Theory?〉

SV 《보이는 것의 날인Signatures of the Visible》

TL 〈현대 화가 3인의 리비도 경제를 향하여Towards a Libidinal Economy of Three Modern Painters〉

U 〈역사에서 '율리시스''Ulysses' in History〉

WS 〈윌리스 스티븐스Wallace Stevens〉

본문에 인용하는 다른 저자의 저작은 다음 약어로 표시한다.

OP 페리 앤더슨Perry Anderson, 《포스트모더니티의 기원들The Origins of Postmodernity》

SO 슬라보예 지젝Slavoj Žižek, 《이데올로기의 숭고한 대상The Sublime Object of Ideology》

TN 슬라보예 지젝, 《부정적인 것과 함께 머물기: 칸트 헤겔 그리고 이데올로기 비판Tarrying with the Negative: Kant, Hegel, and the Critique of Ideology》

일러두기

1 원문의 이탤릭체는 고딕체로 표시했다.
2 [ ] 안의 내용은 지은이가, 〔 〕 안의 내용은 옮긴이가 쓴 것이다.
3 한국어 번역본이 있는 경우, 원문 출처 옆에 번역본 쪽수를 병기했다.
4 주에 인용한 저서는 모두 영문판을 기준으로 쪽수를 표기했다.

라이브 이론

프레드릭 제임슨

Fredric Jameson

1장

변증법적 비평

문화의 산물은 거의 잊힌 암호로 우리에게 다가온다.
심지어 더는 문화 그 자체로도 인식되지 않는, 우리가 볼 수 있는
그 기관을 잃어버린 오래된 총체성의 파편처럼 말이다.
프레드릭 제임슨, 《마르크스주의와 형식》

현대 사상에서 프레드릭 제임슨의 중요성을 주장하는 것은 불필요하다. 새로운 전 지구적인 사회에 대한 의식을 형성하는 데 제임슨이 기여한 바는 매우 크다. 따라서 제임슨이 《브레히트와 방법Brecht and Method》에서 브레히트를 논한 것처럼, 나 역시 제임슨의 눈부신 길을 따라 그가 얼마나 유용한지 논하고자 한다. 이 책에서 나는 '변증법적 비평dialectical criticism'이라고 불리는 제임슨의 분석 방법을 중점적으로 보여줄 것이다. 제임슨은 변증법적 비평이 우리에게 충격을 줘야 한다고 주장하는데, 이는 마치 "승강기의 낙하나 비행기의 급강하에서 느끼는 어떤 메스꺼운 전율"(MF, 308/359)과 같은 것이다. 변증법적 비평은 우리에게 소위 일상이라고 부르는 세계사적 상황에서 거리를 두고 참여하는 관찰자의 역할을 강하게 상기시키기 때문이다. 충격

은 변증법의 출발점이자 핵심이며, 실제로 '변증법의 구성 요소' 이기도 하다. 이런 전환의 순간이 없다면, 다시 말해 "이전의 좀 더 소박한 입장에 대한 이와 같은 최초의 의식적 초월이 없다면, 어떤 진정한 변증법적 의식화도 불가능하다"(MF 308/359). 제임슨의 독자라면 이런 강렬한 충격(변증법적 충격)을 경험할 수밖에 없다. 이처럼 문화적 영역에 대한 우리의 이해를 급진적으로 변화시키는 제임슨은 20세기의 가장 중요한 문화비평가임이 틀림없다.

앞서 언급했듯이 변증법적 비평은 충격을 주는 것을 목적으로 하며, 동시에 충격은 변증법적 비평의 기능 그 자체다. 따라서 충격의 부재는 우리가 아직 변증법의 문을 통과하지 못하고 있다는 확실한 신호로 읽을 수 있다. 변증법적 비평에 대한 접근법이 아직 습속과 전통의 족쇄에서 벗어나지 못하는 것이다. 이런 상황은 변증법적 비평의 두 가지 목적을 말해준다. 첫 번째 목적은 변증법적 비평은 국지적인 투쟁에서 한 계급 분파가 자신들의 이익을 도모하기 위해 상황을 비밀스럽게 조직하는 방식을 드러낸다. 두 번째 목적은 변증법적 비평은 미래에 대한 사유를 위한 하나의 공간을 연다(MF, 381/436). 이는 제임슨의 모든 연구가 직접적으로 표현될 수 없는 계급적 이해관계(궁극적으로 계급 갈등을 뜻하는)를 뒷받침한다는 것을 시사한다. 계급적 이해관계는 궁극적인 외설이며, 변증법적 비평은 이를 검열하고 위장하는 문화의 다양한 수단을 발견한다. 비록 그 모든 방식이 결국 동일한 방식임이 드러나지만 말이다. "이데올로기가 적을 비방하면서 특정 계급의 인간적 위엄과 깨끗한 양심을 선양하도록 고안된다는 점은 우리가 자주 듣지만 자주 잊어버리는 교훈이다"(MF, 380/436). 따라서 계급투쟁은 변증법적 비평이 재구성해야 하는 궁극적인 현실이다. 텍스트의 역사적 상황을 끈질기고 포괄적으로 재구성함으로써만 얻을 수 있는 계급 갈등에 대한 지식이야말로 변증법적 비평의 구성적 충격을 생산한다. 따라서 역사를 해석적으로 재구성하려면 문학에서 사회경제학이나 역사로의 이행처럼 한 전문 분야에서 다른 전문 분야로의 이행이 아니라 전문화에서 구체적인 것 자체로의 이행이 필요하다(MF, 377/433). 즉 이런 사유 방식이 필요하다면 텍스트를 바라보는 지평과 이를 관찰하는 시각이 확장돼야 한다(MF, 390/446).[1]

최근 제임슨은 현대 이론에서 변증법의 운명에 대해 "나는 변증법을 특징짓는 세 가지 방법이 유용하다는 사실을 알았다"며 극히 중요한 논평을 제시했다. 변증법을 세 가지 다른 측면에서 고찰하는 것은 변증법의 가능성을 고갈시키지 않고 오히려 논의를 명확히 하며, 변증법에 대한 혼란이나 범주 오류를 알려주는 역할을 한다(PD, 360). 변증법은 다음 세 가지 측면에서 고찰할 수 있다. (1) 반성성reflexivity, 즉 필연적인 사후 비판second-guessing 혹은 분석 도구의 다양한 용어와 개념의 재고라는 측면. (2) 인과성과 역사적 서술의 문제화 측면. (3) 모순의 생산 측면. 변증법의 세 번째 측면은 제임슨의 작업에서 가장 발전된 형태다. 변증법의 세 번째 측면에 대한 설명에서 '메타코멘터리metacommentary'의 가장 정제된 설명을 발견하는데, 여기서 제임슨은 일종의 '방법론'을 제공한다(앞으로 살펴보겠지만 이 방법론은 당면한 특정한 경우의 요구에 따라 조정·변경돼야 한다). 변증법을 고찰하는 이 세 가지 측면은 어떤 식으로든 서로 배타적으로 보여선 안 된다. 오히려 삼각형의 세 변으로 보는 편이 훨씬 정확하다.

반성성

"변증법이 들려줘야 할 기본적 이야기는 분명히 변증법적 반전에 관한 것이다. 이는 한 현상이 역설적으로 그 반대 현상으로 전환됨을 말하며, 양이 질로 변하는 것은 그중 잘 알려진 구체적 예일 뿐이다. 이는 시간 속에서 일어나는 일종의 '거꾸로 넘기'로 묘사될 수 있는데, 즉 특정한 역사적 상황의 결정이 실제로는 은밀한 장점이었음이 드러나고, 불변의 우월성으로 보이던 것이 갑자기 미래의 발전을 철벽처럼 가로막는다"(MF, 309/361). 필름의 기술혁신의 관점에서 짧은 영화사를 쓴 피터 울렌Peter Wollen의 작업은 앞서 언급한 변증법적 반전의 생생한 사례를 제공한다(제임슨은 이를 다소 신랄하게 핵미사일 개발의 역사로 설명했다).[2] 영화사에서 컬러필름은 야외에서 더 자유롭게 촬영할 수 있도록 흑백필름이 기술적으로 충분히 발전한 순간, 즉 카메라와 서사 모두 스튜디오의 폐쇄적인 경계에서 해방된 순간에 도입됐다. 그런데 흑백에서 컬러로의 급격한 필름 색상의 변화를 조명의 발전이 충분히 따라가지 못했기 때문에 적어도 초기 몇 년 동안 컬러필름으로는 야외촬영이 불가능했다.

그래서 흑백필름으로 촬영했을 때보다 영화가 사실적으로 보이기 시작했는데도 스튜디오의 제약은 서사와 조화를 이루지 못하며 이에 상반되는 인공적인 느낌을 줬다. 관객은 흑백영화의 절정기에 펼쳐지는 장대한 이야기에 익숙해지기 무섭게 천연색영화가 도입하는 밀실 공포증의 드라마로 밀려들었다. 흑백영화는 예전보다 표현력이 떨어지기 시작했고, 영화가 가져다주는 '현실 효과'는 효력을 잃었다. 결국 흑백은 지금과 같이 예술적인 표현주의의 '기호'가 됐다. 감독은 흑백으로 촬영할지 컬러로 촬영할지를 결정할 때, 실제처럼 보이는 것과 인위적으로 보이는 것, 그러나 사실은 인공적인 것처럼 느끼는 것과 실제처럼 느끼는 것 중 하나를 선택해야 했다. 그 결과 어떤 영화는 제작이 불가능했고, 어떤 영화는 이전보다 매력적인 것으로 등장했다. 실제로 서부영화는 발전의 절정에서 완전히 멈춘 반면, 시대극costume drama과 뮤지컬은 갑작스럽고 극적인 운명의 변화를 맞았다. 비현실적인 스펙터클과 강렬한 움직임이 전경화된 뮤지컬의 판타지적 설정은 스튜디오에 국한된 촬영과 인공적인 색채라는 단점을 장점으로 활용했다.[3]

하지만 이처럼 한 영화필름의 장단점이 이와 대비되는 다른 영화필름의 장단점으로 반전되는 이야기를 하려면 다음 조건이 필요하다. 즉 영화필름 자체를 영화사를 뒷받침하는 적절한 요소로 분리해야 한다. 이야기를 구성하기 위한 역사적 변수의 초기 선택의 순간은 변증법적 비평의 첫 번째이자 가장 중요한 순간이다(MF, 311/362). 어떤 변수가 특정 유형의 역사를 전개하는 데 적합한지 결정하는 것은 방법론적으로나 인식론적으로나 중요한 문제다. 잘못된 선택은 분명 처참한 결과로 드러나겠지만, 그렇다고 애당초 확실한 선택 하나만 가능하다고 여겨선 안 된다. 예술 매체의 발전, 특히 영화처럼 급속도로 확산한 매체의 발전 같은 복잡한 이야기에 직면했을 때, 어떻게 한 가지 요소만 결정적이라 할 수 있는가? 영화 발전의 요소로 고려되지 않은 경쟁적인 선택이 얼마든지 있지 않았을까? 제임슨은 이 질문에 대해 확실한 대답을 하지는 않지만, 우리의 선택이 타당한지 결정하는 데 도움을 줄 수 있는 몇 가지 지침을 제공한다.

우선 선택은 관계적이어야 한다. 또 위의 예시에서 분명히 나타나듯, 설정과 서사에 관한 예술적 선택에 영향을 미치는 기술적 요소에 주의를 환기하고, 이에 따라 다른 식으로는 고려해보지 않았을 선택이 무엇인지 의문을 제기해야 한다. 우리는 출발점으로 선택한 지점이 진정으로 역사 초월적인 것이라는 사실에 주의해야 하며, (제임슨의 놀라운 구절을 인용하자면) 우리의 눈을 묘사하는 것을 그만둬야 한다. 예를 들어 '시점'이라는 문학적 장치는 18세기 중엽 고안 당시 중산층의 역사적 상황을 반영하는데, 제임슨은 이를 중세부터 우리 시대까지 문학사를 분석하기 위해 사용하거나 소설 이외 민요와 같은 다양한 문학 자료에 적용하는 것은 적절하지 않다고 주장한다(MF, 358/413). 부적절하게 적용한 시점은 과거를 아직 전개되지 않은 현재의 전조처럼 간주하는 것과 같은 잘못된 시각을 우리에게 부여하고, 다른 모든 문학적 생산물을 소설의 무의식적 전조처럼 보이게 한다. 현재의 문학작품 양식을 이전 시대에 적용하는 것은 적합하지 않은데도 말이다. 이런 식으로 특정한 양식적 효과나 기법을 역사와 분리하는 것은 불투명한 과거를 이해하도록 도와주는 보편적이며 역사 초월적인 범주를 생산하는 것이 아니다. 오히려 과거를 현재의 네거티브필름으로 바꾸는 비역사적 범주를 생산하는 것이다.[4]

앞서 간략히 요약한 영화 발전의 역사에는 관객의 감성에 대한 고려가 결여됐다. 여기서 관객의 감성은 기술혁신으로 직접 결정할 수 있는 차원을 넘어서는 요소다. 아무리 스튜디오에서 뮤지컬 분야를 집중적으로 제작하는 것이 수월했을지라도, 컬러필름 도입에 따른 기술적 제약과 변화에 관객이 보조를 맞추지 못했다면 이는 상업적인 재앙이 됐을 것이다. "이렇게 해서 순전히 문학적인 맥락이라 여겨지던 곳에서도 역사적 결정론이라는 성가신 문제가 서서히 눈앞에 나타나기 시작한다"(MF, 359/414). 영화가 기술의 변화에 따라 색채가 만들어내는 새로운 가능성의 범위에 적응할 수밖에 없었음은 당연한 사실이다. 하지만 영화가 제공할 수 있게 된 새로운 것을 기술적 변화만으로 관객이 선호하게 됐다고 말할 순 없다. 흥행과 취향을 지나치게 직접적으로 동일시해선 안 된다. 뮤지컬 자체를 그렇게 좋아하지 않는 관객도 뮤지컬에 도입된 영화적 표현의 변화는 마음에 들었을 수 있다. 영화는 이런 발전의 순간에 현실을 복제하려는 시도를 멈추고 대신에 의식적으로 자신의 현실을 창조하기 시작했다. 현대 영화에서 발견되는 자연에 대한 휘황찬란한high-gloss 접근은 가을 낙엽, 바람에 흩날리는 눈송이, 여름날 수면 위에 춤추는 햇살에서 한 편의 시나 발레처럼 자신의 원천을 움직임과 컬러가 전경화된 특정한 장치의 변화에 빚지고 있다. 이런 이미지는 단순히 계절을 나타내는 게 아니라, '분위기'의 기표다. 이와 대조적으로 〈차이나타운Chinatown〉(Polanski, 1974)이나 〈바톤 핑크Barton Fink〉(Coen, 1991)에서 여름을 연상케 하는 붉은 얼굴, 땀에 젖은 이마, 벗겨진 벽지, 쓸모없는 천장 선풍기의 윙윙거리는 소리 등은 열정과 불안의 이미지다. 이런 차이는 곧 명백해진다.[5] 이것이 뮤지컬의 영화사적 역할이었다면, 이는 분명히 제임슨이 말하는 '사라지는 매개'의 한 예다. 뮤지컬 장르는 멀티플렉스 극장에서 거의 완벽하게 사라졌기 때문이다. 뮤지컬은 이제 〈시카고Chicago〉(Marshall, 2003)나 〈물랑루즈Moulin Rouge〉(Luhrmann, 2001)처럼 이전 세대 총천연색 뮤지컬의 경박함과 완전히 대립되는 진지한 몇 작품이 살아남았을 뿐이다.

들뢰즈가 《시네마Cinema》 1·2권에서 영화의 '자연사'를 다루며 보여주듯, 그는 어떤 기술 발전에도 거의 주목하지 않는다(예외적으로 소리와 색상에는 주목하지만, 이를 결정적인 변화로 다루진 않는다). 영화 이미지 자체가 특정한 시기에 변화했고, 그에 따라 영화에서 인과성을 구상하는 방법이 달라졌는데도 말이다.[6] 들뢰즈는 1895년 영화가 탄생한 이후 1945년 제2차 세계대전이 끝날 때까지 아우르는, 그가 '운동-이미지movement-image'로 언급한 영화 발전의 첫 번째 단계에서 인과성을 '감각-운동sensory-motor' 도식으로 구성한다. 감각-운동 도식에 따르면 등장인물은 외부의 압력에 '반응'한다. 그들은 쫓기면 뛰고, 습격하면 움츠러들고, 다른 사람의 말이나 행동에 자극을 받으면 웃거나 운다. 히치콕은 악명 높은 맥거핀(뭔가 만들어내지만 결국 아무것도 아닌 것으로 드러내는 어떤 요소)으로 이 특정 단계의 최고 순간이자 궁극적인 종착점에 도달한다. 악명 높은 맥거핀은 원인을 암시하거나 착시하는 것만으로 행동을 불러일으킬 수 있음을 보였고, 이것의 주요한 메커니즘은 오인된 정체성이다. 들뢰즈에 따르면, 히치콕은 이런 발상을 최대한 실현해 그의 영화는 영화 매체 발전에 전환점이 됐다. 하지만 그는 자신이 만든 틀에서 벗어나지 못했다. 감각-운동 도식으로 설명할 수 없는 새로운 영화는 이탈리아의 네오리얼리즘 감독들이 발견했다. 네오리얼리즘 계열의 감독 로셀리니Roberto Rossellini와 데시카Vittorio De Sica는 전후 유럽의 폭격으로 폐허가 된 황무지에서 새로운 '결정체적crystalline' 인과성과 새로운 이미지를 발명했다. 들뢰즈는 이를 '시간 이미지time-image'라고 부른다. 이제 등장인물은 자신이 보고 느끼는 것에 따라 행동이 아니라, 환영과 꿈, 환각과 광기로 반응한다. 참을 수 없는 무엇이 그들 안에서 솟아올라 마치 '세상의 모든 불행이 탄생할 것'[7]처럼 스크린에 쏟아진다. 이 새로운 영화가 탄생한 까닭은 유럽의 전후 풍경 자체가 믿을 수 없는 과거의 믿음이 되어, 그 속에 더는 감각-운동

도식으로 설명할 수 있는 미리 주어진 반응이 존재하지 않기 때문이다. 네오리얼리즘을 따라 위대한 영화를 만든 몇몇 미국 감독은 전후 호황기에 생겨난 새로운 소비사회를 전후 세대 유럽인이 느낀 것처럼 이질적이고 '파괴된' 풍경으로 파악했다.

어디서부터 시작하느냐는 중요하지 않다. 우리가 그 출발점을 어떤 식으로든 그 자체로 자기충족적인 것으로 다루지 않고 텍스트를 직관적으로 바라보는 데서 벗어나 해석의 지평을 넓힌다는 원칙에 준수한다면 말이다. 변증법적 비평은 자신의 개념과 범주를 전개함과 동시에 이를 비판하는 방법을 개발함으로써 다른 비평과 구별된다. 이는 분석에서 관찰자의 위치와 사상가의 자의식도 고려하는 것을 의미한다. "그러나 자의식은 내성內省을 의미하지 않으며, 변증법적 사유도 결코 개인적 사고가 아니라, 특정 유형의 자료가 우리의 사고 대상뿐만 아니라 그 특정한 대상의 내재적 성격에 의해 야기된 일련의 정신작용으로 의식하도록 만드는 방식이다"(MF, 341/394). 다시 말해 간혹 문화 연구 작업에서 마주칠 수 있는 지나치게 자기성찰적이고 거의 나르시시스트적인 자의식은 변증법적 비평의 적이다. 양극단에 대한 원한으로 흠뻑 젖어 타인의 '특권적' 발화 위치를 견책하는 것, 자신의 '특권적' 발화 위치 역시 고통스럽게 해부하는 것은 변증법적 비평이 극도로 반대하는 것이다. 변증법적 비평은 항상 자기반성과 자기비판을 요구하는 시스템을 밝혀내고, 이를 비판하는 것을 목표로 해왔다. "해석에 대한 모든 사고는 해석적 상황의 기이한 부자연스러움으로 침잠해야 한다. 다시 말해 모든 개별적인 해석은 자신의 존재에 대한 해석을 포함해야 하며, 자신의 자격을 보여주고 스스로 정당화해야 한다. 모든 논평은 동시에 메타코멘터리여야 한다"(IT1, 5). 이런 식으로 해석하면 "역사 그 자체와 작품뿐만 아니라 논평자의 역사적 상황까지 관심을 돌리게 된다"(IT1, 5).

역사 결정론

제임슨이 《마르크스주의와 형식Marxism and Form》에서 처음 제기한 역사 결정론의 문제에 대한 답은 《정치적 무의식The Political Unconscious》 1장 〈해석에 관하여On Interpretation〉에서 명확히 드러난다(이는 3장에서 자세히 볼 것이다). 제임슨은 인과성, 특히 알튀세르Louis Althusser의 인과성 비판을 고찰하면서 문제에 접근한다. 알튀세르에게는 인식론으로 알려진 인과성의 세 가지 유형이 있는데, 이는 다음과 같다(그는 후술한 세 가지 인과성 가운데 하나만 타당한 것으로 간주한다). (1) 기계적 인과성, (2) 표현적 인과성, (3) 구조적 인과성. 첫 번째 유형인 기계적 인과성의 한 예로 제임슨이 표현한 '당구공 식의 인과성 모델'을 들 수 있다. 기계적 인과성은 모든 변수와 영향 요인을 파악하고 미리 설명할 수 있어야 하기에 일반적으로 자연과학이나 물리학에 적합하다. 우리는 흔히 이러한 단순한 모델로는 인문학이 제기하는 복잡한 문제의 유형과 범주를 설명할 수 없다고 생각한다. 그러나 제임슨이 적시하듯, "이런 인과성이 오늘날 문화 연구에서 항상 신용을 잃는 것은 아니다”(PU, 24/28). 그는 소위 ‘3부작 소설triple-decker novel’이 사라지고 더 저렴한 단행본 형식으로 대체된 문학사의 예를 기계적 인과성의 사례로 제시한다. 조지 기싱George Gissing 같은 작가들은 상업적인 압박을 받아 새로운 출판 방식을 수용할 수밖에 없었고, 글의 구조를 바꿔야 했다. 이야기는 짧아지고, 서사의 전개가 압축되는 와중에 이전 형식에서 느낄 수 있던 독서의 즐거움을 보전하기 위해 심혈을 기울여야 했다(이와 비슷한 맥락이 음반 분야에서는 싱글 레코드에서 엘피 레코드로 전개된다. 다만 앞서 예시와 반대로 길이가 더 길어진다). 앞서 논의한 흑백필름에서 컬러필름으로 전환은 기계적 인과성의 또 다른 예가 될 수 있다. 제임슨은 계속해서 “문제는 어떤 형식적 변화를 바라보는 이런 사고방식이라기보다 객관적 사건, 즉 이 세계에서 일어난 문화적 변화의 본질이다. 이 세계에서는 사용가치와 교환가치의 분리가 바로 이런 ‘문젯거리가 되는’ 외재적인 불연속성, 균열과 원격 행위를 발생시킨다”고 언급한다(PU, 26/29). 결과적으로 기계적 인과성은 무엇보다 시장의 요구사항을 우선하는 사회 시스템의 증상이나 효과로 회귀한다. 기계적 인과성은 새롭게 형성된 존재가 어떤 충격을 줄 수 있는지 보여줌으로써 문화적 생산의 물질적 기반을 일깨울 수 있다는 점에서 문화비평가에게 유익하다.

다음으로 표현적 인과성은 가장 의심스러운 인과성이다. 알튀세르에 따르면, 표현적 인과성은 “헤겔의 사고 전체를 지배하는 모델”(PU, 24/27)이다. 알튀세르가 생각하는 문제는 다음과 같다. "이 모델에서는 원리상 문제의 전체가 내적 본질로 환원될 수 있고, 이에 대해서 전체의 요소는 표현의 현상적 형식에 지나지 않으며, 본질의 내적 원리가 전체의 각 지점에 현재하므로, 계기마다 곧바로 이런저런 요소(헤겔의 경제적·정치적·법적·문학적·종교적 요소 등)는 전체의 내적 본질이라는 등식을 기술할 수 있다"(PU, 24/27). 제임슨의 작업에서 중심적인 두 가지 전략인 총체화totalization와 시대구분periodization은 표현적 인과관계의 전형이자, 알튀세르주의자에 따르면 표현적 인과성의 예시로 간주될 수 있다. 제임슨은 이를 순순히 인정하면서도 표현적 인과관계를 총체화와 시대구분의 가장 협소하고 빈약한 변종에만 적용해선 안 된다고 주장한다. 앞서 우리는 20세기 영화사를 설명하기 위한 설명적 틀을 기술혁신에 국한함으로써, 기술 개발을 영화사의 어느 순간에서도 영화라는 분야 전체를 설명할 수 있는 '내적 본질'로 바꿨다. 이런 맥락에서 '흑백영화' 시대에 관한 짧은 언급은 이 교묘한 전략에 따라 영화의 역사적 순간을 총체화된 진술로 변화시켰다. 영화의 그 역사적 순간은 특정 기간에 기술을 습득하고 색채의 출현과 함께 성숙하여 주류가 된다는 점에서 '긴' 유년 시절에 비유할 수 있다. 이런 설명은 영화사를 총체화하는 방식이다. 총체화와 시대구분 개념은 제임슨이 말한 대로 가능한 기술과 창조적 발전 사이에 일대일의 동질성을 효과적으로 구성한다는 점에서 '치명적으로 환원적'이라는 비난을 면할 수 없다(PU, 27/32). 이른바 '기술 결정론'은 이와 동일한 문제를 사회 차원에서 제기한 것과 같다. 이 관점에서 문화적 변화는 기술적 변화와 밀접한 관련이 있다. 예를 들어 사람들은 인터넷이 통신 속도와 정보 접근, 대인 연결성을 극적으로 증가시켜 사실상 하룻밤 사이에 20세기 문화를 바꿨다고 말한다. 이 모든 것은 어느 정도 부인할 수 없는 사실이지만, 인터넷이 그에 상응하는 문화적 변화를 불러일으켰다는 주장(이를테면 마누엘 카스텔스Manuel Castells의 '네트워크 사회' 개념은 일종의 토템으로 성립된다)은 사회에서 늘 작동하는 다른 사회적 힘의 방대한 집합체를 고려하지 않음을 암시하는 것이기도 하다. 이런 이유에서 제임슨은 포스트모더니즘을 설명하기 위한 수단으로 다양한 '기술 결정론'을 사용하는 것을 단호히 거부한다. 이는 물론 시대구분의 훌륭한 시도이기는 하다. 마르크스주의에서 기술 개발은 항상 그 자체로 결정적인 심급이라기보다 더 거대한 것, 즉 자본의 전개 결과나 기능에 불과하다(PCL, 35/96).

알튀세르가 인정하는 유일한 인과성의 형태인 구조적 인과성은 "전적으로 '재현/상연Darstellung'이라는 개념으로 요약할 수 있다. 이는 마르스스크주의 가치 이론에서 핵심적인 인식론적 개념인데, 이 개념의 목적은 구조가 효과에 현전presence하는 방식을 지칭하는 것, 따라서 구조적 인과성 자체를 지칭하기 위한 것이다"(PU, 24/27). '구조적 인과성'은 그것의 효과에서만 나타나기 때문에 '부재하는 인과성'으로 잘못 서술되곤 하는데, 사실 구조적 인과성은 스피노자에게서 영감을 얻은 것이다. 스피노자에 따르면 신은 모든 곳에 존재하며, 그 이유는 세계 자체가 신적 실체의 효과나 속성이기 때문이다. 알튀세르의 요점은 오늘날 우리를 둘러싼 세계가 우리가 구매하는 상품부터 좋은 삶에 대한 개념에 이르기까지 그 모든 효과와 속성에서 구조적 원인으로서 자본주의 생산양식의 '신성한' 현전의 기호라는 것이다. 때때로 우리는 자본주의가 마음속에서 부재하는 것을 용인하고, 적어도 그런 것처럼 행세할 수도 있다. 하지만 자본주의의 '부재'란 없다. 이렇게 생각하면 구조적 인과성은 표현적 인과성처럼 은폐된 내적 본질로서 더는 겉으로 드러나는 것이 아니기에, 모든 것은 그 구조의 일부로 생각해야 한다. 그러나 이런 사고 체계에서는 모든 것이 연결돼 있고 동일한 실체의 일부임을 함축하기 때문에 곧바로 적용하기 어려울 수 있다. 알튀세르는 이를 인식함과 더불어, 스피노자의 신적 실체의 다양한 속성을 분리하는 방법에 따라 전체의 개별적인 부분을 인정한다. 개별적인 부분은 주로 주요 사회 기관(혹은 학교, 교회, 가족, 언론 등 그가 '이데올로기적 국가 장치'라고 부르는 것과 경찰, 군대 등 '억압적 국가 장치'라고 부르는 것)을 뜻한다. 알튀세르는 개별적인 기관이 반半자율적이며, 스스로 발전할 수 있다고 봤다. 따라서 개별적인 기관은 다른 기관과 함께 발전하거나, 독립적으로 혹은 대립하여 발전하기도 한다. 그러나 이런 반자율적 특성으로 한 기관이 전체를 결정(혹은 '표현')할 수 있는 것처럼 받아들일 순 없다. 전체는 다중적이고 차이에 근거해 연결된 부분이 때로는 조화롭게, 때로는 충돌하면서, 시스템의 재생산과 보존의 목적 같은 것 외에는 어떤 공통의 목적도 없이 작동하는 추상적인 관념으로 구성된다. "알튀세르의 마르크스주의를 구조주의로 분류하려면 여기에는 오직 하나의 구조, 즉 생산양식 자체 혹은 전체로서 사회관계의 공시적인 체계가 존재하는 구조주의라는 본질적인 단서가 필요할 것이다"(PU, 36/43).

사회 기관은 반자율적이기에, 어느 한 기관도 다른 모든 기관을 결정할 수 없다. 예를 들어 경제 부분만 변화를 주듯, 한 부분을 바꾸는 것으로는 전체를 충분히 바꿀 수 없다. 같은 맥락에서 새로운 문체style*의 글쓰기나 영화 제작법이 나타났다고 전체가 변했다는 충분한 증거가 될 수 없다. 따라서 우리는 시대구분과 총체화 같은 개념을 적절하게 취급하는 문제로 돌아간다. 여기서 핵심은 정확히 무엇이 사회와 문화 변화의 지표로 타당하게 사용될 수 있는가다. 답변은 이미 주어졌다. 변화는 전체, 추상 혹은 마르크스주의 용어에 따르면 생산양식 차원에서 발생하며, 이는 그것의 현행적인actual 실체를 구성하는 구체적인 제도 안에서 각기 다른 방식으로 반영된다. 제임슨의 포스트모더니즘 분석이 에르네스트 만델Ernest Mandel의 《후기 자본주의Late Capitalism(Der Spätkapitalismus)》에 의해 가능하게 됐다고 말할 때, 이는 만델이 생산양식 수준에서 변화를 설명할 수 있는 이론을 제공했기 때문이다(PCL, 400/721). 그러나 제임슨이 변

---

* 제임슨의 작업에서 '스타일'이라는 용어는 매우 자주 등장한다. 이를 하나의 용어로 통일하기에는 어려움이 있어 "문체", "양식", "스타일" 등 맥락에 따라 다르게 옮겼음을 밝혀둔다.

화를 추적하는 수단은 전 지구적 문화가 끊임없이 토해내는 모든 새로운 것을 목록으로 만드는 것이 아니다. 물론 오늘날 세계에서 작동하는 문화적 생산의 폭을 제임슨보다 많이 알거나 이에 더 민감하게 반응하는 사람은 없을 것이다. 그러나 지금까지 말하고 행한 사례를 겹겹이 쌓아 올린다고 전체를 이해할 수 있는 것이 아니다. 이는 단순히 분석적으로만 유용할 뿐이며, 목록에 포함해야 하는 것과 포함하지 않아야 하는 것을 구별할 능력이 없는 누적된 설명을 제공하는 데 그친다. 모든 새로운 것이 포스트모더니즘이거나 포스트모더니즘의 징후라면, 그 범주는 사실상 공허하다. 그 결과는 제임슨이 경고하듯, 신발 더미와 같이 더는 읽어낼 수 없는 '파편 더미'에 불과하다. 대신 우리가 해야 할 일은 사라진 것, 더 구체적으로 말하면 오늘날 말할 수 없고 쓸 수 없고 채색할 수 없고 조각할 수 없고 촬영할 수 없는 것을 측량하는 일이다. 그것은 어떤 은폐된 이유로 역사와 연루되지 않았기 때문이다. 따라서 제임슨이 모더니즘에 국한해서 말하는 방식을 우리는 모든 문화적 형태로 확장할 수 있다. 우리의 분석은 각각의 새로운 문화적 형태가 바로 그 산출물의 논리에서 생성되는 '금기'에서 시작해야 한다. 특히 '정치적 무의식'(제임슨의 용어를 사용하면)이나 그가 '야생의 사고pensée sauvage'(레비스트로스의 용어인)라고도 부르는 구석진 곳에 파묻힌, 말하지 않은non-dit '금기', 사유하지 않은 것impensé에서 시작해야 할 것이다(PU, 49/58).

제임슨은 그레마스의 기호 사각형이 최초의 이항 대립에서 열 개의 다른 논리적 관계를 수용할 사분면을 생성할 수 있다는 점에 주목한다. 이는 문화적으로 불가능한 것을 결정하기 위한 분석적 수단이 된다. 제임슨은 기호 사각형을 어떤 개념이나 형식적인 장치가 자신을 구성하는 가운데 필연적으로 은폐하는 '폐쇄 논리'를 밝히는 지도로 사용한다(F1, xv). 예를 들어 그레마스가 설명하듯 "성적 관계에는 결혼 관계, 정상적 관계, 비정상적 관계, 혼외 관계라는 네 가지 논리적 가능성이 있고, 통치 체계에는 명령, 금지, 비명령, 비금지라는 가능성이 있다. 이는 결코 구체적인 친족 관계나 특수하고 역사적인 인간 공동체를 지시하는 것이 아니라, 비어 있는 자리slot 그러나 그들 모두가 필연적으로 실현할 논리적 가능성을 지시한다"(PU, 46/55). 여기서 생각해볼 수 있는 순수하게 형식적인 '불가능성', 예를 들어 J. R. R. 톨킨과 J. K. 롤링의 작품 같은 판타지 소설에 나오는 과학에 대한 금기와 밀스앤드분The Mills and Bonn에서 출간한 다양한 로맨스 작품에서 결혼으로 이어지지 않는 관계는 문화적으로 흥미로운 질문을 제기한다. 이는 장르의 형식적인 한계를 벗어나야 답할 수 있는 질문이다. 이런 질문에 답하기 위해 판타지 소설 내에서 과학의 부정적인 가치를 상쇄하는 긍정적인 가치가 무엇인지 결정해야 한다. 이는 마법일 것이다. 그리고 이 가치가 선택 가능한 다른 것보다 특권적인 이유를 레비스트로스의 야생의 사고에 대한 분석에서 찾을 수 있다. 마법의 세계에서는 어떤 질문도 없이 대답만 있다. 그러므로 마법의 세계는 끊임없이 질문이 쏟아지는 과학의 세계와 대조되며, 이런 점에서 유일하게 안락한 세계다.[8] 우리는 로맨스에서 결혼이 무효화하는 부정적 가치가 무엇인지도 확인해야 한다. 이는 '결혼'이 '싱글'의 반대가 아니라 '미충족' 같은 훨씬 이데올로기적인 관념이라는 놀라운 결과를 보여줄 것이다.[9]

역으로 다음과 같은 질문을 제기할 수 있다. 예를 들어 오스트레일리아는 국경 조건과 광활한 사막 풍경에서 미국과 표면적으로 비슷한데도 왜 진정한 '서부'나 그에 상응하는 것을 만들지 않았는가? 이에 답하려면 미국의 맥락에서 서부의 어떤 긍정적 가치가 오스트레일리아의 맥락에서는 부정적으로 받아들여지는지, 심지어 어떤 가치(즉 긍정과 부정의 이항 대립을 해소하는 비非긍정과 비非부정)로도 받아들여지지 않는지 확정해야 한다. 오스트레일리아 원주민은 북미 원주민처럼 다음과 같이 낭만적으로 묘사된 적이 없다는 사실이 위 질문에 대한 기본적인 답을 제공할지도 모르겠다(이데올로기적으로 북미 원주민은 '우리' 백인보다 거칠고, 이드id와 같은, 보살핌이 필요한, 바꿔 말해 훈육discipline해야 하는 아이처럼 정형화됐다. 북미 원주민은 길들일 필요가 있는 존재로 재현된 것이다).[10]

제임슨은 변증법적 비평 방법을 설명적·해석적 체계로 알튀세르의 구조적 인과성의 실현으로 설명한다. 이는 그가 《정치적 무의식》에서 궁극적으로 도달하는 것이 "내용, 서사의 패러다임, 문체적·언어적 관행 같은 자료의 가설적 재구축"을 포함하는 분석 전략이기 때문이다. "그 자료들은 특정한 텍스트가 고유한 역사적 구체성 안에 생산되기 위해 미리 주어져야 했다"(PU, 57~58/70). 변증법적 비평은 "특정한 문제의 딜레마를 해결하기보다 그런 문제가 더 높은 차원에서 스스로 해결되도록 전환하며, 문제의 존재와 사실 자체를 새로운 탐구의 출발점으로 삼는 것을 목표로 한다"(MF, 307/359).

메타코멘터리

변증법에는 한 가지 궁극적인 형태란 없다. 따라서 변증법을 위한 자족적인 교리란 있을 수 없다. 변증법은 반감과 수정의 상태로 정의될 뿐이다. 따라서 변증법은 두 가지 차원에서 설명돼야 한다. 첫째, 견딜 수 없는 것에 반대하는 것으로써. 둘째, 견딜 수 없는 어떤 것을 수정함으로써 유지할 수 있는 우월한 지위를 긍정하는 것으로. 따라서 우리는 변증법에 관한 어떤 설명도 역할을 다했다면 바로 걷어찰 사다리처럼 다뤄야 한다. 제임슨이 1971년 현대언어학회에서 처음으로 발표한 논문 〈메타코멘터리Metacommentary〉는 변증법적 비평의 본보기에 가장 가깝다(그는 이 학회에서 윌리엄 라일리 파커 상을 받았다). 제임슨은 전형적인 방식으로 '해석의 종말', 보다 구체적으로 '내용의 종말'을 주장하는 동시대의 '거짓'된 문제와 대립하여, 자신이 주의를 기울이는 일반적인 이론적 문제에 접근한다. '해석의 종말'은 '내용의 종말'의 조건으로, 수전 손택이 1965년에 쓴 영향력 있는 에세이 〈해석에 반대한다Against Interpretation〉와 연관된다. 제임슨에 따르면, 이 에세이는 내용에서 형식으로 무게중심을 옮기는 비평적 전환의 최신 버전이다. 논리적 실증주의와 프래그머티즘에서 실존주의, 러시아 형식주의, 구조주의에 이르기까지 20세기의 문학적·철학적 사고를 형성한 모든 위대한 학파는 "내용의 포기"와 "내용과 인간 본성에 대한 모든 전제를 거부하는 형식주의에서 그들의 성취를 찾고 이를 형이상학적 체계를 위한 방법으로 대체한다"(IT1, 3)는 점에서 공통점이 있다. 내용은 역사적 상황에 따라 다양하게 정의할 수 있지만, 기본적으로 독립적인 형태의 단어나 이미지('상징' 개념은 이런 측면에서 범례적이다)의 의미와 어떤 상위의 의미에 대한 추가적인 의미 개념을 내포한다.[11] T. S. 엘리엇의 〈텅 빈 사람들The Hollow Men〉과 조지프 콘래드의 《어둠의 심연Heart of Darkness》은 이 현상의 가장 잘 알려진 사례다. 이에 반해 손택과 다른 사람들(특히 이합 하산Ihab Hassan과 장프랑수아 리오타르Jean-François Lyotard)은 평론가들에게 텍스트에서 말로 표현할 수 없는 역설을 찾아볼 것을 요청했고, 의미로 가득한 것보다 '침묵'을 내포한 듯한 작품, 다시 말해 '어려운' 작품을 선호하는 경향이 있었다. 손택은 다음과 같이 언급한다.

> 가장 엄밀한 의미에서 의식의 모든 내용은 형언할 수 없다. 아무리 단순한 감각이라도 이를 전체적으로 말로 표현할 순 없다. 그러므로 모든 예술 작품은 만들어진 것으로 이해될 뿐만 아니라, 형언할 수 없는 것을 다루는 것으로도 이해될 필요가 있다. 가장 위대한 예술에서는 표현과 표현 불가능한 존재의

> 모순에 대해 말할 수 없는 것('데코룸'의 규칙)을 항상 의식한다. 스타일 장치도 회피의 기법이다. 예술 작품의 가장 강력한 요소는 종종 침묵이다.[12]

제임슨은 반反해석적 입장에 구현된 텍스트 비평 실천에 대한 강하고, 때때로 자극적인 비난에도 직접적으로 반응하지 않았다. 동료들이 시도했지만 대부분 실패한 것처럼 해석의 지속적인 가능성과 필요성을 주장하는 방식으로 대응하지도 않았다. SF의 표현을 빌리면, '1차 이론 전쟁'과 같이 반응하지는 않은 것이다. 1970년대 문예비평의 모델로 자리매김하려 한 자크 데리다, 폴 드만, 힐리스 밀러, 제프리 하트만을 비롯한 해체론 주창자는 존 설John Rogers Searl과 마이어 에이브럼스Meyer Howard Abrams 같은 희생자를 남겼다. 이 희생자들은 텍스트 비평의 모든 '낡은' 방법과 관습으로 위태로운 작업을 이어갔는데, 해체론자는 이들이 자신의 작업에서 깨닫지 못한 불가능성을 항상 발견했다. 해체론은 어떤 텍스트든 그 안에서 최종적인 의미를 찾는 것이 불가능하다고 주장한다. 의미에 대한 탐색 자체가 의미를 생산하기 때문이다. 따라서 텍스트를 더 부지런히 해석할수록 그 과정에서 실제로 의미 있는 최종적인 혹은 궁극적인 지점에서 멈춰 세우기는 불가능하다. 해체가 다소 난폭하게 최종 결론이 '결정 불가능한' 것이어야 한다고 결론짓는 것을 제외하면 말이다.[13] 제임슨은 이런 논쟁에 삼중의 반전을 전개하는 방식으로 대응한다. (1) 일상적인 텍스트 해석이라는 국지적 차원에서. 제임슨이 보기에 텍스트 해석은 우리에게 이미 해석된 것으로 다가오기 때문에, 해체론자의 주장처럼 불가능한 것이 아니다. (2) 더 확장된 차원에서. 텍스트 해석의 방법과 가능성을 따져볼 때, 제임슨은 최종적인 해석의 유무를 따지는 질문이 비평의 논리에서 미리 결정됐음을 주장한다. 그러므로 중요한 질문은 텍스트를 어떻게 해석하는가가 아니라 왜 그렇게 해석하려고 하는가다. (3) 담론 혹은 사회적인 것의 차원에서. 제임슨은 이 두 질문을 역사적 필연성이라는 관점에서 재검토할 필요가 있다고 주장한다. 다시 말해 하나의 비평적 실천이 또 다른 비평적 실천에 대해 승리한 이유가 무엇인지 묻는 것이다. 이 세 가지 명제는 제임슨이 잠정적으로 '메타코멘터리'라고 일컬은 방법의 기본 구조 혹은 지젝이 말하는 매트릭스를 구성한다.

텍스트는 이미 해석된 것으로 다가오기 때문에 다시 해석될 필요가 없다는 첫 번째 명제는 다음을 의미한다. 보통 '내용'이라고 불리는 텍스트의 원재료는 "다른 예술의 형태 없는 실체들처럼 처음부터 결코 형태가 없거나 우발적인 것이 아니다. 오히려 우리의 구체적인 사회생활의 구성 요소인 말, 생각, 사물, 욕망, 사람, 장소, 활동으로서, 시작부터 이미 그 자체로 의미가 있는 것이다"(IT1, 14). 예술 작품은 이러한 것들을 의미 있게 만드는 것이 아니라(그것들은 이미 의미가 있다) 오히려 그것들의 의미를 변형시키거나, 의미를 높이고 강화하는 방식으로 재배열한다. 그러나 이 과정은 단지 자의적인 것이 아니라 추상화될 수 있는 내적 논리, 즉 텍스트 자체를 독립적으로 고려하고 생각하는 논리를 따른다. 제임슨의 가설은 이 논리가 검열의 형태를 취한다는 것인데, 내부적으로는 일관되게 그리고 내심 어떤 것을 말하지 않고 그 대신 다른 것을 말할 필요가 있다는 것을 감지한다는 것이다. 메타코멘터리는 "증상과 억압된 생각, 명백한 내용과 잠재된 내용, 진짜 메시지와 위장된 메시지 사이의 구별에 기초한 프로이트 해석학(확실히, 그것의 구체적인 내용, 무의식의 위상, 리비도의 본성 등에 대해서는 분리된)과 다르지 않은 모델을 의미한다"(IT1, 13). 그것의 목적이 억압된 내용을 되찾거나 복원하는 것이 아니라 억압의 논리를 밝히는 것임을 이해한다면, 이러한 프로이트 해석학의 이미지는 메타코멘터리가 무엇을 하는지에 대한 간략한 설명으로 여겨질 수 있다. 지젝이 우리에게 도움을 주듯이, 프로이트의 해석 모델의 구조는 사실 일반적으로 가정하는 것처럼 이중적이지 않다. 오히려 프로이트의 해석 모델은 다음의 세 가지 작동 요소를 갖는다. (1) 명백한 내용. (2) 잠재된 내용. (3) 무의식적인 욕망. "이 욕망은 꿈에 달라붙고, 잠재된 사고와 명백한 내용 사이의 공간에 삽입된다. 그러므로 무의식적 욕망은 잠재된 사고와 관련하여 '더 은폐된' 것이 아니라, 잠재된 사고가 말해지는, 치료에 대한 기표적 메커니즘으로 구성된 '표층'에 가깝다. 다시 말해서, 무의식적 욕망의 유일한 장소는 '꿈'의 형식이다. 꿈의 진짜 주제(무의식적인 욕망)는 그것의 '잠재된 내용'의 정교한 세공에서, 즉 꿈-작업dream-work에서 스스로를 분명하게 표현한다"(SO, 13). 명시된 내용뿐만 아니라 잠재된 내용도 이미 의미가 존재한다. 실제로 그렇지 않다면 프로이트 해석학 전체가 무력화될 것이다.

정신분석학은 우리가 꿈의 모든 것이 성性(원초적 장면)을 의미한다는 것을 알기(혹은 명시하기) 때문에 효과적으로 작동한다. 실제로 정신분석학은 꿈에 대한 답을 이미 알기 때문에 꿈이 무엇을 의미하는지 결코 묻지 않는다. 꿈-작업이 어떻게, 왜 꿈-사고dream-thought를 그것으로 변화시켰는지 알고 싶을 뿐이다! 정신분석학의 충격은 때때로 담배가 음경을 의미한다는 통찰에서 오는 것이 아니라, 오히려 음경이 담배로 재현될 수 있다는 정반대 생각에서 비롯된다. 더 중요한 것은 우리가 무의식적 욕망의 매트릭스에 대한 중요성을 제대로 이해하기 위해서 때때로 음경이 담배로 재현될 필요가 있다는 사실이다. 이런 관찰에서 비롯되는 흥미로운 해석적 질문은 담배와 관련된 개인적인 연관성(TV나 잡지, 개인적인 경험에서 나올 수 있는), 담배의 형태 같은 물리적 특성, 담배에 관한 모든 실천적 경험과도 관련이 있다(분명히 그것들의 근본적인 구강적 본성이나 가연성과 관련이 있다). 따라서 본질적인 변증법적 질문은 글을 쓰는 과정에서 억압된 것이 중요하다 해도 그것이 무엇인가 혹은 그것이 왜 억압된 것이냐는 질문이 아니라, 그 억압이 어떻게 작용하는가 같은 질문이다. '정치적 무의식', '야생의 사고'뿐만 아니라 '문화적 논리'와 같은 후기 개념은 모두 본질적으로 이 과정을 언급하며, 반드시 텍스트에 파묻힌 의미의 비밀 저장소에 추가돼야 하는 것은 아니다. 제임슨은 우리가 앞서 중요하지 않다고 언급한 '왜'라는 질문에 응답하면서, 1908년 프로이트가 쓴 짧은 논문 〈창의적 작가와 낮의 꿈Creative Writers and Day-Dreaming>에 많은 관심을 보였다(PU, 175; IT1, 76~77; AF, 45~47). 프로이트는 페티시와 강박이 포함된 사람들의 환상이 생생하게 전달될 때, 실제로는 지루하고 심지어 약간 혐오스러울 수도 있다고 주장한다(이는 지루하고 혐오스러운 이야기를 듣는 데 그치는 정신분석가도 마찬가지다). 작가가 우리에게서 멀어지고 싶지 않다면, 즉 청중을 적절히 배려한다면 자신의 페티시를 위장하고 여기에 다른 형식을 부여하는 방법을 찾아야 한다. 프로이트는 이것이야말로 미학의 기본 과제라고 봤다. 독서의 즐거움은 작가가 상상력을 최대한 발휘하면서도 당혹스러울 정도로 '개인적인' 요소는 배제하는 방식으로 집필한 텍스트의 기예를 인식하는 데서 온다. 우리가 원하는 것은 오크와 고블린, 엘프지 남아프리카 태생인 옥스퍼드 교수의 사적인 꿈과 사소한 불안이 아니다. 이는 톨킨의 작품이 오랫동안 인기를 끄는 이유 중 하나다.[14]

제임슨이 <라캉의 상상계와 상징계Imaginary and Symbolic in Lacan>에서 언급했듯이, 정신분석학적 비평에서 문제가 되는 것은 오이디푸스콤플렉스의 현전이 아니라 "이런 사적 질료들이 공적인 것으로 변해가는 과정에 주의를 기울이지 못했다는 점에 있다"(IT1, 76). 제임슨은 이처럼 작가가 자신의 사적인 환상을 공적인 것으로 받아들일 수 있게 하는 변형 과정, 더 적절히 말하면 심미화 과정이 꿈-작업의 기능에 대한 프로이트의 관점에서 이해할 수 있다고 제안한다. 프로이트에 따르면, 꿈-작업은 본래 수용 불가능한 금지된 꿈-사고를 고도로 매개하거나 덮어 써서 받아들일 수 있는 상태로 변화시키는 두 가지 기술이 있다. 라캉이 증명했듯, 이는 은유와 환유라는 수사학적 비유에 필적하는 전치displacement와 응축condensation의 과정이다. 이런 과정은 증상, 특히 사고와 발상, 행동이나 이미지에 대한 우리의 반응이 표면적 내용과 어울리지 않을 때 드러난다. 우리는 거미를 별로 무서워하지 않아도 실제로는 작은 거미를 보고 깜짝 놀랄지도 모른다. 우리가 다른 무엇과 관련해 느끼고 있었으나 부딪히지 않은 이름 모를 불안감이 거미에게 옮겨져서, 거미가 실제적인 불안의 대상 원인이 아니라 불안의 매개체가 되기 때문이다. 이와 유사하게 파트너가 쓰레기를 버리거나 옷 치우기를 잊어버리는 사소한 실수는 우리를 화나게 할 수 있다. 하지만 우리가 그토록 분노하는 이유는 쓰레기를 버리는 문제 그 자체에 민감하기 때문이 아니라, 이 행동들에 다른 모든 불만이 응축되어 있기 때문이다.

심미화 과정에 대한 프로이트의 설명은 "전치와 위장에 따른 소망의 충족"과 "응축의 형식적인 생략과 중첩에 따른 심적 에너지의 동시 방출"(IT1, 77) 같은 두 가지 과정을 보여준다. 따라서 문학 텍스트에서 탈인격화를 위한 플로베르의 프로그램은 프로이트가 지적한 딜레마에 대한 인식과 모든 소망 충족의 흔적을 서술적 표면에서 제거하려는 체계적인 시도라고 볼 수 있다(PU, 175/224). 그러나 전치와 응축은 작가가 사적인 소망을 어떻게 공적인 측면으로 달성했는지 설명하는 데 도움이 되지 않는다. 작가가 상상의 산물을 왜 특정한 방식으로 걸러내는지 설명할 수 없기 때문이다. 예를 들어 전치와 응축은 왜 다른 마법적 창조물이 아니라 오크나 고블린, 엘프인지, 왜 판타지의 비유를 사용했는지 설명하지 못한다.

먼저 억압된 메시지의 본질을 명확히 하지 않고는 이 질문에 대답할 수 없다. 제임슨에게 억압된 메시지는 사적인 환상과 페티시의 문제가 아니라, 오히려 공적인 것, 즉 살아 있는 경험과 집단적인 불안의 특성이다. 그것은 제임슨의 작업 도처에 언급되는 이른바 '역사'를 통해 설명돼야 한다. 사적인 환상과 페티시는 앞서 생산양식으로 설명한 것보다 깊은 현실에 대한 징후적 반응이며, 성적 기능장애의 정신병리학보다 역사의 빈곤이라는 관점에서 해석할 필요가 있다. 더 정확히 말하면, 사적인 환상과 페티시는 변형된 '삶의 형식'에 대한 갈망을 도착적인 방식으로 표현하기에 쉽게 만족할 수 있고, 우리의 도덕적 세계를 잃지 않는다는 측면에서 유토피아로 보일 수 있다.

> 그러나 이런 경험의 내용은 결코 사전에 결정될 수 없으며, 가장 거창한 행동 형태에서 의식이 세분화할 수 있는 가장 작고 제한된 감정과 인식에 이르기까지 다양하다. 경험이라는 개념은 늘 무위도식, 일상, 공허, 시간의 경과 같은 삶의 범주에 대한 반대를 전제로 한다고 말함으로써 이 현상의 속성을 부정적으로 표현하는 것은 어렵지 않다(IT1, 16).

예술 작품은 살아 있는 경험의 재현을 기본적인 내용으로

하며, 의미 있는 경험의 가능성에 관한 함축적인 질문을 형식으로 병치한다. "이에 따라 작품은 두 가지 충동을 따른다. 한편으로 그것은 때때로 주체가 살아가는 가운데 마주치는 경험의 흔적을 보존한다. 즉 주체의 소중하지만 훼손된 경험의 파편을 보관하는 장소로서 기능한다. 다른 한편 충동의 메커니즘은 검열로 기능한다. 그 결과 발생하는 궁핍화의 인식에서 주체를 보호하는 한편, 궁핍화와 훼손을 사회 시스템과 연관 짓는 것을 회피한다"(IT1, 16). 교과서에 실린 것처럼 무미건조하고 생동감 없는 '사실'이나 엉터리 서사의 목록이 아닌, 궁극적인 외설이야말로 우리가 의미를 찾고자 애써야 하는 역사 자체다. 제임슨에게 역사는 살아 있는 것이며, 그 역사의 박동이 모든 문화적 생산에 어떻게 활력을 불어넣는지 보여주는 것이야말로 비평가의 과제라 할 수 있다.

작가의 두 가지 문제

3장에서 자세히 보겠지만, 이런 비평가의 과제는 어렵다. 정신분석학과 달리, 계급 갈등과 관련이 있어야 한다는 점을 제외하고 우리는 억압된 역사의 내용이 어떤 모습일지 미리 규정할 수 없기 때문이다. 제임슨은 이러한 해석적 문제의 해결책을 주로 러시아 형식주의에서 찾는다. 이 해결책은 러시아 형식주의에 역사적 고찰을 첨가해 수정한 것으로, 문제의 조건 그 자체를 뒤집는다. 비평가의 시각에서 보는 것을 멈추고 대신 작가의 시각에서 봄으로써 이러한 요구가 실제로 어떻게 충족되고 다뤄지는지를 보고자 하는 것이다. 러시아 형식주의자들은 이런 효과적인 해석 작업의 전환을 통해 고골을 '낭만적'으로 간주해야 하는지, 돈키호테를 신화로 간주해야 하는지 등 잘못 제기된 문제를 처리할 수 있었다. 예술가의 목표는 궁극적으로 그리고 진정한 의미에서 작품 그 자체를 생산하는 것이다. 따라서 러시아 형식주의 관점에서 고골은 "특정 형식 안에서 작업하고 스카즈skaz의 톤으로 말하고자 했기에, 일화와 이름, 흥미진진한 세부 사항, 갑작스런 태도 변화 등 적합한 날것의 소재를 찾아다녔다"(IT1, 7). 같은 맥락에서 "돈키호테는 등장인물 자체라기보다 세르반테스가 자신의 책을 쓸 수 있게 하는 조직적인 장치로 여러 가지 일화를 한 형식으로 꿰매는 '실' 역할을 한다(마찬가지로 햄릿의 광기는 셰익스피어가 이질적인 플롯을 모아 맞출 수 있게 하고, 괴테의 파우스트도 여러 분위기를 극화하기 위한 장치로 작동한다)"(IT1, 7). 이런 접근법을 가장 예리하게 표현한 것이자 변증법적 비평에 적합한 '충격'을 생산하는 것은 어니스트 헤밍웨이의 양식style에 관한 제임슨의 분석이다. 제임슨에 따르면 "헤밍웨이의 위대한 발견은, 우리가 말에 대해서 완전히 잊어버리고 단지 말이 묘사한다고 생각하는 대상을 미리 정리하는 데 집중한다면 일종의 언어적 생산성의 근원으로 복귀할 수 있다는 점이다"(MF, 410/467). 헤밍웨이 작품에서 진정한 사건은 작가에 있어서도 독자에 있어서도 문장 그 자체를 생산하는 것이다. 우리가 그의 작품을 읽는 목적은 그 소설의 내용, 예를 들어 코끼리 사냥이나 투우에서 죽음의 춤을 보기 위해서가 아니라 그의 문상이 그 상황에 적합한지 아닌지를 확인하기 위해서다.

그러므로 작가가 처음 직면해야 하는 문제는 어떻게 시작해야 하는가다. 헤밍웨이의 위대한 발견인, 대상을 나열하면 말이 따라온다는 점은 사실상 이 특수한 문제에 대한 헤밍웨이 자신의 해답에 지나지 않는다. 그는 말을 생략해버린다. 제임슨이 거트루드 스타인Gertrude Stein으로부터 아이디어를 얻어 여러 곳에서 사용하는 구성적인 '추함ugliness'은 작품 생산의 외면할 수 없는 사실이다. 이는 비평가가 작품이 만들어진 방식에 대해 생각함으로써 되찾으려고 하는 것이 무엇인지 특징짓기 위한 방법이다(WS, 11). 월리스 스티븐스Wallace Stevens에 대한 제임슨의 작업에서 이 접근법의 또 다른 예를 들어보겠다.

> 스티븐스의 작품에서 지명은 이미지 생성의 원인이자 그 장소다. 유사 플로베르적인 보바리슴, 이국적인 장소에 대한 공상, 자바와 테우안테펙, 키웨스트, 오클라호마, 테네시, 유카탄, 캐롤라이나 등으로 이어지는 자유로운 연상, 언어 자체에서 또 다른 차원의 체계성 출현(서로 다른 지명의 생성, 이제는 적절한 어휘 분야로서 그들의 연관성). 그런데 이면에는 더 깊은 시스템이 은폐된 채 활성화돼 있다(WS, 14).

그것의 더 심층적인 시스템은 제삼세계의 이국주의다. 그러나 요점은 스티븐스의 오리엔탈리즘을 비난하는 것이 아니라

(물론 그가 오리엔탈리즘을 용인하는 것처럼 보여서도 안 되겠지만), 이국주의가 작품 자체에 얼마나 구조적인 요구를 하는지 보여주는 것이다. 제임슨이 보기에 스티븐스가 작품에서 무심코 언급하는 자바 같은 제삼세계 소재는 그가 선택한 형식이 요구하는 내용이다. 이를 이국주의를 보여줄 정도로 여행을 많이 하지 않았음에도 어떻게든 자신의 껍질에서 벗어나기를 갈망하는 사람의 단순한 사적인 환상으로 파악해서는 안 된다. 물론 어느 정도 그런 부분이 있다고 해도 말이다(WS, 15). 간단히 말해 스티븐스의 일상적 이미지는 따분한 리얼리즘, 즉 상품의 순전한 주절거림에 빠질 위험이 있으나, 상품의 광고 문구를 다른 지명과 병치함으로써 진부함에서 벗어날 수 있다. '자바 차'는 '차' 그 자체보다 소비사회의 억눌린 마음에 흥미를 불어넣으며, 스티븐스처럼 광고에 정통한 시인은 이를 알아채지 않을 리 없다. 이와 비슷하게 제임슨은 "극동 아프리카, 섬뜩한 열대, 환등상의 독일(RS, 71)"에 대한 랭보의 환각적인 언급을, 작품을 시작하기 위해 형식에 구조적으로 요구된 '이국적' 내용으로 읽는다. 이 대목에서 제임슨은 스티븐스와 분명히 연결되는 '지리적 무의식geographical Unconscious'이라는 아이디어를 제시하지만, 자신의 다른 작업에서 이 개념을 더 발전시키지는 않는다. 그 개념이 '인식적 지도 그리기Cognitive Mapping' 개념과 명백한 유사성을 보여주는데도 말이다.

문장은 하늘에서 미리 만들어진 채 떨어지지 않으며, 시작과 진행을 위해 특정한 기계machine가 필요하다. 이는 종종 장애물이나 금기의 형태를 취하는데, 예를 들면 조이스는《율리시스Ulysses》에서 가장 진부한 디테일을 비롯해 모든 것을 포착하기 위해 스스로 규칙을 부과한다. 문장의 생산은 들뢰즈나 가타리의 용어에 따르면 욕망 그 자체, 일종의 무한성, 고갈되지 않는 에너지*, 끝없는 생산성의 일종이다. 일단 문장이 진행되면 이를 멈출 대항적인 힘이 없는 한, 그 의미는 절대로 제약될 수 없다. 문학비평은 모순을 이런 관점으로 이해한다. 이런 맥락에서 작가의 두 번째 문제는 첫 번째 문제와 반대되는 것으로, 종결closure의 문제라 할 수 있다. 모든 작가는 자기 작품의 자의적인 중단이나 정지가 아니라, 작품 내부에서 일관된 종결에 대한 문제에 직면한다. 이런 측면에서 조이스는 주요한 예시가 된다(U, MI). 제임슨에 따르면 조이스의《율리시스》의 경우, 우리는 그 작품의 형식을 역사화해야 한다. 이는 오디세우스의 공적을 표현한 호메로스의 신화의 구조를 채택한 것을 설명하는 것이다. 이런 작업은 사실상 신화의 구조가 그 자체로 의미의 원천이라는 사고에서 벗어나는 것을 뜻한다.[15] 조이스는 하루의 경험을 모두 적어둘 결심을 하고 글쓰기를 시작한다. 이런 글쓰기 방법을 통해 근대적 삶이 유발하는 파편화가 드러나는데, 이는 곧 산업도시에서 삶의 본질이라 할 수 있다. 따라서 조이스의 텍스트는 여러 가지 디테일에 압도당하게 된다. 이는 점심시

---

* 제임슨이 사용하는 closure에는 종결, 봉쇄 등의 의미가 있으며 맥락에 따라 다르게 번역했다.

간의 산책, 비누 몇 장을 사는 것, 게시판, 부질없는 생각, 추잡한 생각 등의 목록으로 이야기의 전환마다 파편이 될 위험이 있다. 제임슨이 말했듯이 이 파편은 "무한히 세분화할 수 있는 것"이다. 이 파편들의 서사적 문장으로의 변화는 무한히 확장되고 영원히 지속된다. 《율리시스》와 《오디세이아Odysseia》의 구조적 유사함은 이런 달갑지 않은 전개를 피하는 데 도움이 되고, 바로 그러한 외부적 한계를 설정한다. 이 외부적 한계란 결국에는 조이스 작품 구성의 최소 단위인 개별 장 그 자체의 한계가 된다(U, 132). 이 신화적 틀은 전체에 의미를 부여한다기보다는 텍스트가 무의미한 수다에 빠져드는 것을 막는다. 프랑코 모레티Franco Moretti는 《율리시스》를 읽는 경험에 대해 "토크쇼 채널로 고정된 라디오를 온종일 듣는 것과 같다"라며 도발적이지만 꽤 정확하게 표현했다.[16] 문장을 대량으로 생산하는 것은 일종의 정신분열증이자 독자의 참여를 완전히 배제하는 사적인 광기다. 신화적 틀은 이런 문장의 생산에 도구나 부품을 제공하는데, 제임슨은 리오타르를 차용해서 이를 "리비도 장치libidinal apparatus"(FA, 10)라고 부른다. 이 신화적 틀은 집단 차원에서 작동하며 독자가 텍스트에 리비도를 '투자'할 수 있게 한다.

작가의 두 가지 문제라고 부르는 관점에서 텍스트를 분석한다는 나의 이 전략에 관해 제임슨이 완전히 발전시킨 것이 《침략의 우화Fables of Aggression》다. 제임슨은 이 책에서 말년에 파시즘에 열정을 표명해 정치적으로 신뢰를 잃은 모더니스트 작가 윈덤 루이스Wyndham Lewis에 대해 동조적으로 글을 쓰는 도전을 한다. 제임슨의 관심은 결코 반공산주의나 뿌리 깊은 여성 혐오라는 루이스의 치명적인 정치적 관점에 동조한 데서 비롯된 것은 아니다. 제임슨이 보기에 루이스의 업적은 "국제주의적이며, 가장 유럽적인 동시에 가장 덜 배타적인 현대 영국 작가"(FA, 88)라는 것이다. 제임슨의 마음을 사로잡은 것은 루이스의 문체다.

> 윈덤 루이스의 문장에 직면하는 것은 거대한 기계적 에너지의 원리에 직면하는 자신을 발견하는 것이다. 플로베르와 《율리시스》는 구성되어 있다. 제임스나 포크너의 목소리는 작품에서 그들의 개인적인 특징을 인내심 많은 시각장애인이 더듬거리며 탐구하듯 재료를 풀어나간다. 그러나 루이스의 문체는 한 치의 오차도 없이, 소설의 조직을 의지대로 부숴버린다(FA, 25).

앞서 조이스의 작품이 역사적이고 일화적인 무관한 사실의 나열이 될 위험성이 늘 존재한다고 서술했다. 이 인용문에서도 가장 놀라운 점은《율리시스》가 매우 잘 구성된 작품이자 그 위험성이 현실보다 더욱 명백하다는 사실이다. 그리고 이것이 바로 제임슨이 주장하는 바다. "개인성이 외부적 요소로 와해되는 것에서 멀리 떨어지는 것", 즉 끝없는 표지판에서 버스와 기차에서 엿듣는 무수한 대화에 이르기까지 도시에서 수그러들지 않는 수다에서 떨어지는 것으로, "조이스의 환등상은 정신의 통일을 재확인하고 이런 환상이 튀어 오르는 데서 비롯된 심오한 심리적 관점을 재창조하는 역할을 한다"(FA, 57). 제임슨이 보기에 더 중요한 것은 광범위하지만 '부재하는' 구조인 신화적 틀에 의해 조이스의 문장이 조직화하는 방식이다. 제임슨은 프로이트의 언캐니uncanny 개념과 같은 방식으로 현재가 반복으로 분열된다는 것을 상기시킨다. 조이스에 대한 이런 통찰은 루이스가 왜 자신의 작품에서 덜 구성된 문장(아예 구성되지 않았다는 표현은 옳지 않을 것이다)을 끝없이 나열하는지를 이해하는 단서가 된다. 루이스 역시 자신의 다루기 힘든 텍스트에 봉쇄의 논리를 도입하기 위해 일종의 틀을 사용해야 했지만, 자신의 의식 참조를 기본 원칙으로 삼고 유지한 조이스와 대조된다. 루이스는 이 안전망조차 폭발시켜 스스로 봉쇄된 행위자들에게 지배되는 호메로스적 우주를 만들지만, 이는 그의 목적에 적합하지 않았다. 루이스의 모델은 국민국가nation-state 시스템이고, 이는 제임슨의 용어로 하면 '내셔널 알레고리ational allegory'의 어떤 결과다.

> 루이스 소설의 전제조건에 대한 이런 설명은 그것을 유럽 외교 시스템의 '반성'으로 받아들이거나, 제1차 세계대전과 어떤 '상동성'을 저버리는 폭력적인 내용으로 보는 해석과는 매우 다르다. 형식의 의미론적·구조적 전제조건에 대한 분석은 예술에서 대응 이론 같은 것이 아니며, 내셔널 알레고리를 외교 시스템에 따라 발산되는 잔상으로 보려는 것도 아니다. 오히려 다른 형식과 마찬가지로, 그것은 사회적이고 역사적인 모순의 발

현인 미적 딜레마에 대한 불안정하고 임시적인 해결책으로 읽혀야 한다(FA, 94).

제임슨의 많은 개념적 신조어 가운데 '내셔널 알레고리'만큼 오해받는 용어는 없다. 이 개념은《침략의 우화》에 처음 등장했을 때는 주목받지 못했으나, 1986년에 쓴 논문 〈다국적 자본주의 시대의 제삼세계 문학Third-World Literature in the Era of Multinational Capitalism〉에서 두 번째로 등장한 뒤 몹시 악평받는다.[17] 여기서는 이 개념이 어떻게 작동하는지를 중심으로 살펴보도록 하자. 내셔널 알레고리라는 개념 이면에는 프로이트의 연구가 "도시의 지형과 정치적 국가의 역학에 대한 종전의 표상[예를 들어 무의식의 지형, 자아의 경제, 죽음 소망의 에너지 모델 등]에 따라 가능해진다는 견해에서 비롯된다. 프로이트의 '메타포'로 느슨하게 언급되는 이 도시적이고 시민적인 '장치'는 프로이트가 설명하려는 심리에 대한 표상의 객관적인 전제조건이다. 따라서 무의식의 '발견'은 산업화, 사회 계층화와 계급 양극화, 복잡한 노동 분업 같은 빅토리아시대 후기 도시의 객관적인 전개를 전제로 한다"(FA, 96). 국민국가 시스템은 루이스 작업의 객관적인 전제조건이다. 이것이 지시하는 바는 사실상 가상적 안정성의 모델 혹은 국가라는 관념의 가상적 영역에서의 안정적 모델이다. 이것은 실제적 불안정이라는 폭동을 포함할 수 있는데, 이는 시간의 끊임없는 흐름에 포획된 실제의 불안정을 말한다. 베네딕트 앤더슨Benedict Anderson은 이런 국가에 대한 개념을 '상상된 공동체imagined community'로 효과적으로 제안했는데, 제임슨은 전 지구화에 대한 후기 연구에서 이를 유용하게 전개한다.[18] 이는 형식적인 문제에 대한 형식적인 해결책일 뿐만 아니라 역사를 동종요법으로 이용하려는 시도, 즉 역사가 토해내는 실존적 위기와 딜레마를 해결하기 위해 역사를 이용하려는 시도이기도 하다.[19]

> 따라서 내셔널 알레고리는 주어진 국민국가에서 일상생활의 실존적 데이터와 독점자본이 전 세계적으로, 본질적으로 초국가적인 규모로 발전하는 구조적 경향 사이의 증가하는 격차를 메우기 위한 형식적인 시도로 이해해야 한다. 19세기 혹은 '고전적' 리얼리즘은 국민 경험의 상대적인 이해 가능성과 자족성을 전제로 했으며, 시민 개개인의 운명에 대한 형식적인 완전성을 이루기를 기대하는 서사로서 한 사회적 삶의 일관성을 전제했다(FA, 94).

제1차 세계대전에 따른 재앙과 이 특수한 형식적 해결책에 의해 이런 기대는 꺾였다.

변증법적 비평과 유토피아

제임슨은《정치적 무의식》에서 존재의 모든 문제와 해석의 필요성에 확정적인 결론을 내린다. 그에 따르면 사회는 투명하지 않기 때문에 권력은 항상 명백하지 않게 작용하고, 우리는 우리 존재의 신비한 구조를 해독할 필요가 있다(PU, 60~61/74). 다음 장에서 더 자세히 보겠지만, 변증법적 비평의 중심 과제는 우리가 상상할 수 있는 미래를 재앙과 재난에 한정하지 않고 열린 것으로 보고, 유토피아적 사고를 통해 집단적 믿음을 지속하고 현재를 생각할 수 있도록 해 실천의 생생한 가능성을 유지하는 것이다. 제임슨에 따르면 "변증법은 과거의 것이 아니라, 하버마스가 표현하듯 아직 실현되지 않은 미래에 대한 사변적인 사유다. 그것에 대응하는 사회적 삶의 구체적인 형태가 생겨나지 않았기 때문에 아직 집단적인 습관으로 존재하지 않는 상황과 사건을 파악하는 방법으로서 말이다"(PD, 359).

2장

사르트르, 아도르노, 브레히트 그리고 바르트

나는 변증법이 구체적인 세부 작업을 통해서,
시스템의 내적 필요성에 따라 점진적으로 시스템을 구축하는 것에
공감하는 내적 경험을 통해서 얻을 수 있다고 느꼈다.
프레드릭 제임슨, 《마르크스주의와 형식》

제임슨은 《마르크스주의와 형식》의 서론과 다른 여러 인터뷰에서 자신의 작업과 지적 토대를 형성하는 데 많은 사상가에게 영향을 받았음을 시사했다. 특히 사르트르와 아도르노, 브레히트, 바르트가 결정적인 역할을 했다. 제임슨은 하이데거와 루만 등 자신과 다른 정치적 성향을 띠는 많은 이론가 역시 다룬다. 즉 제임슨은 앞서 언급한 네 사상가를 넘어 광범위한 사상가들과 마주침으로써 자신의 사유를 길러냈다. 이 가운데 중요한 사상가로 보드리야르, 벤야민, 블로흐, 들뢰즈, 프로이트, 그레마스, 라캉, 르페브르, 루카치, 리오타르, 마린 등을 꼽을 수 있다. 이 모든 사상가 중에서 가장 중대한 영향을 미친 사람은 사르트르와 아도르노, 브레히트, 바르트다. 여기서 나는 (내용의 형식과 표현의 형식이라는 옐름슬레우의 구분에 따라) 메타코멘터리라는

제임슨의 방법론적 틀(내용의 형식)과 그 틀을 위한 목적에 맞게 전환한 개념의 개요(표현의 형식)를 구분하고자 한다. 이런 개념 중에서 그레마스의 기호 사각형이 가장 인상적이다. 물론 메타코멘터리는 자신의 목적을 위해 기호 사각형을 사용할 수 있다. 하지만 그렇다고 기호 사각형을 제임슨의 방법론을 형성하기 위한 도구로 볼 순 없다. 같은 주장을 라캉이나 루카치에게 확장하는 것은 더 많은 논란을 불러일으키겠지만, 이에 못지않은 시사점을 제공한다. 제임슨은 프로이트를 사용하듯 라캉도 사용하지만, 엑스레이를 촬영하듯 라캉의 이론적 내용을 교리에서 벗겨내 뼈대만 남겨두는 방식으로 사용한다. 마찬가지로 제임슨은 루카치의 형식 개념을 선뜻 사용하면서도 그 개념의 정치적 부담은 한쪽으로 치워둔다(예컨대 스탈린주의에 대한 루카치의 헌신에 제임슨은 작가가 처한 상황에 공감을 표하며, 그것은 "당내 지식인의 토론에 대중을 참여시키기 위해 필요했다"고 서술한다[IFJ, 78]). 1장에서 메타코멘터리에 대해 살펴봤다면, 2장에서는 무대 아래에서 진행된 비평적 기초 작업을 검토하고자 한다. 이는 앞서 언급한 '공감하는 내적 경험'으로, 방법론의 형성과 정교화, 확장을 야기했다.

이 작업은 제임슨의 경력의 모든 스펙트럼을 망라한다. 예를 들어 사르트르에 관한 첫 번째 저작 《사르트르: 문체의 기원 Sartre: The Origins of a Style》은 제임슨이 1959년 예일대학교에서 박사학위를 받은 뒤인 1961년에 출판했다. 《브레히트와 방법》은 40년 뒤인 1998년에 브레히트 탄생 100주년 기념으로 썼다.

오늘날 우리가 아는 이론은 제임슨이 '문체 연구'를 연습한 박사과정 시기에는 존재하지 않았다(이 책에 수록된 인터뷰를 보라). 제임슨이 박사과정에 있을 때 사르트르는 《마르크스주의와 형식》의 사르트르가 아니다. 《마르크스주의와 형식》에서는 사르트르가 어떻게 글을 썼는지 분석하는 대신 사르트르의 텍스트를 독해하는 방법을 상세히 검토한다. 내용이나 문체에서 방법론으로의 관점 변화는 20세기 마지막 수십 년 동안 우리가 오늘날 우리가 아는 이론을 만들어낸 문학 연구의 변혁을 집약한다. 제임슨은 독특하게도 역사학자이자 비평가로서 이런 변화의 움직임에 이바지한 인물이다. 따라서 그의 작가 연구는 이론의 창조에 이르는 길의 이정표로서, 학문적 경력 전반에 간헐적으로 등장했다. 브레히트에 관한 책을 출간한 1998년에 이론은 분열되기 시작하고, 파편화된 '완전한 충격' 속에서 근근이 버티고 있었다. 이는 새로운 시대가 다가오고 있음을 분명히 시사했다. 2001년 12월 오스트레일리아 호바트의 태즈메이니아대학교에서 '이론에서 남은 것은 무엇인가What's Left of Theory?'라는 날카로운 주제로 열린 콘퍼런스에서 제임슨은 변증법적 운명의 부활을 볼 수 있다는 생각에 그쳤을 뿐, 이 새로운 시대에 대해 전망하지 않았다.[1] 발표에서 분명히 밝혔듯, 제임슨은 이론에 양가적 태도를 보인다. 분명 이론은 폐쇄적인 사유 체계를 구축해야 할 필요에 따라 보편성과 독특성의 제약을 받는 철학(적어도 영미 철학 혹은 분석철학)보다 전 지구화된 세계의 복잡성을 잘 다루는 강점이 있다. 제임슨은 심지어 월리스 스티븐스 이후 현대

미술이 자신들의 실험에 의미를 부여하기 위한 필수 자원으로 이론이 필요하다는 생각도 받아들일 준비가 돼 있다. 그러나 제임슨은 그것의 임의성, 헌신적인 정치에 대한 결여, 그런 종류의 글쓰기에 드러나는 자기중심적 사유를 개탄한다.[2]

제임슨이 《후기 마르크스주의Late Marxism: Adorno or The Persistence of the Dialectic》에서 아도르노를 읽은 것처럼 우리가 제임슨의 저서를 "동시에 단일 전개 시스템의 일부로" 읽는다면(LM, 3/51), 사르트르와 아도르노, 브레히트, 바르트가 발자크의 《인간 희극La Comédie humaine》 등장인물처럼 제임슨의 저서에서 반복해서 등장하는 것을 발견할 수 있을 것이다. 제임슨은 발자크의 걸작처럼 자신의 저작에 각기 다른 인물에 초점을 맞추고, 그 인물들은 드라마의 요구 사항에 따라 비중이 다른 배역을 맡는다. 하지만 어떤 인물도 드라마 전체를 지배하거나 시야에서 완전히 사라지지 않으며, 대다수 인물이 자신의 이야기 밖에서 작은 역할이라도 담당한다. 여기서 나는 이런 인물의 전략적 중요성을 강조하고 싶다. 그들은 단지 마르크스주의적 세계관을 주장했기에 중요한 인물이 아니라, 이를 대중화하기 위해 제임슨이 평생에 걸쳐 벌인 운동의 맥락에서도 중요한 인물이다. 사르트르와 아도르노, 브레히트, 바르트는 복잡하고 양가적이며 특이하고 문제적인 좌파의 영웅이다. 이들은 우리가 본받아야 할 우상이 아니다. 오히려 우리가 생각하도록 하는 인물, 즉 세계에 관해 사고하는 방식이 하나뿐이라는 '워싱턴 컨센서스'를 약화시키기 위해 그 존재 자체가 중요한 역할을 해왔다.

다른 세계는 단순히 가능한 게 아니라 이미 존재한다.

사르트르

“철학책은 언어 실험이기도 하다”(S, 67). 이 문장에서 제임슨의 방법론, 즉 메타코멘터리의 기원을 목격한다. 제임슨이 문체를 연구한 기간은 비록 그가 문체론을 하나의 방법론으로 고려하기를 유보하고 있음에도 《마르크스주의와 형식》의 도정을 따라가고 있다. “문체론을 하나의 방법론으로 볼 수 있을지는 다소 의심스럽지만, 문학적 혹은 철학적 현상을 구체적으로 기술하려면(그리고 그 작업을 제대로 해내려면) 개개 문장의 모양새를 파악하고 그 원천과 형성을 설명해야 한다”(MF, xii/9). 제임슨이 사르트르에 관한 저서에서 이를 위한 방법을 배웠다면, 《마르크스주의와 형식》에서는 텍스트의 세밀한 읽기가 어떻게 정치와 관련되는지 보여준다. 제임슨의 작업에서 사르트르가 두 명 등장하는 듯한 마법적인 현상은 착시 효과에 불과하다.

시대에 따라 변하는 것은 사르트르의 개념을 활용하는 제임슨의 상황이다. 첫 번째 사르트르는 경제적 번영과 ‘냉전’ 시대 보스턴에 거주하며 일하고 예일대학교에서 공부하는 대학원생 제임슨에게서 등장한다. 두 번째 사르트르는 극심히 불안한 미국 내 정세와 베트남 ‘열전’ 시대에 아이비리그를 떠나 캘리포니아 샌디에이고에 있는 새로운 대학에서 멋진 신세계를 시작하려는 부교수 제임슨에게서 등장한다.[3] 이런 변화는 《마르크스주의와 형식》 서론에 기록됐는데, 여기서 그는 '신식민지주의, 억압, 반反항쟁'으로 정의되는 당시 세계정세를 기술한다(MF, xviii/14). 미국 내 상황을 날카롭게 인식한 제임슨은 유럽과 대조적으로 미국의 전쟁 경험은 간접적이며, 그가 나중에 포스트모더니즘이라고 부르는 "온갖 차원에서 이데올로기적 은폐를 자행하는 거짓되고 비현실적인 문화의 끈끈한 거미줄에 꼼짝없이 얽혀 있음"(MF, xviii/15)을 인정한다. 즉 제임슨은 사르트르의 학문적 경력이 《변증법적 이성 비판Critique of Dialectical Reason(Critique de la raison dialectique)》 출간을 기점으로 갈라진다는 통념을 믿지 않는다. 제임슨이 보기에 이런 분열이라는 통념은 비평가가 사르트르의 학문적 경력에서 두 지점의 불일치를 찾기 위한 구실에 불과하다. 이는 비평가의 자기중심적인 해석이자, 정태적이며 아무런 도움도 되지 않는 관점이다. 제임슨은 이에 대해 다음과 같이 언급한다. "《변증법적 이성 비판》이 사르트르가 《존재와 무Being and Nothingness(L'être et le néant)》의 입장과 근본적으로 결별하고 있다고 묘사하는 것은 분명 논리적으로 가능하지 않을 것이다. 그 새 책은 진정하게 사르트르의 방식으로 옛날 책을 바꿨다. 《변증법적 이성 비판》이 나온 뒤 《존재와 무》는 같은 방식으로 읽힐 수 없다. 두 저서 사이에 논리적 불일치가 있다고 파악하는 것은 정태적 사고다. 그보다 《변증법적 이성 비판》은 《존재와 무》가 추상적이거나 불충분한 상태로 남아 있던 어떤 기본적 영역에서 이를 보완함으로써 완성하며, 이런 행위는 모든 문제를 더 높은 변증법적 차원으로 고양해 이전 체계의 모습 자체를 바꾼다고 보는 것이 만족스럽다"(MF, 209/252).

제임슨의 경력에서 사르트르 논문은 대다수 박사학위 논문과 마찬가지로 '사라지는 매개'와 같다. 따라서 제임슨에 관한 연구는 대부분 이를 대수롭지 않게 다루고 넘어가지만, 그의 사르트르 논문은 자신의 방법론을 형성하는 데 핵심적인 역할을 한다.[4] 이 논문은 사르트르의 문체 가운데 독특한 주제를 모아 선별하는데, 제임슨은 이 주제를 거의 범죄 수사물을 연상하게 할 정도로 강렬하고 매혹적으로 다룬다. 여기서는 사르트르의 정치, 예컨대 다양한 반전운동 참여, 알제리 민족주의 지지, 급진적인 학생운동, 시몬 드 보부아르, 알베르 카뮈와 논쟁, '공적 지식인'으로서 사르트르에 대한 전기적인 특징과 모티프에 대한 언급은 찾아볼 수 없다. 이런 의미에서 이 논문은 에드워드 사이드의 박사학위 논문《조지프 콘래드와 자전적 소설Joseph Conrad and the Fiction of Autobiography》처럼 현실 참여적이지 않다. 어쩌면 제임슨의 눈에는 그 논문이 세상과 동떨어져 보였을지 모른다. 적어도《사르트르: 문체의 기원》1984년 후기에 따르면 그런 인상을 준다. 이 후기에서 제임슨은 당혹감과 함께 자신의 박사학위 논문을 인상주의적이고 직관적이라고 평가하며, "더 만족스러운 용어"(S, 205), 즉 이론적 비평 용어로 다시 쓰기를 제안한다. 이 후기는 발터 벤야민의 역사주의 개념에 대한 주목할 만한 호소로 볼 수도 있다. 앞서 언급했다시피 네 사상가를 마치 배우처럼 다루는 제임슨의 드라마에서 벤야민은 다섯 번째 배우로 간주할 수 있을 만큼 강렬하고 직접적으로 등장한다. 여기서 벤야민의 작품은 일종의 돋보기로 사용된다. 그것은 이제까지 공감적인 통찰에 지나지 않던 것을 적절한 역사적 방식으로 보이게 한다. 제임슨의 사르트르 후기 연구는 세계 무대에서 자신의 정치적 소신을 실천하는 헌신적인 지식인으로서 사르트르의 초상을 제공할 것이다. 같은 해 출간한 〈1960년대를 시대구분 하기Periodizing the 60s〉에서 제임슨은 사르트르를 "철학의 마지막 위대한 체계 구축자 가운데 한 명"으로 평가한다. 제임슨은 사르트르의 가장 위대한 프로젝트, 즉 미완의 《변증법적 이성 비판》을 포함해 그의 많은 성공작에 주목한다. 그러면서 사르트르를 더는 체계적으로 세계사를 다룰 수 없는, 오늘날 철학의 구조적 한계를 보여주는 우리 시대의 사상가로 위치 짓는다(IT2, 187).

마르셀 프루스트의 빛나는 아이디어에 따르면, 문체를 갖는다는 것은 자신의 언어로 한 외국어를 만드는 것을 의미한다. 이는 문체에 대한 가장 널리 알려진 정의일 것이다. 이는 문학적으로 말하면 방언으로 이야기하는 것과 같다. 문체는 확실히 문학비평이 한 작가의 전집에서 그리고 여러 작가의 전집 사이에서 작품을 구분하는 방법으로 창안한, 다루기 까다로운 개념 중 하나다. 흔히 문체는 작가가 성숙기에 습득하는 것이라고 말한다. 문체는 작가 특유의 언어로 작업하는 전문기술metier이기도 한데, 이는 쉼표 배치나 마침표 사용, 세미콜론 등 가장 미시적 층위에서 단어 선택(시인이 '언어'라고 부르는), 문장 유형, 문단 나

누기, 주제와 이미지의 선택 같은 거시적인 층위까지 드러난다. 문체는 《젊은 예술가의 초상Portrait of the Artist as a Young Man》의 조이스부터 《율리시스》의 조이스, 《피네간의 경야Finnegans Wake》의 조이스를 구분하며, 그의 문체가 발견되기까지 많은 조이스는 진정한 조이스라 할 수 없다. 그전의 조이스는 단지 작가가 되고 싶어 하는, 분투하는 많은 예술가 중 한 명일 뿐이다. 문체 연구의 본질적인 문제는 《사르트르: 문체의 기원》 첫 문장에서 다음과 같이 나타난다. 문체는 "그 자체로 어떻게든 이해할 수 있고, 그 안에 쓰인 책의 제한된 의미 이상이며, 심지어 그것을 구성하는 개별 문장이 전달하는 것처럼 보이는 정확한 의미도 넘어선다"(S, vii).

문체는 텍스트의 구성에 내재하며 가장 세부적인 사항까지 관장하지만, 그 자체로 검사나 심문을 할 수 있다는 측면에서 외재적이다. 사람들은 끊임없는 사고실험을 통해 눈앞에 있는 텍스트가 다르게 쓰였을 수도 있지 않은지, 의도적이고 분리할 수 있는 선택이 특정한 단어나 문장, 단락의 조합을 만들어낸 것은 아닌지 상상해야 한다. 그러나 이 과정을 적절히 이해하려면 결국 선택의 여지가 없는 텍스트의 제약도 이해해야 한다. 다시 말해 문체는 순수한 선택지 가운데 실천하는 게 아니다. 즉 예술가는 완전히 자유롭지 않다. 예술가는 자신이 다뤄야 하는 문제와 말을 건네려는 청중의 제약을 받는다. 따라서 창의성은 이 두 가지 제약을 어떻게 뛰어넘어, 게임의 규칙을 준수하는 동시에 새로운 규칙을 확립해 어떻게 새로운 뭔가를 만들어내는지 생각함으로써 얻을 수 있다.[5] 이는 문체의 또 다른 유명한 정의, 즉 모든 위대한 작가는 자신의 선구자를 창조한다는 보르헤스의 의미에서 문체라 할 수 있다.

제임슨에게 작가는 항상 예술가이자 장인이다. 그들은 큰 발상을 추구하는 공상가이자, 아름다운 것을 만드는 사람이다. 예컨대 제임슨은 플로베르의 문단에 대해 다음과 같이 설명한다. "개개의 문장이 견고하게 두들겨져 의미가 부여된 전체로 서서히 짜인 그 형태는 마치 은으로 된 수공예품처럼 하나의 공예품으로서 작품이라는 발상을 암시한다. 하지만 이런 발상은 현대 예술가들이 거주하는 대량 상품 세계에서는 거의 살아남지 못한다"(S, 40). 글쓰기에 대한 이런 개념에서 따라오는 독서의 두 가지 즐거움은 상당히 다른 방식으로 시대착오적이다. 예술가의 큰 아이디어는 미래에 속하며, 실현될 리 없고 아마도 실현 불가능한 다른 세계의 유토피아를 품고 있다. 반면 장인의 수공예품은 사라진 과거의 메아리로서, 작업의 다른 방식뿐만 아니라 모든 작업이 역사적이라는 것을 명확히 상기시킨다. 그 결과 문학 텍스트는 마야의 유골이나 섭정 시대의 꽃병과 정도의 차이가 있을 뿐, 물질문화의 한 조각으로서 유물로도 취급될 수 있다. 문체는 물질과 청중의 제약으로 이해되는 역사가 제기하는 추상적인 문제에 대한 물질적 해결책이라고도 할 수 있다. 이런 방식으로 모든 글쓰기는 제임슨이 정치적으로 가치 있다고 주장하는 현재에 대한 특정한 저항을 제공한다. 문화비평가로서 그의 두 가지 관심사는 자신의 작업을 통해 강하게 주장하듯,

역사적 기억의 약화와 미래의 감각에 대한 위축이다. 초기 제임슨은 공예적 요소에 집중하는 경향이 있었지만, 궁극적으로 유토피아적 측면을 더욱 중시한다. 작가의 채석장이 되는 것은 시간 그 자체다. 따라서 제임슨이 주장하듯이 "무엇이 일어나는가"와 "그것이 일어난다는 것은 무엇을 의미하는가"에 관심을 두는 대다수 도덕적·윤리적 문학비평의 관습적 사례처럼 서술에 초점을 맞추면, 우리는 문장이 시간에 가하는 폭력을 간과하게 된다(S, 45).

문체는 들뢰즈가 《프루스트와 기호들Proust and Signs》에서 "영원의 작은 조각들"이라고 부르는 순간을 창조하는 것을 추구한다. 그 순간은 시작과 끝의 동시성으로, 시간의 흐름에 휩쓸리거나 시간의 급류에 휘말리지 않는다. 사고와 표현은 복잡한 구조로 융합되어 우리는 그것을 동시에 두 각도에서 바라볼 필요가 있는데, 제임슨은 나중에 아도르노에 관한 저서에서 이를 '입체적stereoscopy' 사유의 운동이라고 기술한다(LM, 28/96). "문학에서처럼 철학에서 표현된 것과 이를 표현하는 수단이나 형식의 차이를 구별하는 것은 완전히 구식이다. 진정한 사상idea의 잘못된 형식화 같은 것은 없다. 적절한 표현을 찾는 것은 완전히 적절한 개념을 찾는 것과 같다"(S, 67). 문체는 철학에 피할 수 없는 현대적 필연성이라는 인상을 남겼고, 그 과정에서 이론이라는 새로운 것이 나타났다. 그 후로 우리는 이론을 글쓰기의 효과와 조건에 대해 극도로(!) 자의식이 강해진 철학이라고 생각할 수 있게 됐다. 이것이 오늘날 문학비평가 제임슨이 처한 상황이며, 분명한 것은 사르트르가 선견지명이 있는 방식으로 이에 맞선 최초의 작가라는 사실이다. 그렇다면 문체는 역사의 가시적인 흔적으로도 볼 수 있다. 사르트르의 상황은 20세기 후반의 많은 글쓰기를 상징한다. 마지막 모더니스트로서 사르트르는 자신의 작가적 상황이 역사적으로 변모할 것임을 선취한 만큼 최초의 포스트모더니스트이기도 하다. 제임슨은 자신의 상황을 다음과 같이 기술한다. "전통적인 생활양식의 붕괴, 발전된 삶으로서 의심할 여지 없는 의례의 붕괴, 삶의 가능한 질로서 지루함의 증가와 함께 사건, 경험, 뭔가 실제로 일어나고 있다는 개념이 문제가 된다. 모든 것이 실재가 아닐 때, 오직 특정한 것을 말할 수 있고 일화나 이야기로 구성할 수 있다"(S, 19). 이 상황의 본질적인 좌표, 특히 일상생활의 비현실적인 느낌은 앞으로 몇 년 동안 더 심해질 포스트모더니즘이라는 새로운 상황의 출현으로 정점에 달할 것이다.

아도르노

오늘날 변하는 윤리적 조건과 씨름하려는 대다수 아도르노의 현대 독자(그들 대부분은 확실히 리오타르의 환각적 영향 아래 있으며, 따라서 그의 '총체화' 방법론이 실제는 아니라도 정신적으로 다소 전체주의적이었다는 것을 보여주는 데 더 관심이 있다)를 사로잡는 경향이 있는 '아우슈비츠 이후의 시에 대한 질문'은 사실 본질적인 아도르노식 질문이 아니다. 제임슨이 보기에 중요한 질문은 "수영장의 안락의자에 누워 아도르노나 호르크하이머를 읽는 것을 참을 수 있는가"(LM, 248/462)이다. 극도로 우스꽝스러운 이 질문은 "그것은 쇼핑몰의 오염된 대기 속에서 모든 사람이 피부로 실감하는 위협적인 재난과 위기에 대한 꽤 오래된 고전적인 유럽의 느낌이다. 이는 유럽공동체 국가들마저 이제는 기이한 변신을 통해 자신의 뇌리에서 지워버리려는 느낌인데, 이런 변신에는 유럽 사람보다 미국인이 훨씬 유능할 것이다. 미국은 유럽 국가와 비교할 때 이런 문제에 훨씬 단련된 사회이기 때문이다(이런 문제에 단련되는 것은 사르트르의 표현을 빌리면, 자신의 아버지보다 나이가 먹었다고 말할 수 있을 것이다)"(LM, 248/462). 제임슨에 따르면 아도르노의 작업은 그가 죽고 10여 년 뒤 본격 포스트모더니즘의 한가운데서 본령을 발휘한다. 즉 미래의 고통스러운 형상에 관한 아도르노의 메시지는 우리의 불확실한 현재의 감각과 조응하는 순간에 비로소 발견된다.

1980년대 말은 레이건주의와 대처주의의 대서양 횡단 헤게모니 형태로 뉴라이트가 승리한 지 10년이 되는 시기이자, 베를린장벽과 '현실 사회주의'가 붕괴한 시기이고, 노동의 참패와 제일세계의 탈산업화로 생산직 노동자의 실존이 총체적으로 완패한 시기다. 마르크스를 다른 당대 이론가들(주로 데리다 그러나 들뢰즈, 푸코, 리오타르)의 집합적 사상가로 간주하기를 포기하며, 명백히 사적인 것과 특수한 것, 개별적인 것을 선호하는 시기이기도 하다. 바로 그 1980년대 말에 쓴 《후기 마르크스주의》는 이런 해로운 상황에서 우리에게 필요한 비평가로서 아도르노의 초상화를 제작하려는 치밀한 시도다. "이제 마침내, 지금 막 끝났으나 아직 우리에게 속하는 이 10년 동안, '총체적 세계'에 대한 아도르노의 예언은 전혀 예기치 못한 방식으로 진실임이 밝혀졌다"(LM, 5/56). 아도르노는 1930년대 사상가도 아니고, 하이데거도 아니고, 사르트르가 속한 1940~1950년대 사상가도 아니며, 우리가 바라본 마르쿠제와 같은 1960년대 사상가도 아니다. 후기구조주의가 모든 승리를 거머쥔 1970년대 사상가도 아니다. 제임슨의 뮤즈인 아도르노는 여전히 십수 년간 영향력이 느껴지는 1980년대 이론가다. 아도르노가 주목받는 이유는 그의 분노가 "현존하는 세상의 표면에 붙은 녹을 제거할 수 있는 세척제나 유쾌한 해독제"가 됐기 때문이다(LM, 249/464).

아도르노를 1980년대 비평가라고 하는 것은 그 시대의 지적 감각을 어떤 식으로든 정의하려고 한 학문, 이른바 문화 연구의 학문적 패권에 도전하는 것이다. 특히 인문학 분야(물론 인문학에 국한하는 것은 아니다)의 학문과 담론의 운명을 합리적으로 연구한다면, 1980년대 문화 연구가 처음 10여 년은 무명이다가 후반에는 헤게모니가 될 정도로 놀라운 성장을 경험했다는 결론을 내릴 수밖에 없을 것이다. 제임슨의 아도르노는 그가 탈마르크스주의적 문화 연구로 간주하는, 목구멍을 짓누르는 쓰디쓴 알약으로 나타난다. 탈마르크스주의적 문화 연구는 '그것은 무엇인가'라는 질문을 손쉽게, 때로 비역사적으로 칭송함으로써 모든 비판적 부정성을 피하려는 경향이 있다. 이런 식으로 표현하는 것이 다소 지나치다고 생각되는데, 제임슨은 항상 이보다 훨씬 신중하기 때문이다(그렇다고 해도 제임슨의 작업에 논쟁의 불씨가 없다는 이글턴의 언급은 타당하지 않다. 이글턴과 제임슨의 차이는 제임슨은 사회주의의 실제 적, 즉 이데올로기와 실제 자본주의 기관을 위해 수사적인 총알을 남겨둔다는 점이다).[6]

로렌스 그로스버그Lawrence Grossberg와 캐리 넬슨Cary Nelson, 폴라 트리클러Paula Treichler가 편집한 논문집 《문화 연구Cultural Studies》에 대한 제임슨의 철저한 검토를 살펴보면, 문화 연구는 이 강력한 약(OCS)의 (유일하지는 않아도) 올바른 수혜자다. 문화 연구에 대한 제임슨의 주된 불만은 그것이 상황을 제대로 인지하지 못하고 정치적으로도 잘못된 방향으로 가고 있다는 점이다. 문화 연구의 접근 방식은 좁고 국지적인 것에 초점을 맞추는 경향이 있으며, 총체성으로서 더 큰 크림, 낡은 마르크스주의식 용어로 말하면 토대에 대한 접근이 부족하다. 마찬가지 이유로 문화 연구는 전략적 연합이나 공통의 원인이 아닌 특이하고 이질적인 것에 집중한다. 이런 제임슨의 지적에 문화 연구는 두 가지 측면에서 불만을 제기한다. 첫째, 제임슨의 비관적 태도에 대한 낮은 불평으로 나타난다. 제임슨은 주변 사람들의 반체제적이고 저항적인 쾌락을 인식하지 못한다는 것이다. 둘째, 제임슨의 '엘리트주의적' 총체화에 대한 고상한 불만으로 드러난다. 총체화는 폭넓지 않거나 폭넓어서 문제라는 것이다.[7] 이 불만은 제임슨이 제기하는 불만이든, 제임슨에 대한 불만이든 《후기 마르크스주의》의 두 가지 개념, 이른바 남극과 북극의 두 개념이라 할 수 있는 '유명론nominalization'과 '총체화'를 축으로 한 것이다.

《포스트모더니즘, 혹은 후기 자본주의 문화 논리Postmodernism, or, the Cultural Logic of Late Capitalism》〔이하 《포스트모더니즘》〕 독자는 '유명론'과 '총체화'가 저작의 핵심 개념임을 알아차렸을 것이다. 《후기 마르크스주의》가 다루는 고유한 과제가 있다는 것을 이해한다면, 《포스트모더니즘》과 《후기 마르크스주의》를 함께 읽는 것은 매우 생산적이다. 두 책은 서로 확장하고 완성한다. 하나는 이런 개념의 구조와 기원을 간략하게 설명하고, 다른 하나는 개념을 비판적으로 응용해 그 유용성을 입증한다. 실제로 《후기 마르크스주의》 마지막 페이지에서 제임슨은 포스트모더니즘에 대해 "우리를 경험적 현재로 환원하고 싶어 하는(혹은 이 경험적 현재를 다른 상황이나 시간적 계기를 떠올리기 위한 유일한 규준으로 만드는)" 만큼 유명론 혹은 실증주의의 한 형태, 아니 오히려 그것의 결과이자 정점인 형태라고 말한다(LM, 249/463).[8] 유명론은 후기 근대나 초기 포스트모던의 철학적 경향 모두 보편성을 거부하는 미학의 예리한 표현에서 찾지만, 실제로는 그보다 훨씬 큰 문제이자(제임슨이 경고했듯이 아도르노의 작업에 대한 논의를 미학의 영역에 국한하는 것은 그의 작업이 제기하는 더 까다로운 정치적 질문을 억제하기 위한 전략 중 하나다), 역사적 사건이다(LM, 157/317). 유명론은 하나의 양식이 아니라 사고의 모든 형태에서 '초월적인 것'의 점진적인 악화 때문에 발생하는 조건 혹은 역사적 상황이다. 그것은 "추상적인 것(해석이나 보편적 이념, 포괄적이고 통시적인 집합적 단위, 공시적 서사나 계보학)을 낡고 케케묵은 전통적 내지 '형이상학적' 사유의 잔재로 치부하고 점점 더 엄격하게 제한하거나 체계적으로 추방하면서 경험적 사실이나 세속적 현상에 몰두하는 것이라고 이해할 수 있다"(LM, 89/204). 제임슨이 다른 곳에서 보여주듯이 해체의 현학, 즉 '결정 불가능한 것'을 가차 없이 캐는 방식, 모든 흔적, 자취, 균열, 틈새, 말소를 밝혀내는 것은 아도르노가 철학의 퇴락이라고 본 실증주의의 단편이다(PCL, 250/416). 이런 조건에서 사실상 사용 가능한 추상화의 최고 형태인 총체성 개념은 그에 대한 해결책으로 간주해야 한다. 총체성 개념의 필요성은 그 개념이 자극하는 비판적 분노의 수준과 그 강도를 통해 역으로 읽어낼 수 있다.

총체화의 중요성에 대한 제임슨의 판단이 분명하지 않을 수 없다. 아도르노의 "평생의 작업은 '총체성' 개념과 맞아떨어진다"(LM, 9/63). 이미 언급한 제임슨의 작업도 마찬가지다. 아도르노와 제임슨의 '총체화' 개념은 두 사상가의 비판적 개념의 무기고에 비축된 그 어떤 개념보다 많은 비판을 받았다. 그들의 다른 어떤 개념도 그토록 극단적이고 광범위하게 오해받은 적이 없다. 제임슨은 '총체화' 방법을 사용하는 것에 대한 공격을 유토피아적 사유를 향한 고질적인 반감의 징후로 진단하며, "이에 따르면 총체화와 특정한 총체성 '개념'에 정확하게 관련된 유토피아적이고 혁명적인 정치는 반드시 피해야 한다. 그것은 숙명적으로 테러로 이어지기 때문이다. 적어도 에드먼드 버크만큼 오래된 테러 개념은 스탈린 시절 무수한 수정을 거쳐 캄보디아 학살로 유용하게 부활했다"(PCL, 401/723)고 언급한다. 이 개념을 비판하는 자들은 (어린아이처럼) 오늘날의 세계 상황을 설명할 수 있는 추상화, 즉 개념을 생성하려는 시도를 어떻게든 세계를 통제하거나 조사하려는 욕구와 동일시하는 경향이 있다. 이는 물리학자 스티븐 호킹의 이론을 식민주의자 세실 로즈가 태양계의 모든 행성을 식민지화하려는 악명 높은 열망과 똑같이 취급하려는 유치하고 어리석은 행위다. 철학적 관점에서 아도르노의 '총체성'과 베버와 푸코의 악몽 같은 개념인 '총체적 체계total systems'를 혼동하는 것은 범주 오류라고 할 수 있다. 아도르노와 제임슨이 사용하는 총체성 개념은 베버와 푸코의 체계에서 강제로 배제된 것처럼 보이는 '저항'의 전략과 전술을 (적절히 대치된 도식으로) 포함한다. 이는 대안적 정체성의 힘에 대한 미약한 믿음이나 (사유의 전능성에 대한 망상의 또 다른 변이라고 할 수 있는) 환상에서 비롯된 것은 아니다. 총체성 개념은 어떤 인간 시스템에서도 있을 수 없는 더 거대하고 큰 실체를 암시하기 때문이다. 총체성 개념의 적절한 시공간적 차원은 우주적이고 무한한 진화의 과정이다. 마르크스보다 다윈, 좀 더 낫게 표현하면 다윈을 거친 마르크스가 이 용어(진화)의 정확한 이론적 선조다. 따라서 이 용어는 '이데올로기적' 개념이 아니라 (마르크스적 의미에서) '과학적' 개념으로 취급해야 한다. 진화는 가장 좋은 의미에서, 즉 마르크스주의적 의미에서 비인간적인 개념이다.

마르크스와 다윈의 관계는 잘 알려져 있다. 그가 《자본론》 1권(1867)을 《종의 기원》(1857) 저자에게 바치려고 한 것은 코페르니쿠스 혁명을 이룩한 창시자가 다른 창시자에게 보낸 단순한 경의 이상이었다. 이런 헌정의 의미는 인간의 역사(처음에는 사적 유물론이라는 과학적 방법으로 속박이 풀린)가 자연사(이제 다윈의 이론적 노고에서 떼어내는 것이 불가능해진) 밑으로 들어가는 것을 확인하는 것이다(LM, 94~95/213).

따라서 총체화는 가장 추상적인 것으로 역사에 대해 종별적이다. 여기서 총체화를 그렇지 않은 것, 이를테면 사회생물학(로버트 아드리Robert Ardrey, 콘라트 로렌츠Konrad Lorenz, 재레드 다이아몬드Jared Diamond)의 비역사적 실천이나 들뢰즈의 연구에서 비롯된 사회물리학(마누엘 데란다Manuel Delanda, 브라이언 마수미Brian Massumi, 존 프로테비John Protevi)이라고 부를 수 있는 새로운 이론으로 변하지 않도록 주의해야 한다. 이는 인간에게 있는 본성, 본능, 충동, 신경생물학 등 일종의 '정신의 자동장치'를 발견해 인간의 행동, 특히 우리가 종 수준에서 가장 부인하고 싶어 하는 폭력적이고 파괴적인 행동을 '자연스러운 것'으로 보이도록 설명하려는 시도가 아니다. 즉 자연을 어떤 절대적인 첫 번째 개념으로 다루는 것은 확실히 아도르노가 염두에 둔 것이 아니다. 제임슨이 지적했듯이 "아도르노와 호르크하이머의 '계몽의 변증법'이라는 관념의 유별난 독창성은 이 책이 어떤 시작이나 최초의 시점도 배제한다는 것이다"(LM, 100/222). 역사가 자연을 설명하는 것처럼 자연은 역사를 설명하지 않지만, 자연과 역사를 함께 읽으면 두 과정을 중심으로 형성된 각각의 전제에 대한 상호 소외(부정 변증법)를 초래한다. 이는 직접적으로 '자연적' 혹은 '역사적'으로 취급될 수 있는 인간의 행동은 없다고 말하는 것과 같다. 우리가 이른바 인류의 파괴성에 대한 오래된 가설에 초점을 맞출 때 두드러지는 명제처럼 말이다. 이것의 효과는 우리에게 "달의 뒷면처럼 직접 볼 수도 접근할 수도 없는 개념의 다른 측면, 즉 개념의 바깥 면을 사유하는 것이다. 우리는 개념의 이런 다른 얼굴을 잠시도 잊어선 안 된다. 그러면서도 옛날 방식대로 개념의 내부에 머물면서 개념을 계속 사용하고 생각해야 한다"(LM, 25/92). 다시 말해 우리는 자연이나 역사가 출발점이나 최종 심급에서 답을 줄 것이라는 기대도 할 수 없고, 다른 새로운 용어를 선호해 자연이나 역사를 완전히 버릴 수도 없다. 이는 이미 비난받은 사고의 구조를 단순히 복제하는 것과 같기 때문이다. 그렇다고 자연을 '유전학'이나 '내분비학' 혹은 다른 미시적 연구 대상으로 대체하는 것은 최초와 최종 심급 둘 중 하나 혹은 둘 다에서 인간의 행동을 설명하기 위해 환등상과 같은phantasmatic '정신의 자동장치'를 만들어낸다는 점에서 문제의 해결책이 아니다. 분명히 해야 할 것은 총체성이 사실상 아도르노의 또 다른 유명한 개념인 '부정 변증법'의 암호라는 사실이다.

'인종'의 역사에서 쉽게 알 수 있듯, 우리는 역사를 은폐하기 위해 자연을 이용한다. 노예제는 '흑인'이 열등하고, 비인간적이며, 영혼이 없다는 이유로 정당화됐다. 마찬가지로 흑인도 우리와 같은 사람이라는 주장도 자연적인 것이라 할 수 있는데, 이는 필연적으로 은폐를 불러일으킨다. 과학이 '그들'이 다르다는 것을 보여주려고 애쓸수록 '그들'이 우리와 같다는 것을 보여주게 되며, 결국 노예제가 자연적인 것이 아니라 역사적인 것임을 인정할 수밖에 없다. 그러나 인종적 우월성을 이유로 노예제가 정당화될 수 없다는 생각이 소멸한다고 자연 개념의 혐의가 사라지는 것은 아니다. 인종적 우월성의 잿더미에서도 끝없이 되살아나는 것은 인간의 모든 비도덕적 성향과 폭력적 행동의 근거가 인간의 자연적 본성 때문이라는 생각이다. 우리는 인종적 우월성이라는 거짓된 근거로 정당화되는 노예제 대신, 인간의 악한 본성(본능, 유전자, 염색체, 우리의 통제를 벗어나는 무엇이 궁극적 원인이 된다)이라는 확고한 과학적 근거로 정당화되는 노예제를 얻었다. 이런 사고에 따르면 우리는 근본적으로 비열하고 무자비한 생명체이기 때문에 어떤 대가를 치르더라도 자신의 삶을 개선하기 위해 끊임없이 타인을 노예로 삼으려 노력한다. 이를 통해 과학은 비역사적 사상의 알리바이가 되고, 동시에 주체가 자신의 행동에 책임을 져야 하는 것(본성이기 때문에 어쩔 수 없다는 식으로)을 외면하며, 개인의 욕망을 모든 변화의 원동력으로 만들어 역사의 주체로서 태양의 지위를 재확인한다.

역사는 이 딜레마에서 벗어날 수 있는 길을 일부만 알려준다. 과학이 거짓이라는 것을 보여줄 수 있다 하더라도, 과학이 자기 잇속을 챙기는 데 사용된다는 것이 밝혀진다고 할지라도 애초에 '왜 우리는 자신을 기만하려 하는가'라는 질문에 충분히 논리적으로 답할 수 없기 때문이다. 인간에게는 파괴적인 충동 같은 것은 없고, 그 충동의 존재를 뒷받침하는 과학은 전부 가짜이며 파괴적인 행동을 강조할 따름이고, 양육이나 돌봄 같은 더 유익한 충동을 경시하도록 왜곡됐다는 것을 증명할 수 있다고 해도 우리는 여전히 왜 자신을 파괴적이라고 생각하는 데 만족하는지 알고 싶을 것이다. 나는 인간 본성을 양육이나 돌봄으로 간주하는 관점 역시 문제가 있음을 서둘러 덧붙이고자 한다. 바꿔 말해 우리는 (존재에 대한 무자비한 질문으로서) 역사를 종결하기 위해 늘 자연의 체화인 신체로 눈을 돌리지만, 결국 그것이 과학이라는 새로운 위장으로 눈앞에서 재개될 뿐임을 발견한다. 이는 제임슨이 아도르노의 독특한 문제 제기를 드러내는 고유한 방법이다.

> 이 말이 뜻하는 바는 철학적인 사유나 글쓰기(…)의 순수성, 즉 뒤섞이지 않거나 '본래적인intrinsic' 것은 가능하지도 바람직하지도 않다. 이런 태도는 개별적인 개념뿐만 아니라 예술 작품에도(아도르노를 이 분야에서 심미주의자의 전형으로 간주하는 사람에게는 역설적으로 보이겠지만) 해당한다. 개념이 말할 수 없는 것은 어떤 방식으로든 개념의 불완전성을 상흔처럼 내부에 지니고 있어야지 은폐해선 안 된다. (…) 변증법적 사유 일반에, 특수하게는 아도르노의 글에 공감하는 사람보다 거리감이 드는 사람이 이런 비순수성을 훨씬 강하게 감지한다(LM, 30/99).

변증법적 문장에 관해 이보다 명쾌한 설명과 변호는 없다. 그것이 고통스럽다면 그만큼 모순된 작업을 하기 때문이다. 변증법적 사유는 하나의 텍스트에 대한 연구와 "우리가 반드시 대상에 부여하는 개념과 범주(그 자체가 역사적인)에 대한 연구"를 동시에 생산해야 한다(PU, 109/137).

브레히트

브레히트에 관한 제임슨의 저서 《브레히트와 방법》은 모든 역사는 현재의 역사라는, 브레히트의 신랄한 억양이 담긴 격언을 가장 직접적으로 제시한다. "좋은 옛것에서 시작하지 말고 나쁜 새것에서 시작하라."[9] 제임슨의 전략은 브레히트 사상의 지속적인 유의미성을 보여주는 것이다. 특히 놀라움이나 교훈을 주는 브레히트의 능력을 드러내는 방법으로 그의 명성과 위대함, 정전으로서 가치보다 그의 유용성에 집중한다. 제임슨은 항상 반시대적(니체의 의미로)이며 현대적인 브레히트를 제시하는데, 브레히트의 작품은 불연속적이고 파편적이면서도 "분산적 통일"(BM, 6)을 이룬다. 브레히트가 우리에게 준 선물은 철학적인 체계가 아니라 방법론이기에, 우리는 《정치적 무의식》에 나오는 중국 속담의 유행에 따라 도낏자루를 만들기 위해서는 또 다른 도낏자루를 사용해야 한다(PU, 13/15). 제임슨이 브레히트가 죽었다는 것, 즉 그가 문학과 비평의 영역에서 소진됐다는 것을 인정한다면 이는 제임슨이 유럽뿐만 아니라 전 지구화된 세계를 괴롭히는 유령으로서 브레히트를 되살려내기 위해서다. 《브레히트와 방법》은 테리 이글턴이 발터 벤야민에 대해 "그의 반대 세력이 공격하기 전에 그를 공격하기 위해" 쓴 것과 같은 투쟁적이자 논쟁적인 정신으로 쓰였다.[10] 《브레히트와 방법》은 '폭발하는 자유'(이글턴이 자기 저작의 중심축으로 삼는 벤야민의 유명한 문구) 같은 은유가 애초에 브레히트의 용어임을 보여줌으로써 혁명적인 브레히트를 '자유롭게 폭발'시킨다(BM, 3).[11] 제임슨의 브레히트는 제대로 인정받지 않았으나 20세기 이론의 위대한 영감 중 하나로 떠오른다(BM, 11). 《브레히트와 방법》의 큰 목표는 본격 포스트모더니즘에서 확실히 죽어 묻혀버린 사고, 즉 예술이 교육적인pedagogical 것이 될 수 있다는 사고를 구제하는 것이다.

브레히트가 오늘날 우리에게서 죽었다면 이는 브레히트에 대한 피로감 때문일 것이다. 그의 문학적 별은 한때 너무 빛나서 눈부셨기에, 브레히트가 우리를 어디로 데려갈지 볼 수 없었다. 브레히트의 작품은 그가 죽은 뒤 명성이 절정에 이른 1960~1970년대의 모순된 요구에 들어맞았다.[12] 제임슨이 말했듯이 브레히트는 "연극적 미니멀리즘의 식이요법, 부르주아 대중"을 위해 풍부한 텍스트뿐만 아니라 세트나 의상의 오페라 같은 화려함도 제공한다. 그의 텍스트는 일본 전통 가면극 노能부터 중국 가면극, 시카고 갱스터극까지 망라한다. 좌파를 위해서는 "다른 미디어나 상황에서도 전용할 수 있는 전체 이론과 전략, 정치적 글이 설정돼 있었다(장 뤽 고다르Jean-Luc Godard

와 알렉산더 클루게Alexander Kluge의 브레히트 영화, 한스 하케Hans Haacke와 요셉 보이스Joseph Beuys의 설치작품이 그 예다).” 브레히트는 정치적인 아방가르드 예술을 위한 공간도 개척해놓았다. 이런 의미에서 브레히트는 예술적 실험을 위해 때로는 지나치게 편안한 알리바이를 제공했고, 더 강력한 제스처가 필요한 곳에서는 약화한 제스처를 제공하기도 했다. 한편 제삼세계에 있어서는 민중극에 대한 브레히트의 관심이 “채플린식 익살극이나 마임, 춤, 전前 현실적이고 전前 부르주아적인 모든 무대 연출 기법과 퍼포먼스를 위해 충분한 여지를 만들었다.” 또 “브레히트는 브라질에서 튀르키예로, 필리핀에서 아프리카로 ‘비非서구’ 극장 출현의 실현 모델이자 촉매라는 역사적 위치를 확보했다”(BM, 18). 이렇게 함으로써 브레히트의 작업은 다른 세 수요를 동시에 충족했다. 그는 뛰어난 혁신가였고, 그의 작업은 혁신을 열망하는 시대에 다른 위대한 혁신가들에게 영감을 줬다(이 시기는 말 그대로 연극 실험의 위대한 시대다. 피터 브룩Peter Brook, 예지 그로토프스키Jerzy Grotowski, 리처드 셰크너Richard Schechner 모두 절정기였다). 이것은 정치적 예술을 만드는 새로운 방법을 창조했다. 결정적으로 ‘승인된’ 자다노비테Zhadanovite 형태의 따분한 세월을 거친 뒤, 흥미롭고 복잡한 것이 됐다. 이 두 가지 요소를 결합하면서 제삼세계와 모든 군소 정치에 새로운 연극적 목소리를 부여했는데, 이것은 단호하고 도덕적인 동시에 반권위적이며 비도덕적이었다. 1960~1970년대 브레히트의 식상한 이미지를 뉴 밀레니엄과 관련짓기 위해 고군분투하는 제임슨의 임무는 분명하다. 그는 인위적이거나 포스트모던한 브레히트가 아니라, 포스트모더니즘이라 불리는 지겹고 냉소적인 시대에 어울리는 브레히트를 제시해야 했다.[13] 이런 브레히트는 들뢰즈의 의미에서 실현할 수 있으며 기쁨을 줄 것이다(BM, 29).

이런 브레히트는 어떤 모습인가? 결정체적crystalline, 피라미드적pyramidal, 다층적multi-layered, 모나드적monadic은 제임슨이 이런 브레히트를 설명하기 위해 사용한 단어로, 브레히트의 예술이 자율화autonomization라는 관점에서 가장 잘 이해된다는 점을 시사한다. 이 용어는 독일의 위대한 모더니즘 작가 알프레트 되블린Alfred Döblin이 한 말에서 유래했는데, 브레히트는 이를 좌우명처럼 인용했다. "서사는 극적인 것과 달리 마치 가위로 잘라내는 것처럼 여러 조각으로 잘라낼 수 있다"(BM, 43). 이야기에는 시작과 중간, 끝이 있어야 하지만 반드시 그 순서를 따를 필요는 없다는 고다르의 재치 있는 말은 분명히 이런 사고방식과 관련이 있다. 무대에서 자율화가 어떻게 보이는지에 대한 우리의 첫 번째 일별은 이른바 브레히트 기법에서 발견되는데, 이는 관객이 연극을 권투 시합 같은 초연한 방식으로 볼 수 있어야 한다는 이론으로 제시했다. 브레히트는 (할리우드 영화에서 그 본질적인 특징이 살아 있는) 자연주의 연극의 표준 목표인 공감(감정이입Einfühlung)을 추구하지 않았다. 그가 추구한 분석적 판단은 감정의 따뜻함이 아니라 계산의 냉정함이며, 혹자는 이를 반反동일시로 읽었다.[14] 브레히트는 자신이 쓴 서사극과 비극의 본질적인 차이점이 캐릭터가 아니라 등장인물의 행동을 결정하는 상황이라는 것을 관객이 알기 원했다. 따라서 브레히트의 햄릿은 그의 '유명한 망설임'("창백한 사색에 젖은" 등)을 "어떤 고조되고, '근대적'이며, 개인주의적인 심리나 주관성으로 돌리지 않고 오히려 그 반대로 정형화된 중세에 출현한 것으로 돌린다. 이 두 문화적 양식의 상호 간섭이 그 자체로 뚜렷한 두 가지 생산양식의 힘의 장"으로서 말이다(BM, 106). 브레히트는 이런 '소격 효과Verfremdungseffekt'를 달성하기 위해 광범위한 탈脫자연화 전략을 사용했으며, 그 대부분은 이제 어떤 연출가metteur en scène도 이용할 수 있는 '기법'의 표준 레퍼토리로 돌아왔다. 천장에서 내려온 자막이나 대사로 노래의 제목을 붙이거나 액션을 짜는 것이 가장 유명하다. 이는 무대 위 행동의 흐름뿐만 아니라 관객에게 어떤 일이 일어날지 미리 말해줌으로써 서사의 논리도 깨뜨린다("나는 이제 막 30년 전쟁에 돌입했다"고 말하는 캐릭터처럼 말이다). 관객은 삶의 이야기나 드라마가 펼치는 서스펜스 대신 역사책에 제시된 삶의 놀라운 충격, 즉 교훈을 얻는다.

그러나 제임슨은 자율화가 단순한 연극적 기술보다 큰 문제로 보이는 것을 우려하며 우리의 관심을 사회적·철학적 차원으로 향하게 한다. 여기서 우리는 자율화를 사회 영역에서 유사한 과정으로 설명하는 니클라스 루만의 분화differentiation 개념과 연결해야 한다(SM, 90). 제임슨에게 자율화는 양가적 과정이다. 자율화는 마르크스주의 담론에서 소외alienation라고 알려진 생활과 세계의 여러 해체 등 사회적 자율화의 유익한 과정보다 훨씬 덜한 심리적 에너지에 빚지고 있다. 동시에 예술적 자율화는 루만이 '분화'라고 한 사회적 단절을 새로운 집단적 사고 형태가 형성되는 기회로 바꾼다. 이런 양가성을 반영하듯 현대적 자율화는 두 가지 모순된 충동이 있다. 먼저 미적 미니멀리즘의 방향으로, 즉 가장 작은 의미 있는 단위를 향해 존 케이지가 침묵을 유지하는 속도까지 나아간다. 또 다른 충동은 거대한 구조, 통제할 수 없고 어쩌면 완결의 필요성을 보여주지 않는 로베르트 무질Robert Musil의 《특성 없는 남자Man Without Qualities(Der Mann ohne Eigenschaften)》처럼 끝날 수 없는 작품일 수도 있다(역설적으로 프루스트의 《잃어버린 시간을 찾아서》는 무질의 미완성된 걸작보다 두 배나 길지만, 미니멀리즘에 대한 옛 경향의 한 예라 할 수 있다. 《잃어버린 시간을 찾아서》는 베케트Samuel Beckett의 의미에서 미니멀리즘적인 것은 아니지만, 어떤 책도 이보다 작은 의미 단위를 다루진 않을 것이다. 확실히 다른 어떤 텍스트도 일상생활의 가장 작은 제스처까지 길게 다룬 적이 없다). 제임슨은 "많은 불완전성과 함께" "두 경향 전부 브레히트에 존재한다"고 언급했다(BM, 45). 결정적인 지점은 자율화의 수단이자 대상(목적이 아닌)인 물화reification가 그것을 가능하게 하는 것과 불가능하게 하는 것 모두 '경향적인 사회법칙tendential social law'이라는 것이다. 여기서 우리는 다시 한번 아도르노로 돌아간다. 제임슨이 지적했듯 아도르노는 이런 이중적 방식으로 물화의 관점에서 모더니즘을 설명한 이론가 중 '최고'라 할 수 있다.[15] 브레히트는 이 '방법'을 '포드주의에 대한 레닌주의적 감탄'과 동시에 이를 부조리하게 만듦으로써 인간적인 용어 안에서 이해할 수 있도록 하려는 시도를 통합하기 위해 활용한다. 이런 의미에서 냉소주의는 자본주의에 대한 유일하게 합리적이고 확실히 이해할 수 있는 반응이다.

> 미적 자율화 과정은 행동을 가장 작은 부분으로 분해하는 것이며, 이는 인식론적인 의미뿐만 아니라 상징적 의미가 있다. 이 과정은 그 행위가 '진정' 무엇인지 보여주지만, 그것을 해체하고 '분석'하는 활동은 그 자체로 즐거운 과정이며, 옛 단편에서 새로운 행위가 함께 형성되는 일종의 창조적인 놀이다. 이는 진정한 사회적·혁명적인 집단적 재구성에 도달하기 전에, 일견 역사와 변화를 초월한 것처럼 보이는 시대의 재조명된 표면이 현재 최초의 유희적 비非건축에 굴복하는 것이다(BM, 47).

제임슨은 이를 "윤리적·심리학적·정신분석학적 재현"이라고 부르기를 주저한다. 이는 분명히 가족 유사성을 공유하는데도 엄밀히 말해 사적인 문제가 아니기 때문이다(BM, 47). 오히려 이것은 '변하지 않는 것처럼 보이는 전 지구적 상황에서 개인의 행동이 가능한가'라는 일반적인 주장을 하기 위한 개별 사례로 사용된다.[16] 이 지점에서 '브레히트의 가장 유명한 범주인 소격estrangement 효과를 어떻게 이해해야 하는가'라는 문제가 제기된다. "브레히트는 이 용어에 대해 많은 '정의'를 제시했는데, 이는 에이젠슈타인Eisenstein이나 트레티아코프Tretiakov 같은 소비에트 모더니스트가 베를린을 방문한 때 러시아 형식주의자에게서 받아들인 '낯설게하기ostranenie'에서 기인한 것으로 보인다. 소격 효과는 브레히트가 에이젠슈타인의 '몽타주' 개념[그리고 제임슨의 '메타코멘터리' 개념]처럼 자신의 연극적 실천과 미학의 많은 특징을 조직하고 조정할 수 있게 해줬다."[17] 기본적으로 소격 효과는 두 가지 작업을 해야 한다. 이는 우리를 일상의 백일몽에서 벗어나게 하고, 우리를 놀라게 한 것이 무엇인지 생각하게 하며, 우리가 다시 잠 속으로 미끄러지는 것을 막아야 한다. 따라서 소격 효과에 대한 가장 적절한 정의는 그 자체로 다른 소격 효과를 요구하는 것이다. 이는 브레히트가 소격 효과를 목적으로 교통사고를 극화하는 것의 유용성을 다룬 논의에서 잘 드러난다. 실제로 교통사고가 상연된다면 관객은 분명 잠에서 깨어날 것이다. 하지만 이것이 관객을 생각하게 할까? 물론 관객이 사고의 원인이나 그다지 흥미롭지 않은 문제인 책임을 어떻게 분담할지 생각해볼 계기가 될 수 있다. 그렇다고 교통사고에 대해 생각하는 것이 무엇을 의미하는지 생각해볼 계기는 생기지 않을 것이다. 진정한 소격 효과는 관객이 생각하는 것이 무엇을 의미하는지 고찰하는 자기반성의 상태를 강제하는 수단이 발견될 때 나타난다. 여기서 관객에게 무슨 일이 일어날지 미리 알려주는 자막을 사용함으로써 그 행동이 파토스적인 무엇으로 인식되는 것을 멈추고 그것을 '교훈'으로 보게 할 수도 있다.[18] 더 일반적인 교훈은 폭력만으로 사유를 일으키기에 불충분하다는 것이다. 오히려 사유의 폭력 그 자체가 필요하다. 이것이야말로 소격 효과의 정의가 의미하는 지점이다. 즉 인간의 인식을 바꿔,

자연으로 보이는 것이 궁극적으로 역사적인 것이라는 사실을 밝혀내는 것이다(PH, 58).

제임슨의 브레히트는 우리가 어떻게 행동해야 하는지 가르쳐준다. 그의 예술은 자본주의의 '더러운 쾌락'과 미묘한 중독성에 유념하고 있다. 더 나은 무엇이 있다고 설득하기가 얼마나 어려운지 잘 알기 때문이다. 그의 작품은 부조리와 유머, 모순과 역설을 통해 상품 물신주의의 족쇄를 벗는 데 필요한 힘과 에너지를 불러일으킨다. 제임슨이 상기시키듯 '브레히트적 활동의 신조the Brechtian doctrine of activity'가 예술가, 활동가, 학자(브레히트와 동시대인이나 거의 동시대인이던 세대에게)에게 고루 '활력'을 불어넣었다면 이는 '활동과 실천이 과제'였기 때문이다. 하지만 오늘날에는 그 반대인 것 같다. "오늘날 전 세계의 정체는 시장과 세계화, 상품화와 금융 투기라는 두 가지 조건에 놓인 확고한 자연에 대해 악의적인 종교적 감각조차 취하지 않는다. 이 두 조건은 확실히 인간의 행위를 위한 어떤 장소도 능가하고, 아예 활동 자체를 쓸모없게 만드는 것으로 보인다"(BM, 4). 현대 사회·정치 이론에서 제임슨이 말하는 정치적 비활동, 실제로 정치적 무익함을 의미하는 부동화immobilization는 다음 두 가지 방식으로 이론화되거나 설명됐다. 첫째, 독일의 사회학자 울리히 벡은 '위험 사회'라는 표어 아래, 본래 정치 영역에서 이뤄지던 대다수 의사결정이 이제 시장과 관료제라는 하위-정치 영역으로 내몰렸다는 관찰을 중심으로 사회학의 하위 분파를 구축했다(예를 들어 레코드판의 생산을 중단하고 CD를 채택하고, 우리의 동의 없이 우리가 수집한 레코드판을 폐기해 음악을 새로운 형태로 다시 구매하도록 하는 결정이 이에 해당한다). 둘째, 독일의 문화비평가 페터 슬로터다이크Peter Sloterdijk는 '냉소적인 이성'이라는 표어 아래 이처럼 잠재적으로 의기소침해지는 상황에서 우리가 어떻게 계속 기능할 수 있는지 설명하는 방법을 알려줬다(상황이 나쁘다는 것을 알지만, 우리가 할 수 있는 일은 아무것도 없으니 걱정할 필요 없다는 것이다).[19] 우리는 대부분 슬라보예 지젝의 라캉주의적 기능 변경umfunktionieren을 통해 이 개념에 도달하는데, 이는 우리를 브레히트로 되돌리며 앞서 언급한 두 가지 방식에 결여된 것, 즉 행동의 가능성을 복원하려고 시도한다. 지젝이 그리스도와 레닌, 바울 같은 인물에 눈을 돌린 이유는 정확히 철학과 행동의 이데올로기를 발전시키려는 데 있다.[20] 이런 개념은 이전에 자연으로 보이던 것을 역사적으로 보이게 한다는 의미에서 낯설게 보이는estranging 한, 이미 행동을 가능하게 한다. 역사적인 것은 인간 노동의 산물이고, 같은 수단으로 더 쉽게 변화를 일으킬 수 있기 때문이다.

브레히트의 유용성은 결국 비판적인 작업이 유용하고, 변화할 수 있으며, 새로운 사유를 촉구할 수 있다는 점과 새로운 발상을 창조하려는 노력이 쓸모없지 않다는 사고를 부활시켰다는 점에 있다. 아프리카의 에이즈 유행, '조류독감'의 세계적 위협, 온난화, 유일한 초강대국의 일방주의적 침략에 이르기까지 극복할 수 없을 정도로 많은 문제를 안고 있는 새로운 세기에 직면하면서, 오늘날 브레히트의 메시지는 시급하게 귀 기울일 필요가 있다. 다른 한편으로 좀 더 국지적인 차원에서 보면, 브레히트는 신랄한 반反변증법 입장의 근거라는 점에서 유용하기도 하다(PD, 369). 이는 특히 다음에 등장할 롤랑 바르트 같은 사상가들이 브레히트의 텍스트의 결을 거슬러 읽은 데서 잘 드러난다.

바르트

"바르트의 경력에 관한 만족스러운 연구는 그의 브레히트적(그에 못지않게 사르트르적) 기원을 빼놓을 수 없다. 바르트의 고전적인 《신화론Mythologies》은 프랑스 이론에 소격 효과를 성공적으로 진입시키기 위한 길을 열었다"(BM, 38). 말하자면 브레히트의 방법을 실제 사용할 수 있는 형태로 처음 만든 것은 바르트의 공헌이다. 바르트의 방법론은 "다양한 사회적·문화적 현상에 대한 교과서적인 '적용'이자, 초기 언어학적 용어로 소외의 대상을 이론화한 것으로, 소위 구조주의 언어학이 발전하는 데 큰 영향을 미쳤다. (바르트의 또 다른 초기 저작 《글쓰기의 영도Writing Degree Zero(Le Degré zéro de l'écriture)》도 역사적 의의가 있다. 이 책은 문학사를 다루며, 다소간 사르트르에서 유래한다)"(BM, 173). 따라서 앞에 언급한 《브레히트와 방법》은 놀랍도록 새롭고 낯선 바르트를 제공하는 기쁨을 준다. 그 저서에 따르면 바르트의 《신화론》이 이론을 생산한 것은 많은 사람이 주장한 것처럼 학술 세대 전반에 기호학을 제공했기 때문이 아니다. 그보다 학문적 글쓰기에서 소격 효과라는 브레히트의 원리를 적용한 생생한 예를 제공했기 때문이다. 흥미롭고 새로운 언어 이론처럼 보였지만, 사실은 소격 효과가 작동한 텍스트였다. 어떤 단어나 이미지가 하나의 기호라고 주장하는 것은 '그 의미가 어떻게 전달되는가'라는 자연주의적 가정을 깨는 것이다. 제임슨에게는 기본적으로 두 롤랑 바르트가 있다. 하나는 사회학자이자 《신화론》, 《모드의 체계The Fashion System(Système de la mode)》, 《기호의 제국Empire of Signs(L'Empire des signes)》을 쓴 롤랑 바르트, 다른 하나는 《글쓰기의 영도》에서 《S/Z》의 저자인 문학평론가 롤랑 바르트다. 전자는 브레히트적이고, 후자는 사르트르적이다(PH, 146). 제임슨은 바르트가 두 가지 전통을 종합한 뒤 자신의 방식으로 이를 초월했다고 평가하며, 그에게 이론적 위상을 부여한다. 그러나 제3의 롤랑 바르트, 즉 《텍스트의 즐거움The Pleasure of the Text(Le Plaisir du Texte)》의 반좌파 롤랑 바르트도 존재한다. 이는 바르트가 제임슨의 사상에 영향을 미친 결정적인 사상가에 포함되는 데 의문을 품게 만든다.[21]

제3의 바르트 퇴치야말로 제임슨이 바르트의 브레히트적·사르트르적 기원을 앞세운 요지일 것이다. 이런 시도는 현대 좌파의 중요한 사상가 바르트를 구원한다고 할 수 있다. 확실히 바르트의 저작은 좌파 철학적 전통에 빚을 지고 있다. 그렇다면 좌파에 대한 백래시의 주요한 산물이자, 제임슨이 보기에 "이상하리만치 방어적인" 《텍스트의 즐거움》의 악명 높은 바르트부터 시작하자(BM, 65). 《신화론》이 이론의 첫 번째 텍스트라면, 《텍스트의 즐거움》은 이론을 자신의 '위기'로 설정한 책이다. 이와 같은 위기는 이후 2001년 호바트에서 '이론에서 남은 것은 무엇인가?'라는 주제로 열린 콘퍼런스에서 두 가지 질문을 압축해 명확히 설명했다. 제임슨이 주장하듯 이론이 본질적으로 좌파의 발명품이라면, 여전히 좌파를 부정하는 이론을 '이론'이라고 부를 수 있을까? 모든 이론이 좌파를 부정하는 것은 아니지만, 많은 부분이 그렇다는 것은 분명한 사실이다. 특히 해체주의는 모든 것이 정치적이라는 관점을 옹호하는데, 이런 정치에는 정당정치의 수용 가능한 형태가 없다. 이런 정치는 희박한 비전으로서 자신의 불가능한 이상을 훼손하지 않는 한, 실제 정치 관행의 형태로 존재할 수 없다. 완고한 좌파 동료들을 결코 설득할 수 없던 제임슨은 데리다의 《마르크스의 유령들Specters of Marx》에 열광했는데, 정확히 다음과 같은 논리를 따랐다. 그는 마르크스에 관해 직접적으로 말하는 데리다의 제스처는 해체가 종별적인 좌파의 정치 개념에 맞설 수밖에 없다는 것을 의미하며, 이는 좋은 것일 수밖에 없다고 봤다(MPL). 이 지점에서 더 심층적인 문제는 우리가 이론에 다원주의자가 돼야 하는가, 혹은 그렇게 될 수 있는가다. 이는 두 번째 질문으로 이어진다. 우리가 이론으로 알던 담론이 원래의 좌파적 충동을 온전하거나 활동적이지 않은 방식으로 탈정치화했다면, 오늘날 좌파가 생산하는 새로운 것은 무엇인가. 제임슨의 대답은 다음과 같다. 《텍스트의 즐거움》이 우리를 좌파 정치에서 다소간 멀어지게 한다면, 《신화론》과 《글쓰기의 영도》는 우리를 좌파 정치로 더 많이 돌아오게 한다. 따라서 제임슨의 바르트 연구는 정치를 개인화하는 유혹에 대한 경고로 읽을 수 있다(이것이 제임슨의 전략이다).

이 객관적 교훈의 강력한 형태는 "집단 정치는 다양한 집단(오늘날 인종, 젠더, 섹슈얼리티 같은 범주에서 자신을 인식하는 집단)이 그 전략적 관계의 공통 문제의 필요성에 도달할 때만 급진적인 방향으로 진화하기 시작한다"는 이해를 토대로 한다. 이는 차이의 정치에 대한 논쟁적 형태로 《시간의 씨앗The Seeds of Time》에서 제시될 것이다. 이는 그람시의 '역사적 블록'부터 동맹 정치, 현재 "퀴어 이론이 제안하는 '주변부'의 '대중 전선'까지 다양한 역사적 용어를 사용할 수 있다"(ST, 64~65). 스탈린주의의 몇몇 암울한 캐리커처가 혁명적 에너지의 집단화를 오로지 부정과 억압의 관점에서 조명했는데, 제임슨은 우리가 그런 생각에서 넘어서기를 희망한다고 덧붙인다. 하지만 이런 캐리커처는 적어도 바르트가 《텍스트의 즐거움》을 집필한 말년에 좌파 정치에 대한 사고를 형성한 것으로 보인다. 이 시기 많은 프랑스 지식인에게 스탈린주의는 좌파 정치에 대한 모든 잘못된 것을 대표할 뿐만 아니라 그것을 전면적으로 정의하는 듯 여겨졌다. 마르크스주의가 곧 스탈린주의였던 것이다. 이런 관점이 고착화하면 그것이 아무리 직설적이고 명백하다 해도 가장 헌신적인 마르크스주의자조차 그 헌신을 유지하기 어렵다. 이에 대한 사르트르의 유명한 답변은 다음과 같다. 자신이 (스탈린주의적) 친공산주의가 될 수 없다면 반공산주의도 될 수 없다. 이는 자신이 믿는 모든 것을 배신하는 것이기 때문에 오히려 반-반공산주의가 되는 게 낫다는 것이다.[22] 모든 지식인이 이런 용감한 변증법적 입장을 취할 수 있던 것은 아니다. 그러나 프랑스 지식인은 흔히 '헤겔주의'가 자주 비난받는 이른바 역사 '단계론'에 대한 좌파의 교리적인 신념을 가장 혐오했고, 이것이 그들을 무엇보다도 좌파 정치에서 멀어지게 했다.[23] 역사 '단계론'은 미리 정해진 특정한 문화적·경제적 주요 단계에 도달할 때만 역사적 변화가 일어날 수 있다는 '속류 마르크스주의' 관점이다(그래서 일전에 마오와 레닌은 농민은 아직 제대로 평민화되지plebianized 않았기 때문에 공산주의 혁명을 이끌 수 없다고 말했다). 이 교리에 따르면 혁명에는 적기가 있다. 하지만 언제 그 시기가 올지 모르기 때문에 당 조직은 당원에게 인내심을 가지라고 조언하는(실제로는 강제하는) 데 많은 시간을 할애한다. 변화에 조급하고, 어떤 교리도 의심할 여지 없이 수용하기를 꺼리며, 혐오스러운 근래의 잔혹사에서, 실제로 존재하는 사회주의의 대안 모델이 없는 상황에서, 한때 바르트와 같은 완고한 좌파 비평가(들뢰즈, 푸코, 리오타르도 언급할 수 있을 것이다)는 자유분방한 아나키즘을 주창함으로써 백래시를 시작했다.

바르트가 좌파 정치뿐만 아니라 그 어떤 정치에서도 멀어져가는 궤적은 《텍스트의 즐거움》 다음 문장에 명백히 드러난다. "텍스트의 즐거움은 내 신체가 자기 생각을 추구하는 순간이다. 내 신체는 나와 같은 생각을 하지 않기 때문이다."[24] 쾌락의 장소로서 신체는 자기만족을 추구하기 위해 안달이 나고, 마음의 욕구에는 아랑곳하지 않으며, 이후에는 반정치적 장소가 될 것이다. 현대미술 갤러리에서 "예술에 대해서는 잘 모르지만 내가 좋아하는 것은 안다"고 말하는 만화 속 속물처럼 이런 신체는 자신이 좋아하고 필요하고 원하는 것이 무엇인지 알며, 다른 것은 전혀 신경 쓰지 않는다. 그 신체는 예술에 대해 알고 싶어 하지 않고, 단지 이기적으로 예술의 즐거움의 원천을 목록화하며, 유사종교적인 용어로 그것을 찬양하기 원한다. 그것의 즐거움은 늘 계시이자 신과 같은 타자의 암시, 작은 죽음, 가장 숭고한 지상의 고행이다. 이런 신체는 모든 정치, 특히 푸코가 나중에 '통치성'이라고 부른 정치(즉 일상생활의 관료화), 오늘날에는 푸코의 또 다른 신조어 '생명-권력bio-power'을 참을 수 없는 억압으로 간주한다. 그것은 줄 서서 기다리지 않을 것이며, 자신이 할 수 있는 것과 할 수 없는 것을 들으며 괴로워하지도 않을 것이다. 자신이 좋아하는 것을 알고 자신의 내장만 신뢰하는 신체에게는 모든 것이 예술이기 때문이다. 이런 신체에 예술은 반드시 충격을 주고, 혈액순환을 일으키며, 영혼을 움직여야 하지만, 우리를 사유하게 할 필요는 없다(이 마지막 지점에서 들뢰즈는 극적으로 다르다. 들뢰즈에게는 우리를 사유하게 하는 것만 예술로서 적합하다). 제임슨은 바르트의 단절이 포스트모더니즘의 시초라고 인식되는 한순간에 일어나는 만큼, 역사적인 것으로 읽는다. 말하자면 바르트가 역사에서 떨어져 나온 것은 그의 숙고가 일상의 최전선에 있던 순간, 정치적 질문에서 돌아섰기 때문이다. "그 영향력 있고 단편적인 진술의 날짜(1973년)는 돌이켜보면 매우 중요한 의미가 있다. 석유 무기의 출현과 오늘날에도 계속되는 전 지구적 경제 위기의 발생으로 극적으로 변화한(다른 한편으로 칠레 쿠데타와 프랑스의 좌파 '공동 프로그램'이라는 사건에 의해 정치적으로 표현된), 1972~1974년의 일반적인 순간은 세계적으로 1960년대라고 불리게 된 모든 것의 결정적인 종말로 볼 수 있다"(IT2, 65). 개혁주의도, 전체주의도, 민주주의도, 공화주의도 교착 상태에서 벗어날 방법을 제공하지 못하는 것 같은 역사적 위기에 바르트는 '알고 있는 신체knowing body'로 퇴각한다.

그러나 바르트가 정치에서 멀어졌다고 해도 그의 작업은 남겨진 사람들에게 자신이 정치적 용어로 제기한 질문에 직면하도록 요구했다. 바르트는 페미니즘에 특별한 반향을 불러일으키는 쾌락의 정치를 개시하는 데 일조했지만, 그 주제에는 다소 분열된 입장일 수 있다. 예컨대 저메인 그리어Germaine Greer 같은 사상가는 여성에게 동등한 즐거움을 부여하는 급진적인 권리를 지지했지만, 로라 멀비Laura Mulvey 같은 사상가는 즐거움, 특히 시각적인 것이 그 자체로 억압적인 정치적 힘이라는 것을 보여줬다. 응시를 다른 사람을 보는 쾌락으로 정의한다면, 인간은 어떻게 그것에서 벗어날 수 있을까? 소년을 바라보는 쾌락에 대한 그리어의 후기 작업은 원을 사각형에 맞추려는 시도처럼(말하자면 장부를 맞추려는 것처럼), 자신이 전복하려는 논리에 갇혀 있음을 보여준다. 이제껏 응시에서 벗어난 사람을 포함하기 위해 시야각을 넓힌다고 해도 응시 이면의 힘 혹은 실제 응시의 힘을 허물 수 없다. 우리가 시선이나 응시를 (푸코에서 빌려온) 더 명시적인 정치적 용어인 감시surveillance로 대체한다면, 이 논리가 얼마나 결함이 있는지 명백해진다. 응시를 소년에까지 확장하는 것은 단순히 응시의 효과를 늘리는 것에 불과하다.

이런 문제에 대한 페미니스트적 반응은 모든 비판적 사상가와 작가가 직면한 더 근본적인 질문을 암시한다. 반론은 생산의 문제인가, 수용의 문제인가? 반론은 확실히 부담스러운 용어지만, 우리는 대신 '차이'라고 쓸 수 있다. '차이'가 현재의 연속체와 결정적인 단절을 의미한다는 것을 이해한다면 말이다. 이런 점에서 이 문제를 모더니즘의 열정적인 호소인 '새로운 것을 만들자'와 포스트모더니즘의 냉정한 호소인 '옳고 그른 독해는 없고, 더 강하거나 약한 오독만 있다'에서 선택의 관점으로 다시 써볼 수 있다. 이는 위대한 선구자 에드먼드 버크가 미와 숭고의 구별을 통해 알고 있던 것이다. 제임슨이 지적했듯 신체가 즐거움이 아니라 공포를 통해 자신을 표현한다는 생각을 제외하면 말이다(IT2, 73). 바르트는 《글쓰기의 영도》에서 모더니즘을 논리적인 극단으로 몰고 가서 전례가 없을 정도로 새롭고, 극히 의도적인 의미에서 좌파도 우파도 구제할 수 없는 '백색의' 혹은 '표백된' 글쓰기를 주장했다. 반면 《텍스트의 즐거움》에는 글쓰기의 제스처를 완전히 버리고 읽기에 우선순위를 두는데, 이는 아이러니하게도 그에 의해 충분히 새로운 글쓰기로 변한다. 그의 심미적 판단은 독자가 텍스트를 읽지 않고도 모방하고 싶어하는 글쓰기를 선호한다(IT1, 21). 그는 독자로서 작가다.

그러나 너무 애매한 형상이기 때문에 바르트 자신에 대한 최종 평가 없이 이 모든 것을 결론지을 수 없다. 초기 바르트가 정치적이었다는 점, 그가 우리에게 명백하게 정치적 능력을 갖춘 비판적인 도구와 무기를 제공했다는 점(《신화론》은 오늘날에도 그런 수단을 제공한다)을 굳이 상기할 필요가 있는가(IT2, 69)?

여기까지가 《브레히트와 방법》에서 바르트다. 이 책에서 제임슨은 바르트를 구원은 아니라도 구제하려고 노력한다. 마지막으로 제임슨은 바르트의 경력에 대한 두 가지 요약 판단을 제시한다. 이는 브레히트에 대한 분석과 잘 어울릴 뿐만 아니라 제임슨의 관심사도 알려준다. 앞서 살펴봤듯이, 첫째는 바르트가 정치적으로 사용할 수 있는 중요한 도구를 만들었다는 것이다. 심지어 그가 가장 비정치적이거나 반정치적일 때도, 그의 생각이 특별히 자신의 신체에 대한 유아론적인 쾌/불쾌로 돌아섰을 때도 그는 우리에게 신체를 낯설게 하라고 가르친다. 더불어 지루함, 즐거움, 황홀감 등의 정서도 정치화된 과정임을 가르친다. 둘째는 바르트를 이론가보다 실천가로 읽는 것이 생산적이라는 점이다. 그의 작업은 "바슐라르의 현상학(미슐레에 관한 그의 책에서), 사르트르의 마르크스주의(《글쓰기의 영도》에서), 옐름슬레우의 언어학과 브레히트의 낯설게하기(《신화론》에서), 정통 프로이트주의(《라신에 관하여Sur Racine》에서), 강경한 기호학(《모드의 체계》에서), 《텔켈Tel Quel》의 텍스트 생산성과 라캉주의 정신분석학(《S/Z》에서), 후기구조주의(《텍스트의 즐거움》에서)까지 이것들을 어떻게 다시 기능하게 할지 교과서적 사례를 제공한다"(IT1, 21). 바르트의 연구는 이런 이론이 각각 무엇을 할 수 있는지, 한계와 결점은 무엇인지, 더불어 이론의 비행 궤도, 즉 우리가 이론과 함께 취할 수 있는 창조적인 궤적을 보여준다. 이로써 그의 작업은 매력적이지 못한 이론의 뷔페라는 몰락으로부터 구원된다. 새로운 이론이 적용된다면 구원될 수 있는 바르트의 실험을 특이한 실패로 간주하는 양심적인 방식에 의해서 말이다. 이것이 제임슨이 자신의 작업에서 우선시하는 가치라고 해도 과언이 아닐 것이다. 바르트는 개념의 가차 없는 발명가이자, 개념의 열렬한 재기능공이다.

3장

정치적 무의식

해석은 독립된 행위가 아니라 일군의 해석적 가능성이 공공연히,
암묵적으로 투쟁하는 호메로스식 전쟁터에서 발생한다.
프레드릭 제임슨, 《정치적 무의식》

《정치적 무의식》은 리얼리즘과 모더니즘 그리고 포스트모더니즘을 총체적으로 설명하지만, 미완성인 첫 번째 판본이다(아마도 세 시기 중 마지막 시기에 관해서만 확정적인 진술을 했다고 볼 수 있을 것이다. 하지만 이 마지막 시기에 대한 진술조차 '세계화'에 관한 제임슨의 새로운 연구가 등장함에 따라 수정될 가능성이 있다. 모더니즘에 대한 그의 설명은 여전히 진행 중이며,《정치적 무의식》에서 마무리된 것으로 보이던 리얼리즘은 그 후 부활했다). 반면 이 장에서 주로 다룰 '정치적 무의식' 개념과 이에 관한 복잡하고 다층적인 해석 장치는 변증법적 비평의 새로운 형식을 발전시키기 위한 프로그램의 절정과 완성으로 간주해야 한다. 제임슨은 10년 전에 '메타코멘터리'라는 이름으로 이런 발전을 시작했다. 메타코멘터리는 많은 대담자(특히 2장에서 살펴본 사르트르, 아도르노, 브

레히트, 바르트)에게서 오랫동안 배운 모든 교훈을 받아들이고, 이를 더 높은 힘으로 승화시킨다. 그러나 이런 설명은 《정치적 무의식》에 관해 우리가 도달해야 할 견해지 시작 지점은 아니다. 이렇게 설명한다고 해서 《정치적 무의식》의 복잡하고 논쟁적인 결을 외면해서도 안 된다.

《정치적 무의식》이 출간된 지 25년이 지난 지금, 정치적 무의식 자체를 "문학적 · 이론적 선택지가 공연히 혹은 암묵적으로 대립하는 호메로스식 전쟁터"로 보기 어려워졌다. 《정치적 무의식》이 중점적으로 다룬 대다수 전쟁은 이겼든 졌든 수년 전에 결판이 났다. 그리고 우리에게는 〈2001: 스페이스 오디세이2001: A Space Odyssey〉(Kubrick, 1968)에서 많은 우주비행사가 달에서 오벨리스크를 발견했을 때처럼 그것의 비판적 목적이 무엇이었는지 의문만 남았다. 이를 살펴보고, 《정치적 무의식》의 특수한 형태를 이해하기 위해서는 그 맥락을 정신적으로 재구축할 필요가 있다. 첫째, 제임슨은 《정치적 무의식》을 통해 영문학과가 장악하고 옹호하는 영역에 처음 진출했다(제임슨의 학문 분야가 불문학과 비교문학이라는 사실은 쉽게 잊힌다). (기싱과 콘래드에 관한 확장된 독해와 마찬가지로) 프라이Northrop Frye에 대한 비평은 신화 비평의 오래된 수호자를 공격한 것이다. 둘째, 《정치적 무의식》은 프랑스 분과에서 발생해 인문학의 거의 전 분야로 퍼지며 치명적인 반역사주의적 요소를 퍼뜨리는 해체론의 힘에 대한 답변이다. 셋째, 알튀세르와 알튀세르주의에 대한 설명의 결산이다. 《정치적 무의식》은 알튀세르의 장치가 문예비평의 현대적인 패러다임에 어느 정도 적합한지 강조함으로써, 화해를 시도하려고 하는 만큼 의견의 불일치를 명확히 한다.

기본적으로 《정치적 무의식》은 방법의 정교화지만, 그 교훈은 부분적으로 흡수·이해됐을 뿐이다. 심지어 제임슨의 많은 지지자조차 《정치적 무의식》을 부분적으로 이해했다. 《정치적 무의식》이 문학 이론의 모든 내용을 담은 '도구상자'의 기본적인 구성 요소가 됐다고 해도 그 창작자와는 거의 독립적인 삶과 운명을 영위한다. 《정치적 무의식》의 서문에서 매우 유명한 제임슨의 슬로건, '항상 역사화하라!'는 텍스트를 단순히 역사적인 맥락에서 읽는 수준을 넘어선다. 하지만 빈번히 이런 식으로 텍스트를 읽는 것으로 이해된다. 예를 들어 제임슨의 목적은 일견 명백한 유사성이 있는 듯해도 스티븐 그린블랫Stephen Greenblatt이나 월터 벤 마이클스Walter Benn Michaels 등이 주창한 신역사주의 프로젝트와는 비교할 수도, 양립할 수도 없다.[1] 이런 차이는 역사에 관한 그들의 상대적인 개념이 완전히 상충한다는 측면에서 매우 크다. 신역사주의는 주체 중심적 역사관을 표방한다. 이는 특정한 삶의 흥미로운 질감에 주목한다. 먼 과거의 물건이나 문서, 공적인 기록이나 사적인 회상록을 발굴해 세부 몽타주(제임슨의 용어를 사용하면)를 만듦으로써, 영화 기법에 잘 어울리는 내면성의 환상을 창조한다. 이에 따라 그 인물이 된다면 어떤 느낌일지 생생히 알게 해준다. 그러나 이는 환영이다. 역사상의 인물, 예를 들어 셰익스피어나 말로의 주변에 있거나 그들이 사용하거나 생각했을 일상적 사물을 수집함으로써 역사가의 '눈'은 주체인 '나'를 모방하는 것처럼 보이기 시작한다. 우리는 '그들'이 본 것과 같은 방식으로 '그들'의 세계를 본다고 느낀다. 그 결과 '그들'은 항상 우리가 기대한 것보다 현대적으로 보이게 마련이다.

반대로 제임슨은 대상 중심적 역사관을 표방한다. 이 역사관에서 사적인 삶은 마르크스주의가 생산양식이라고 부른 것, 즉 사회적 규모에서 부를 생성하고 분배하는 방식과 수단의 더욱 깊은 드라마와 대립해서 흘러간다. 제임슨은 신역사주의적 관점에서의 역사, 즉 사회적·문화적 변화를 단일한 개인의 관점에서 현상학적으로 파악할 수 있다고 믿는 역사를 거부한다. 제임슨은 자신이 사회적·문화적 변화의 '문젯거리'라고 부르는 것, 즉 항상 외부에서 의미를 넘어선 형태로 오는 이런 문젯거리를 이해할 수 있는 역사철학을 주장한다(PU, 26/30). 제임슨에 따르면, 이런 요구를 충족할 수 있는 유일한 역사철학은 마르크스주의다.

> 역사의 편재성과 사회적인 것의 가차 없는 영향을 벗어난 자유의 영역(그것이 텍스트의 단어에 대한 미시적인 경험의 영역이건, 다양한 사적 종교의 황홀과 강렬함의 영역이건)이 애초에 존재하리라고 상상하는 것은, 개별 주체가 순전히 개인적이고 단지 심리적인 것에 불과한 구원을 꿈꾸며 도피처로 삼는 모든 맹목의 지대에 대해서 필연성의 장악력을 강화할 뿐이다. 이런 속박에서 유일하게 효과적인 해방은 사회적이고 역사적이지 않은 것

은 없다는 것, 모든 것은 '최종 분석에서' 정치적이라는 것을 인식하는 데서 시작한다(PU, 20/22).

제임슨은 "오직 마르크스주의가 문화적 과거의 근본적인 신비에 적절한 설명을 제공할 수 있다. 이때 그 과거는 피를 마신 티레시아스처럼 한순간 생명과 온기를 얻어 오랫동안 잊힌 전언을 전혀 낯선 환경에서 다시 한번 말하고 전달할 수 있게 되는 것"이라고 언급한다(PU, 19/20).[2] 오직 마르크스주의가 개인적인 삶을 "단일하고도 거대한 집단적 이야기", 즉 "필연의 영역에서 자유의 영역을 쟁취하는 집단적 투쟁"에 위치시킨다(PU, 19/20). 따라서 이 작업의 중요한 논쟁적 목적은 "마르크스주의적 해석 틀의 우선성을 주장하는 것"이지, 투쟁 정신으로 다른 해석 틀에 반대하거나 다른 해석 틀을 논쟁에서 밀어내는 것이 아니다(이는 제임슨이 다른 해석 틀에 반대하지 않는다는 뜻이 아니라, 단지 그것이 제임슨의 주요 목적이나 전략이 아니라는 점을 의미한다). 제임슨의 전략은 그보다 대담하고 전투적이다. 제임슨은 마르크스주의 자체인 "초월 불가능한 지평"으로 다른 모든 해석 틀을 포섭할 것을 제안한다(PU, 10/11, 47/56). 제임슨이 말하고자 하는 핵심은 다음과 같다. 10년 전 《마르크스주의와 형식》에서 제임슨이 언급했듯, "마르크스주의는 단지 하나의 역사 이론이 아니며, 반대로 그런 역사 이론의 '종말' 혹은 폐지다(MF, 321/374). 제임슨의 이론적 근거는 적어도 어떤 전투가 싸울 가치가 있고 싸울 가치가 없는지에 대한 게릴라적 감각만큼 마르크스주의에 헌신하는 데서 나온다. 20세기 후반의 훨씬 두드러진 해석 틀(구조주의, 후기구조주의, 해체주의뿐만 아니라 신역사주의, 포스트모더니즘 등)은 기본적으로 견고하다. '이론'에 둘러싸여 기능하는 다양한 이론적 담론의 국지적 타당성은 매우 강력해서, 마르크스주의는 더 좋은 선택지나 단순한 대체물로 옹호될 수 없다. "다른 해석 방법은 파편화된 삶의 이런저런 국지적 법칙에 충실히 조응한다는 사실에 그 진정성이 있다"(2장에 살펴봤듯이 제임슨은 다른 곳에서 이를 '유명론'이라고 한다). 즉 이런 해석 방법의 국지적 진정성은 더 크고 포괄적인 관점의 가능성을 적극적으로 거부한다는 사실에서 비롯된다(PU, 10/11).

이런 측면에서 《정치적 무의식》은 추상화의 옹호로 읽을 수 있으며, 이는 제임슨의 모든 저서에서 드러난다. 이는 《정치적 무의식》의 책장에서 전개된 하나의 전쟁이며 오늘날의 독자와도 관련이 있다. 지금 이 시대는 아직 "변증법적 사고가 무엇이며 애초에 왜 발생했는지 이해하지 못하고 변증법을 폐기할 뿐더러, 별 도움이 되지 않는 니체의 입장을 향한 시대로 보이기 때문이다"(IFJ, 93). 그러나 나는 들뢰즈의 작업에 대한 오늘날의 예찬이 이런 변화를 초래했다고 한다는 견해에 대해, 이는 들뢰즈를 오독한 것에서 비롯됐다고 부연하고 싶다. 들뢰즈는 추상화가 제기하는 문제는 충분히 추상화되지 않은 것뿐이라고 말했다. 하지만 이런 변화에 대한 더 큰 책임은 리오타르에게 있다. 리오타르의 상징적 슬로건인 '지배 서사에 대한 불신'은 정확히 마르크스주의에 반대한다.[3] 《포스트모던의 조건The Postmodern Condition》에서 리오타르의 전략은 모든 이론이 보편성의 지위를 획득할 가능성에 반대함으로써 마르크스주의를 약화하는 것이다. 따라서 '단일하고도 거대한 집합적 이야기'를 제안하는 마르크스주의의 야망을 미리 산산조각 낸다.[4] 제임슨은 리오타르가 진단한 위기(지배 서사의 이데올로기적으로 응집적이지만 유해한 힘의 상실)는 "위대한 지배 서사의 소멸이 아니라 이른바 그 지하로 가는 통로, 즉 우리의 현재 상황에 대해 '사고하고' 행동하는 방법이지만 지금은 의식하지 않는 효과"를 가정함으로써 해결할 수 있다고 지적한다(F2, xii). 이것이 제임슨이 마르크스주의의 우선성을 주장하는 이유다. 제임슨은 리오타르 같은 환멸적인 입장은 늘 마르크스주의가 둘러싼 '내재성의 평면'상 매우 많은 '분야'로 대체된다고 주장한다. 이런 관점에서 마르크스주의는 구조주의, 후기구조주의, 해체론 등의 경쟁자가 아니다. 마르크스주의는 동시대적인 것이 아니기 때문이다. 오히려 마르크스주의는 마르크스주의와의 관계와 상관없이 다른 이론의 가능성의 조건이다. 따라서 설령 제임슨이 후기구조주의자와 해체론자의 역사 비판을 방향이 잘못된 수준이 아니라 아예 틀렸다고 말했어야 한다고 주장한 코넬 웨스트Cornel West의 말에 공감하더라도, 어느 쪽이 더 나은 전략가인지는 분명하다.[5]

역사

제임슨이 '정치적 무의식'이라는 기획 아래 제안하는 '해석'은 "문학 텍스트에 대한 일종의 다시 쓰기로 이해해야 한다. 다시 말해 해석은 문학 텍스트 자체를 사전史前의 역사적·이데올로기적 하부 텍스트의 다시 쓰기나 재구조화로 간주한다. 이때 '하부 텍스트'는 그 자체가 직접적으로 존재하는 것이 아니라 늘 사후적으로 (재)구조화되는 것으로 이해된다"(PU 81/101). 이런 의미에서 해석은 지배 텍스트master text 대신 역사가 서 있는, 본질적으로 알레고리적 행위다. 이는 말 그대로 의미다. 알레고리는 '정치적 무의식'이라는 이름으로 진행되는 프로젝트 전체를 지배하는 읽기/다시 쓰기의 모델이다. 알레고리는 제임슨이 많이 의존하는 핵심 개념이다. 하지만 제임슨이 알레고리를 사용하는 방식은 데리다조차 곤란해할 정도로 독특하다.[6] 제임슨이 말하는 '알레고리'는 전통적인 맥락에서 사용돼온 개념이 아니다. 다시 말해 잘 구성된 실마리가 있어 유동적이자 표면적인 외관에서 고정적인 숨겨진 의미를 풀 수 있는 텍스트(전통적으로 성서가 그렇다)를 뜻하는 개념이 아니다. 《나니아 연대기The Chronicles of Narnia》 같은 텍스트를 아는 사람이 읽으면 즉시 기독교의 명확한 메시지를 얻을 수 있다. 하지만 알지 못하는 사람에게 이 텍스트는 단지 마녀와 엘프에 관한 또 다른 이교도적 이야기로 보일 것이다. 이 이야기에 자기희생이나 성스러운 부활 등 성서에서 유래한 전형적인 테마가 많이 포함되기 때문이다. 이런 테마에 익숙하다면 이 이야기를 창조적으로 성서를 변형한 것으로 파악할 수 있다. 그러나 다음이 포인트다. 《나니아 연대기》를 지배 텍스트인 성서를 두드러지게 보이는 방식으로 다시 쓰기 위해서는 애초에 성서를 알아야 한다. 성서에 무지한 경우, 성서를 연구하면 사태는 곧 개선된다. 이런 알레고리적 텍스트를 해석하는 데 필요한 지식은 언제나 수중에 있다. 제임슨이 그렇듯이 성서를 역사로 대체하고 역사를 지배 텍스트로 생각한다면, 분명히 읽기/다시 쓰기의 알레고리적 과정은 전혀 다르고 전적으로 불확실한 전망이 될 것이다.[7] 이 작업의 효과는 지배 텍스트를 해결책에서 문제로 다시 변형하는 것이다.

역사는 알레고리처럼 제임슨이 자신의 저서 전반에서 의지하며 특정 가치관을 응집한 약호 중 하나다. 제임슨에게 역사는 궁극적인 지배 코드이자, 모든 코드를 해독하는 한 코드다. 이런 의미에서 역사는 철학자들이 '지반ground'이라고 부르는 것이다. 사고와 실제 텍스트성은 역사를 직접 표현하지 않으며 역사에 의존하는 기능이다(예를 들어 신이 존재한다는 근거는 신을 향한 믿음과 차원이 다른 문제다. 그렇기에 신을 믿을 만한 근거가 없는데도 믿을 수 있다. 심지어 어떤 이는 신의 존재를 믿지 않고도 신을 믿어야 한다고 말한다). 하지만 역사는 단지 해석학적인 열쇠가 아니라, 크고 작은 사건의 기록인 '실제로 일어나는 일'이다. 이와 같은 측면에서 역사는 철학자들이 '원인cause'이라고 부르는 것이다. 비록 이것이 오직 효과로 느껴진다는 점에서 '부재 원인absent cause'일지라도 말이다(PU, 35/41). 이렇듯 제임슨의 역사는

'반드시 있어야 하는' 필연성에 대한 약호다. 우리는 음식을 먹어야 하고 머무를 곳이 있어야 한다, 깨끗한 물을 마셔야 하고 포식자에게서 자신을 보호해야 한다 등등. 이 모든 것은 인간 존재에 무관심한 자연, 덥고 추운 날씨, 짐승과 기근, 홍수와 화재를 일으키는 냉혹한 자연에서 나와야 한다. 자연이 우리를 죽게 하거나 살게 하는 것과 상관없이 말이다.[8] 우리가 사고하는 근거가 되고 삶의 풍요로움과 현실을 주는 것은 역사의 냉혹함(무자비한 자연과 끝없는 대결이라는 관점에서 냉혹함)이다. 제임슨은 오직 마르크스주의가 이런 방식으로 역사를 사고할 수 있다고 역설한다. 역사가 텍스트 형식으로 이행해도 그 힘을 느낄 수 있는 생명력으로 말이다.

> 역사는 상처를 내고, 욕망을 거부하며, 집단적 실천과 개인적 실천에 엄혹한 한계를 지우기도 하다. 역사의 '간지'는 이런 실천을 그 명시적 의도와 딴판의 소름 끼치도록 역설적인 결과로 바꿔버린다. 그러나 역사는 그 효과를 통해서만 파악할 수 있고, 결코 어떤 사물화된 힘으로 직접적으로 파악할 수 없다. 이런 궁극적 의미에서 지반이며 초월 불가능한 지평으로서 역사는 특별한 이론적 정당화가 필요하지 않다는 말이 가능해진다. 물론 우리는 아무리 역사를 무시하려 해도 그 소외하는 필연성이 우리를 망각하지 않을 거라고 확신해도 좋을 것이다(PU, 102/128).

(데리다와 대조적으로) 제임슨에게 역사는 텍스트 바깥에 있고 실제로 텍스트의 바깥이지만, (데리다에 부분적으로 동의하면서) 역사는 텍스트 형식으로만 우리에게 접근할 수 있으므로 텍스트 안에도 매우 많이 존재한다. 이것이 정치적 무의식 개념이 해결해야 하는 본질적인 역설이다.

제임슨은 근거이자 원인이라는 역사의 역설을 두 가지 방식으로 해결한다. 첫째, 모든 텍스트는 그 형식 안에 역사를 구현한다. 둘째, 텍스트 자체가 역사적 사건이다. 여기서 사건은 상징적이거나 무의식적인 차원에서 발생한다. 첫 번째 주장은 10년 전 '메타코멘터리'(1장에서 살펴봤듯이)라는 방법에 관한 논문에서 제기했다. 이 논문은 모든 텍스트가 자신에게 필수적인 하부 텍스트로서 역사를 끌어들인다는 사실을 한층 발전시킨다. 두 번째 주장은《마르크스주의와 형식》에서 예비적인 형태임에도 가장 완전하게 드러난다(MF, 383/440). 또한 1979년에 쓴 〈대중문화에서 물화와 유토피아Reification and Utopia in Mass Culture〉에서는 이를 예견했다. 이 논문은 제임슨이 공동 설립한《사회적 텍스트Social Text》창간호에 처음 게재했고, 나중에《보이는 것의 날인Signatures of the Visible》으로 다시 출간했다.[9] 이 움직임을 위한 모델은 카두베오족의 화장법에 관한 레비스트로스의 분석을 토대로 하며, 노먼 홀랜드Norman Holland의 프로이트의 검열 개념을 재작업함으로써 보강됐다.

제임슨을 사로잡은 핵심적인 명제는 레비스트로스의 위대한 자전적 작품《슬픈 열대Tristes Tropiques》에서 제임슨이 인용한 다음 문장에서 찾아볼 수 있다. 레비스트로스는 카두베오족 여성의 화장법을 "이해관계나 미신이 방해하지 않았다면 획득할 수도 있었을 제도에 열렬히 상징적인 표현을 부여하고자 하는 한 사회의 환상 생산"으로 해석해야 한다고 생각한다(PU, 79/98). 견디기 어려운 사회제도를 바꿀 수 없거나 설령 그럴 수 있다 하더라도 바꾸기를 꺼리는 카두베오족은 신체 예술을 통해 존재의 진정한 모순에 대한 상징적 해결책을 만들어낸다. 레비스트로스는 이를 '황금시대'라고 언급했지만, 우리는 이런 상징적 해결책을 더 제임슨다운 용어를 사용해 간단히 '유토피아'라고 다시 쓸 수 있다. 카두베오족은 장식과 예술을 통해 '다른' 장소를 평가하고 가치를 부여한다.[10] 접근할 수도, 무시할 수도 없는 유토피아에 사로잡혔다는 점에서 현대 서구 사회도 본질적으로 카두베오족의 사회와 같다는 것이 제임슨의 가설이다. 제임슨은 "이런 관점에서 이데올로기는 상징적 생산에 내용과 형식을 부여하는 그 무엇이 아니다. 오히려 미적 행위 자체가 이데올로기적인 것이고, 미적 형식이나 서사 형식의 생산 역시 해결 불가능한 사회적 모순에 상상적·형식적 '해결'을 제공하는 기능이 있다고 말할 수 있다"고 역설한다(PU, 79/98).

이런 현실적 문제에 대한 상징적 해결을 모색하는 과정이 현대의 미학 생산에서 가장 가시적으로 드러나는 곳은 정치적 알레고리다. 제임슨은 그 작업을 가장 놀라운 장소에서 발견할 수 있다(PU, 80/100). 제임슨은 앞서 언급한 1979년 논문 <대중문화에서 물화와 유토피아>에서 이 특정한 명제가 현대의 문화적 생산을 분석하는 수단으로써 어떻게 기능하는가에 관해 인상적으로 설명한다. 그는 당시 히트한 〈죠스Jaws〉(Spielberg, 1975)를 그 예로 제시한다. 피터 벤츨리Peter Benchley가 쓴 동명 베스트셀러를 바탕으로 한 이 영화는 아미티라는 섬마을에서 여름 성수기에 뭔가 안 좋은 상황이 발생하는 내용이다. 〈죠스〉는 영화사가들이 프랜시스 포드 코폴라, 스티븐 스필버그, 조지 루카스, 윌리엄 프리드킨, 브라이언 드 팔마 감독의 작품과 함께 '뉴 할리우드'라고 부르는 초기 사례다. 이 영화는 감독적 재능과 대중 시장의 성공을 동시에 얻었다는 점에서 많은 비판적 주목을 받았다.[11] 그러나 학술적인 측면에서 핵심적인 관심사는 항상 '이야기의 중심에 있는 상어가 무엇을 의미하는가'였다. 제임슨이 서술했듯, 이 문제에 관한 분석은 상어를 남근을 재현하는 것으로 해독하려는 예측 가능한 정신분석적 시도부터 미 제국주의의 알레고리로서 역사적으로 의식적·정치적인 해석까지 다양하다. 심지어 피델 카스트로가 아미티를 쿠바로, 상어를 미 제국주의로 해석했다는 소문도 있었다(SV, 232 n. 12/59). 제임슨은 "이런 독해 가운데 어느 하나도 틀렸다거나 정도에서 벗어났다고 말할 수 없다"고 언급한다. "하지만 이런 해석의 다중성은 살인 상어라는 상징의 소명이 하나의 메시지나 의미에 있는 것이 아니라, 이렇게 두드러지는 불안을 다 같이 흡수하고 조직하는 상징의 능력에 있음을 제시하는 것이다"(SV, 26/60). 상어의 의미에 집착하거나, 상어의 상징적 의미를 해독하고 명확한 비유적 내용을 부여하면 상어의 진정한 소명을 놓친다. 여기서

진정한 소명이란 몹시 복잡한 일련의 사회적·계급적 대립을 해결하기 위한 구실을 하는 것이다.[12]

영화가 제기하는 상징적인 성격에 관한 더 흥미로운 질문은 경찰 브로디(로이 샤이더), 과학자 후퍼(리처드 드레이퍼스), 상어 사냥꾼 퀸트(로버트 쇼) 같은 주요 인물이 의미하는 것과 관련이 있다. 제임슨은 이 인물들을 서로 다른 사회적 계층과 역사적 세대를 재현하는 것으로 해석한다. 즉 영화는 두 아메리카의 갈등을 나타낸다. 브로디와 후퍼는 신흥 '포스트모던' 사회(군사화한 법 집행기관과 대학 교육을 받은 부유한 집안)를, 퀸트는 오늘날 명백히 시대에 뒤처진 '뉴딜'이라는 아메리카를 재현한다.[13] 궁극적으로 〈죠스〉는 다음과 같이 읽을 수 있다.

> 법과 질서의 세력과 다국적기업의 신기술 관료주의 세력의 제휴에 대한 알레고리. 이런 제휴는 나쁘게 정의된 상어 자체의 위협을 물리치고 승리하는 판타지뿐만 아니라 새로운 권력 체계가 자리 잡기 전에 역사의식과 사회적 기억에서 반드시 제거해야 할 종전 미국의 좀 더 전통적인 이미지의 소멸이라는 필수적 선결 조건에 따라 서로 공고해져야 할 제휴다(SV, 29/64).

위 인용문에서 제임슨이 《정치적 무의식》에서 전략적으로 인용하고 지지한, '무엇을 의미하는지가 아니라 어떻게 작동하는지 질문하라'는 들뢰즈와 가타리의 유명한 슬로건의 존재를 쉽게 감지할 수 있다. 지금까지 아무도 논평하지 않은 이런 관찰은, 들뢰즈와 가타리가 레비스트로스의 정식formulation에 얼마나 영향을 받았는지 질문을 제기한다는 점에서 흥미로운 함의를 지닌다. 이들이 주장하는 반해석적 입장은 새로운 해석학적 프로그램의 논쟁적 표명이라는 제임슨의 주장을 확인하는 경향이 있다(PU, 21~23/23~25). 제임슨에게 이 새로운 해석학적 프로그램의 소명은 "문화적 산물이 사회적으로 상징적인 행위임을 드러내는 것"(PU, 20/22)이다. 이는 모든 텍스트가 실제로 정치적 알레고리를 드러내며, 다양한 사회와 문화의 불안을 상징적으로 해결하고 잠정적으로 해결하는 것을 의미한다. 그러나 〈죠스〉의 사례는 텍스트가 의도적으로 하나의 알레고리로 코드화되는가는 중요하지 않다는 점을 보여준다. 독자는 항상 텍스트를 하나의 알레고리로 만들 방법을 찾을 수 있기 때문이다. 심지어 제임슨은 독자가 텍스트에 흥미를 갖기 위해 하나의 알레고리로 만들 필요가 있다고 말할 것이다. 모든 텍스트는 역사를 자기 안으로 끌어들이며, 이것을 해석학적 열쇠로 독자에게 돌려준다. 그럼으로써 아무런 목적 없이 오후에 심심풀이로 즐기는 〈죠스〉 같은 텍스트에서도 '관련성relevance'을 찾을 수 있다.

하지만 관련성을 다원주의나 이와 유사한 '열린 텍스트'와 혼동해선 안 된다(이 책에 수록된 인터뷰에서 이 개념에 관해 제임슨이 비평한 것을 보라). 캐서린 벨시Catherine Belsey처럼 하나의 텍스트에서 다양한 독해가 생산될 수 있다는 점을 강조하는 문학비평이야말로 좌파 정치에 가장 적합하다고 주장하는 사람들과는 반대로, 제임슨은 예술가가 활동하던 상황의 독특성을 명확히 하려는 태도를 주장한다.[14] <죠스>에 관한 논의에서 살펴본 것처럼, 제임슨은 이데올로기가 다양한 방식으로 자신의 작동을 은폐한다고 주장한다. 제임슨에 따르면 이데올로기는 의미를 발산하기보다 흡수할 때 진정으로 나타난다. 따라서 벨시가 (알튀세르를 따라) 타당하게 말하듯 자신의 존재를 은폐하는 이데올로기의 다양한 방법을 폭로하는 것이 비평가의 책무라면, 비평가가 텍스트의 해석을 증대함으로써 이데올로기의 위장을 강화하는 데 에너지를 쏟는 것은 기이한 자멸적 책략이다. 제임슨이 알레고리적 독해 방식이라고 정의한 이보다 나은 전략은 다음과 같다. 즉 필연성의 궤적을 추적하고, 텍스트가 왜 그렇게 쓰였는지, 결과적으로 어떤 효과를 얻는지 확인하는 것이다.

알레고리

비판 이론의 전체 무기 중에서 '관련성'만큼 파악하기 힘든 용어도 없을 것이다. 나는 문화적 텍스트가 현실의 사회적·문화적 문제에 대한 상징적 해결책을 실현할 수 있다는 레비스트로스의 사고에 두 번째 차원의 복잡성을 도입하면서 관련성의 문제를 다루고자 한다. 모든 문화적 텍스트를 역사적·정치적 알레고리로 읽을 수 있다는 것만으로는 불충분하며, 애초에 왜 그렇게 하고 싶어 해야 하는지 설명해야 하기 때문이다. 이 질문에 대한 답의 일부는 이미 서술했다. 우리는 신체적 조건 같은 가장 사적인 차원을 제외하고(하지만 이것에도 명백한 제약이 있다) 자신의 상황을 바꿀 수 없거나 바꾸기를 꺼린다. '적절한' 문화적 텍스트는 차이에 대한 동경이나 제임슨이 나중에 '유토피아라는 욕망'이라고 서술한 것을 흡수한다. 따라서 문화적 텍스트는 우리의 관심을 끌기 위해 미미하더라도 유토피아적 변형의 현실적이고 완전한 본능적인 쾌락을 보장해야 한다. 이는 제임슨이 《포스트모더니즘》에서 설명하듯이, 〈매드 맥스Mad Max〉(Miller, 1979)처럼 명백히 디스토피아적인 텍스트에서 얻을 수 있는 만족감의 본질이다. 이 세계의 종말은 그런 사태를 생각하는 것이 아무리 끔찍해도 세계의 훌륭한 재건이라는 적절한 유토피아적 상상의 기회를 제공한다(PCL, 383~385/693~694). 〈죠스〉의 경우 이런 유토피아적 측면은 종전 사회에 대한 미묘한 비판을 드러낸다. 이 비판은 한편으로 멍청한 쾌락주의자(관광객, 특히 물에 들어가지 말라는 경고를 무시하는 10대), 다른 한편으로 편협하고 보수적인 자(안전보다 이익을 중시하는 현지인)를 묘사하는 것으로 드러난다. 따라서 상어를 죽이는 것은 사회적 관계를 재구축하려는 드라마를 위한 구실이다. 10대는 '어른을 공경하는 것'을 배워야 하고, 어른은 비즈니스보다 10대의 생명을 우선시하는 것을 배워야 한다.[15] 세대 간 대립이나 현지인과 관광객의 대립은 이야기의 본래 흐름을 방해하는 것처럼 보이지만, 사실 메인 줄거리로 간주해야 한다. 이는 개인의 자유(우리가 선택한 즐거움을 누릴 권리)와 그만큼 중요한 생계의 보장(현지 일자리를 둘러싼 외국과의 경쟁 위협[예를 들어 상어], 정부 규제의 악영향[예를 들어 관광 시즌을 헛되게 보낼 위협인 수영 금지])이라는 더 추상적인 고찰을 불러일으킨다.

제임슨의 테제는 문화적 텍스트가 앞에 서술한 두 가지 대립을 관리하기 위해 이런 불안을 유발한다는 것이다. 이는 제임슨이 레비스트로스의 사고(노먼 홀랜드의 《문학적 반응의 역동성 The Dynamics of Literary Response》에서 차용했다)에 덧붙이는 두 번째 차원의 복잡성이다. 텍스트는 그 유토피아적 요소가 암시하는 위험하고 파괴적인 욕망을 관리해야 한다. 텍스트는 다음의 두 가지 모순된 작업을 해야 한다. 하나는 진정으로 변화된 사회를 불러일으키는, 극히 현실적인 만족감의 가능성을 제시해서 관심을 끌어내는 작업이다. 다른 하나는 그 욕망을 진정한 상징적 변화보다 덜한 것에 만족하도록 설득해서 봉쇄해야 하는 작업이다.

> 홀랜드에 따르면, 예술 작품은 한편에서는 소망 충족으로 기능하면서 다른 한편에서는 상징적 구조를 통해 강력한 원시적 충동과 소망의 재료가 분출돼 정신을 놀라게 하고 손상하지 못하도록 보호하는, 서로 일치하거나 양립하지 않는 미적 만족의 두 가지 특징이 어떤 식으로든 화해해서 하나의 구조에 이중적 충동으로 자리 잡는 방식으로 기술돼야 한다(SV, 25/56).

마침내 상어가 죽고 마을이 일제히 자기 치유를 향해 가는 것 같은 <죠스>의 마지막 부분에 고양될지도 모르지만, 이런 변형된 감각은 우리가 갈망하지 않더라도 환상적이다. 이는 실제

생활이 아니라 영화일 뿐이며, 영화가 제공하는 변화의 이미지 역시 거짓이다. 아미티는 변하지 않으며, 극히 충격적인 일련의 사건을 겪은 뒤 애도 단계에 있다. 이야기는 외부의 위협이 제거됨에 따라 정전停戰으로 막을 내린다. 하지만 진정한 의미에서 변화는 우리가 다른 행동을 취했다면 더 좋은 결과를 도출했을 수도 있다는 것을 인식했을 때 느끼는 파토스다. 아미티는 모든 일이 일어난 뒤에도 햇볕을 찾는 관광객에게 의존하는 해변의 리조트 마을이다. 그곳에는 여전히 관광객의 달러를 탐내는 편협한 주민들이 있다. 〈죠스〉의 알레고리적 구조는 변화에 대한 욕망을 자아내는 동시에 해결한다. 해석적 모델로서 정치적 무의식은 문화적 텍스트가 문화적 불안과 환상을 자극하는 동시에 재구축할 때 나타나는 변형 작업을 보여주는 것을 추구한다(SV, 25/56). 이는 텍스트를 역사라는 궁극의 지평ultimate horizon을 갖는 중층적인 존재로 다루는 것이다.

물론 텍스트 읽기/다시 쓰기에 알레고리적 모델을 채택하는 이론가가 제임슨만 있는 것은 아니다. 하지만 이를 공개적으로 드러내는 이론가는 제임슨을 비롯해 얼마 되지 않는다. 실제로 20세기 후반의 문학 이론은 사실상 전부 알레고리적 구조를 띤다고 볼 수 있다(이는 확실히 제임슨의 메타코멘터리 개념을 뒷받침하는 전제이며[IT2, 149], 이런 관점에서 메타코멘터리는 지배 텍스트의 비교 연구로 볼 수 있다). 당대 전문가들은 프로이트의 '억압된 것의 귀환'이라는 모습으로 문학 이론에 알레고리 구조가 만연하게 침투한 것을 인정하고, 텍스트를 읽으면서 하는 행위를

'주석'이라고 표현하려 한다. 이 단어는 전통적으로 성서의 비교 분석을 가리키는데, 보통 많은 번역본의 모호함을 감안해 가장 '신뢰할 수 있는' 버전을 결정하고자 한다. 성서가 완벽하게 안정적인 형식으로 존재한다면 '주석'은 필요하지 않을 것이라는 사실에 주목하면, 주석이라는 단어를 선택하는 것이나 그것이 함의하는 성서 연구에 대한 암시는 그 자체로 교훈을 제공한다. 물론 성서는 안정적인 형식으로 존재하지 않는다. 성서는 고대 언어에서 고전 언어, 토착 언어로 넘어가는 긴 시간이나 고단한 번역 과정에서 오는 불안정성까지 고려할 필요도 없이, 수백 년에 걸쳐 많은 저자가 세 가지 언어로 쓴 텍스트라는 점에서 안정적인 형식과 거리가 멀다.

교리의 문제는 제쳐두고 텍스트의 문제에 집중하면, 지배 텍스트로서 성서는 이미 존재하는 것이 아니라 구성된 것이라는 사실을 알 수 있다. 학자들이 한 버전의 충실도를 다른 버전과 비교해 측정하기 위한 척도로 사용하는 독자적인 지배 텍스트, 즉 독자적으로 투영된 이상ideal을 알고 있다는 사실이 중요하다. 성서의 '실제', 즉 모든 논쟁을 해결하기 위해 신뢰할 수 있는 '진실한' 버전 하나는 사실 현존하는 수백 개 버전 가운데 어느 것만큼이나 많은 구성이 있다. 이 많은 버전은 대조적으로 투영된 이상과 어떻게든 타협하거나 불완전하다. 이는 실재하는 성서가 늘 이상을 향해 노력하는 것으로 나타나 실현·촉발되는 구성이다.

역사도 같은 방식으로 작동할 수 있다. 역사는 항상 과거에 속한 것 같아도 어쩌면 현재의 요구에 따라 생산된 당대의 창조물일 수 있다. 무엇보다 중요한 것은 역사에 관한 불확실성이 역사가 지배 텍스트로서 어떤 궁극적 해석의 지평으로 기능하는 데 방해가 되지 않는다는 사실이다. 지배 텍스트는 언제나 이미 구성된 것이기 때문이다. 역사는 꼭 절대적이지 않아도 절대로서 기능할 수 있다. 당대의 텍스트가 자신의 필요에 따라 역사를 생산한다는 논리를 따라가다 보면 제임슨의 가장 대담한 사고에 도달한다. 텍스트는 그 자체로 역사적 행위다. "문학적·미적 행위는 항상 실재the Real와 모종의 능동적 관계가 있다. 그러나 그렇게 하기 위해서라도 문학적·미적 행위는 '현실'이 텍스트 바깥에 멀찍이 떨어져 그 자체로 무기력하게 존재하도록 둘 수 없다. 오히려 그것은 실재를 자신의 결로 끌어들여야 하며, 언어학(특히 의미론)의 궁극적 역설과 거짓 문제 역시 이 과정에서 비롯됐음을 추적해야 한다. 그럼으로써 언어는 실재를 자신 속에, 자신의 고유하고 내재적인 하부 텍스트로 담지할 수 있다"(PU 81/101). 텍스트는 단순히 역사를 재현하는 것이 아니라 역사에 개입하는 것이다. 역사 자체는 고정적이고 불변하는 존재가 아니라 무수한 현재와 과거를 연결하는 동적이고 리좀적인rhizomatic(들뢰즈와 가타리의 개념을 사용하면) 과정이기 때문이다.

여기서 '연결하다connect'라는 단어가 중요하다. 역사는 점과 점을 연결한다. 그리고 일상생활을 형성하는 추상적이고 형태가 없는 힘, 효과를 눈으로 볼 수 없어도 느낄 수 있는 바로 그

힘을 가시화한다. 법률이나 사법, 보건과 교육 분야의 관료 기관의 사소하고 다양한 행위가 사회적 존재에 침투하는 방식을 보라. 그런 행위는 대부분 근원과 목적을 결코 알 수 없는 '메시지' 형식으로 다가온다. 과속하고, 과음하고, 건강에 나쁜 음식을 먹고, 충분한 운동을 하지 않는 나를 걱정하는 것은 도대체 누구인가(PU, 81~82/102).[16] 보건부가 내가 '건강'(나라는 존재를 정의하는 상태)하기를 바란다면, 그 이유는 나를 '걱정'해서가 아니라 내가 건강하지 않으면 큰 비용이 발생하기 때문이다. 자원이 낭비되고 생산성이 떨어짐으로써 발생하는 비용 말이다. 병원과 감옥에 관한 푸코의 위대한 역사가 보여주듯 이것이야말로 역사가 밝혀내는 것, 다시 말해 '나'와 '내'가 얽혀 있는 사회적 기계의 연결이다.

과거를 바라보는 방식을 바꾸고 과거를 신선하고 문제가 있는 방식으로 살아 있게 함으로써, 텍스트는 현재 우리가 자신을 위치 짓는 방식을 바꾸고 우리를 불안하게 한다. 우리가 '싸구려'라고 무시하는 공항 스릴러airport thrillers〔공항에서 구입해 비행시간 동안 가볍게 읽을 만한 길고 재미있는 소설〕나 저속한 잡지 등을 포함한 모든 텍스트는 우리를 혼란스럽게 할 가능성이 있다. 모든 텍스트는 어떻게든 자신만의 방식으로 '실재'를 생산해야 하기 때문이다. 하지만 텍스트가 실재를 생산하는 한, 텍스트는 우리 의식에서 종전의 현실을 지우는 경향이 있다. 꽤 자주 강력하게 실재를 상기시키는 것은 그것이 투영하는 현실의 환상을 산산조각 내기 때문이다. 텍스트가 자신의 비현실성을 항상 상기시킨다면 우리는 텍스트에서 현실감을 느낄 수 없다. 그러므로 텍스트는 역사에 의존하기보다 대항한다.

> 우리가 여기서 하부 텍스트라고 부른 것이 지닌 모든 역설은 다음과 같이 요약할 수 있다. 문학작품이나 문화적 대상물은 자신이 그에 대한 반응이기도 한 상황을 처음 나타나는 것처럼 존재하게 만든다. 이는 그 자신의 상황을 명료화하고 텍스트화한다. 그럼으로써 상황 자체가 그에 앞서 존재하지 않았다는 환상을, 텍스트 외에는 없다는 환상을, 텍스트가 신기루 형태로 생성하기 전에는 어떤 텍스트 외부적·동시적 현실도 없었다는 환상을 조장하고 영속화한다(PU, 81~82/102).

즉 텍스트는 역사를 가질 뿐만 아니라 만들기도 한다. 이것이 제임슨이 말하는 역사의 이중성이다.

해석

정치적 무의식의 기본 개념은 다음과 같다. "알레고리적 지배서사 측면에서 해석하는 것이 항상 유혹적이라면, 이는 지배 서사 자체가 텍스트와 그에 대한 우리의 사고까지 각인됐기 때문이다. 이런 알레고리적 서사의 기의signified는 문학과 문화 텍스트에 늘 존재하는 차원인데, 이들이 역사와 현실에 대한 우리의 집단적인 사고와 집단적인 환상의 근본적인 차원을 반영하기 때문이다”(PU 34/40). 서두에서 말했듯이 ‘정치적 무의식’은 복잡하고 다층적인 해석 장치다. 정치적 무의식은 다음 네 가지 명제 위에 성립한다. 모든 문화적 텍스트는 정치적 알레고리다. 알레고리는 현실의 사회적·문화적 불안을 상징적으로 해결하기 위한 문화적 수단이다. 진정한 사회적·문화적 관심사를 다루는 텍스트만이 우리에게 흥미로울 것이다. 역사는 텍스트의 심리적·정치적으로 중요한 요소를 독해할 수 있게 하는 양가적인 지배 약호master code다. 제임슨은 개별 작업의 모순적인 특성에도 텍스트가 이런 모든 작업을 어떻게 동시에 수행하는지 알 수 있도록, 독해 과정을 해석과 재해석(구성과 재구성으로 부르기도 한다)의 동적인 연쇄로 간주하는 세 단계 독해 모델을 제안한다. 이런 모델은 연속적으로 텍스트 참여의 지평을 확장하고 텍스트의 대상 자체를 변형해, 결국 하나의 작품을 다루는 것에서 생산양식 전체를 다루는 것으로 나아간다. 이 과정에서 텍스트의 고정적 형식은 용해된다. 이 형식은 매우 위태롭게 타격을 받지만, 창조적으로 달성된 제스처와 효과로 진정한 모습을 나타낸다. 해석과 재해석의 세 단계 혹은 지평은 다음과 같다.

1. 텍스트
2. 사회
3. 생산양식

각각의 지평에는 고유한 분석 대상이 있다. 첫 번째 지평은

'상징적 행위'로서 텍스트를 다룬다. 두 번째 지평은 제임슨이 '이데올로기소ideologeme'라고 부르는 것으로, '사회 계급의 본질적으로 적대적인 집단적 담론의 인지 가능한 최소 단위'를 뜻한다. 세 번째 지평은 '형식의 이데올로기'와 관련이 있다(PU, 76/94). 첫 번째 지평은 우리가 지금까지 주로 관심을 쏟아온 것이다. 우리는 개별 텍스트에서 시작할 수밖에 없다. <지구에 떨어진 사나이Man Who Fell to Earth>(Roeg, 1976)에서 데이비드 보위가 가진 TV 50대를 동시에 볼 수 있는 편리한 설비가 있으면 이야기는 달라지지만, 실상은 그렇지 않기 때문이다. 우리는 대다수 텍스트가 촉진하는 자족적인 환상을 넘어, 더 넓은 담론 망에 내재하는 구조적 의존성을 인식하도록 훈련해야 한다. 개별 텍스트는 그 자체로는 의미론적으로 빈약하며, 하물며 개별 텍스트를 단독으로 읽는 것도 사실상 별 의미가 없다.

제임슨은 가장 기초적인 단계에서 역사가 텍스트를 의미 있게 만드는 데 필요한 의미론적 풍요를 제공한다고 주장한다. 엄밀히 말하면 제임슨이 제안하는 세 단계의 지평은 더 많은 역사를 겹겹이 포개며 달성할 수 있는 의미론적 풍요가 점점 높은 단계로 상승하는 것을 가리키는 지표다. 바꿔 말하면 개별 텍스트와 담론적 우주 사이에서 생성할 수 있는 연결의 범위와 밀도를 큰 폭으로 확장하는 것이다. 담론적 우주에서 개별 텍스트는 하나의 '발화'에 불과하다. 제임슨은 첫 번째 지평의 분석 대상인 '상징적 행위'를 거의 모든 텍스트 분석 모델의 관심 대상인 '텍스트'와 거리가 먼 것으로 간주해야 한다고 강조한다. 상징적 행위는 비교적 정적이며 기본적으로 내재적인 것과 달리, 사회적으로 역동적이며 실제로 실용적인 사건이기 때문이다. 카두베오족의 화장법은 제임슨이 말하는 '상징적 행위'의 기본 모델이다. 지금까지 살펴봤듯이 이는 간단히 '읽을' 수 없는 일련의 이미지를 생성한다. 카두베오족의 화장법은 사회적·문화적 현실의 불안을 형상화한 것임을 뜻하며, 이는 주로 견고한 사회계층의 부당함과 연관된다. 부당함을 화장법으로 표현함으로써 이 화장법은 계층의 부당함을 해결하거나 적어도 예방하는 듯 보인다. 우리는 이렇게 구상된 텍스트를 아직 그 차원과 조건을 알지 못하는 현실의 사회적·문화적 문제에 대한 상징적인 해결책으로 이해한다. 이 문제를 해결하는 것이 오늘날 활동하는 대다수 '이론' 파벌의 당원들이 떠드는, 텍스트를 역사적 맥락에서 읽는다는 공허한 명령의 실제적인 의미다.

텍스트를 역사적 맥락에서 읽으라는 말이 공허한 이유는 '역사적 맥락'이라는 근본적인 개념이 완벽히 공허하기 때문이다. 역사적 맥락은 대부분 '당시'의 생활을 아는 것 이상을 의미하지 않는다. 예를 들어 그린블랫의 분석은 실제 발생한 사건과 텍스트의 디테일을 연결 지어 설명할 뿐이다. 어머니의 빨간 드레스가 아들의 색감 취향에 영향을 미쳤다는 사례가 그렇다.[17] 그러나 그렇게 인식된 역사는 많은 데이터일 뿐이며, '상징적 행위'로서 텍스트의 본질을 인식할 수 없게 한다. 상징적 행위로서 텍스트를 이해하려면 데이터가 아니라 일상생활을 지탱하는 문제나 모순, 바꿔 말해 사용가치와 교환가치의 사회적인 차이에서 발생, 노동의 상품화에 따른 소외 효과, 시장 체제에서 부의 불공평한 분배 등에 주목해야 한다.

'유연한' 일자리가 최초에 어떻게 생겼는지 생각해보자. 유연한 일자리는 특정 부분에 종사하는 노동자, 즉 제한적인 보육 시설과 융통성 없는 학교 일정이라는 여건에서 육아와 노동을 병행해야 하는 여성 노동자의 수요를 충족하기 위해 생겼다. 하지만 이는 그 후 인건비를 감축하고 싶어 하는 고용주의 반사적인 해결책이 되고 말았다. 유연성은 받아들여졌지만, 유연성이 예외가 아니라 표준이 되는 엄청난 대가를 치른 것이다. 노동자의 승리로 보이던 것이 곧 패배로 드러났다. 마르크스주의에서는 이처럼 패배가 승리처럼 보이는 현상을 '허위의식'이라고 한다. 이 개념은 오랫동안 특히 영미 문화 연구의 공격을 받았다. 영미 문화 연구 분야의 선두주자 중 일부는 '허위의식' 개념이 역사의 진정한 상황을 불완전하게 이해하는 상황을 진단하는 것이 아니라, 마치 문화 전체의 어리석음을 비난한다는 듯 반응했다. '유연한' 노동조건을 위해 싸운 선의의 노동운동가들은 자신들의 승리가 어떻게 이용될지 알 수 없었을 것이다. 따라서 노동자들이 안다고 생각했던 것이 틀렸다고 말하는 것은 그들을 전혀 폄훼하지 않는다. 이 특수한 사례에서 배울 수 있는 고통스러운 교훈은 '진짜 직업'이 파괴됐다는 사실뿐이다. 이후 노동계는 단합해 대항하지 않았고, 이렇게 발생한 '유연화'라는 야만적인 과정을 통해 일자리는 나오미 클라인Naomi Klein이 말한, 전망 없는 저임금 노동인 '맥잡Mcjob'으로 전환됐다.[18]

문화 연구는 오늘날 소비자가 자신들이 광고에 조작당하고 있음을 알아차릴 정도의 지식은 있다는 것을 근거로 '허위의식'을 부정한다. 이 말이 사실이라면, 그렇게 생각할 이유가 있다면 '허위의식'은 확실히 잘못된 단어다. 더 적합한 개념은 '냉소주의'일 것이다. 하지만 광고가 사기임을 아는 것과 시스템 전체가 사기임을 '아는' 것은 차원이 다르다. 광고가 사기임을 인식한 채 살아갈 수 있지만, 시스템 전체가 사기라는 사실을 아는 것은 더욱 고통을 수반한다. '좋은 것'조차 비난해야 하는 사실을 받아들여야 한다는 의미이기 때문이다. 예를 들어 내 직업을 좋아하기 위해서는 나에게 급여를 지급하는 국가가, 조지 부시와 공모해 이라크전쟁을 촉발한 바로 그 국가라는 사실을 애써 외면해야 한다. 내 자식들에게 교육을 제공하는 것도 같은 국가다. 그것이 다 같은 국가인 이상, 나는 모순 없이 후자(교육을 제공하는 좋은 국가)를 지지하고 전자(전쟁을 지원하는 나쁜 국가)를 비난할 수 없다. 국가는 기본적으로 좋은 것이지만, 어느 정도 나쁜 부분도 있다는 솔직하지 않은 타협안으로 자기 위안을 할 수도 없다. 그것이 진실이 아님을 알기 때문이다. 편집증의 '슬픈 정념'(스피노자의 개념을 사용하면), 다시 말해 사실상 국가는 기본적으로 나쁘지만 일정 부분 좋은 점도 있다는 생각 역시 피해야 한다. 이런 생각은 무력하기 때문이다. 이런 태도는 냉소주의를 정당한 것처럼 보이게 한다. 혁명이 일어나지 않는 한, 운명론적인 관점을 취하는 것 말고 무엇이 가능하겠는가?

우리가 앞서 제기한 것처럼 다른 기능의 공존이라는 해결을 부정할 때, 딜레마는 강화된다. 예컨대 특정 작가의 위대성은 그의 한심한 견해와 분리될 수 있고, 그의 견해에도 불구하고 심지어 그 견해에 반하여 성취된다고 주장할 때처럼 말이다. 이런 분리는 단지 하나의 세계관(자유주의)에서 가능한 일이다. 이 경우 정치적이고 이데올로기적인 것은 실제 '개인적' 삶의 내용에 이차적이거나 '공적인' 부가물에 지나지 않는다. 개인적 삶만이 진정하고 진실하다는 것이다(PU, 289/379).

이데올로기는 전자에 대한 불친절한 지식을 포함하고, 후자에 대한 환상을 촉진하는 데 초점을 맞춘다. 요컨대 마르크스주의 역사는 데이터의 축적이 아니다. 마르크스주의 역사는 허위의식과 냉소주의라는 두 가지 '악'을 극복하는 지식을 생산한다.

역사적 맥락을 모든 예술가가 직면한 모순적인 문제, 다시 말해 적어도 상징적인 의미에서라도 문제를 재현하는 동시에 해결하는 방법을 찾아야 하는 관점에서 보지 않으면 우리는 이를 잘못 이해하게 된다. 이런 관점을 가지기 위해서는 우리가 텍스트를 이해하는 방식을 바꿔야 한다.

'텍스트'라는 개념은 적절하게 활용된다면 오늘날 흔하디흔한 기호학적 실천이 그렇듯 현실을 이런저런 작고 취급 가능한 기록물로 '환원'하는 것이 아니라, 오히려 우리의 주의를 현실의 대상이 구성되는 방식과 그 구성물이 다른 구성물과 맺은 관계로 돌려줘 우리를 경험적 대상(제도건, 사건이건, 개별 작품이건) 에게서 해방한다(PU, 297/389).

텍스트에는 이런 현실의 흔적이 있다. 역사가 은폐한 모든 징후를 파악하기 위해 텍스트를 검토하는 것은 비평가의 임무다. 여기서 가장 기본적인 교훈은 텍스트는 사회에 무지한, 고독한 천재의 유일한 산물이 아니라는 점일 것이다. 그러나 우리는 이 교훈을 역이용해, 즉 예술 작품이 사회를 반영한다고 말함으로써 오류를 악화시키는 것을 주의해야 한다. 제임슨이 상기하듯, 예술 작품은 "분명히 뭔가를 반영하지만, 예술 작품이 반영하는 것은 어떤 자율적인 문화 구성으로서 계급 자체가 아니라 오히려 그 계급의 상황, 즉 계급투쟁이다"(MF, 382/437~438). 그렇다면 우리는 텍스트를 사회를 반영하는 거울이라고 생각하는 것과 마찬가지로(라캉이 말하듯 거울은 그 자체로 '허위의식', 특히 '오인'을 촉진한다) 노골적이거나 은밀하게, 텍스트가 독자적이라는 신화를 영속시키는 비평이나 텍스트 관행에도 회의적이어야 한다. 텍스트는 항상 그리고 환원 불가능하게, 들뢰즈와 가타리가 '집단적 언표 행위'라고 일컬은 것, 즉 사회적인 용어로 이해되는 진술이다. 이것은 제임슨이 제시한 두 번째 지평, 즉 사회적 지평, 계급의식과 이데올로기의 지평으로 우리를 이끈다. "이 다시 쓰기의 판에서 개별 발화나 텍스트는 계급 사이의 본질적으로 논쟁적이고 전략적인 이데올로기 대결 속의 한 상징적 움직임으로 파악된다. 이런 맥락에서 그것을 묘사하는 일은

(혹은 이런 형식으로 드러내는 일은) 다른 도구 일체를 필요로 한다"(PU, 85/107). 텍스트를 역사의 구조적 문제에 대한 상징적인 해결로 처음 인식했다면, 이제 텍스트를 그 목소리를 (아마도) 잊어버린 또 다른 계급의 분파(계급은 원래 관계적인 개념으로 이해된다)와의 대화에서 재인식해야 한다. 그러나 이를 만족스러운 방식으로 실천하기 위해서는 계급적 담론을 명확히 하는 새로운 방법이 필요하다. 이를 위해 제임슨은 이데올로기소 개념을 창안한다.

> 이데올로기소란 양서적兩棲的 구성물이다. 그것의 본질적인 구조적 특징은 그 자체를 의사 개념pseudoidea(개념적 체계나 믿음 체계, 추상적 가치, 의견이나 편견)으로 드러낼 수도 있고, 원原서사 형태로 '집단적 인물'(대립하는 계급)에 대한 일종의 궁극적인 계급적 환상으로 드러낼 수도 있다는 가능성에 있다(PU, 87/109).

제임슨은 이어서 서술한다. "이 이중성은 개념적 묘사와 서사적 현현 양자를 동시에 허용한다"(PU, 87/109). 제임슨은 이에 관한 핵심 사례로 19세기의 원한ressentiment 개념을 제시한다. "물론 니체는 원한의 형이상학자는 아니지만, 일차적 이론가라고 할 수 있다"(PU, 201/260). 제임슨이 보기에 니체의 입장은 다음과 같다. "윤리학 일반, 특정하게는 유대-기독교적 전통을 주인을 향한 노예의 복수로, 이데올로기적 간계로 진단한다. 이를 통해 노예는 주인에게 노예 정신(자선의 에토스)을 감염해 본성적 활기와 공격적이고 진정 귀족적인 가치를 박탈한다"(PU, 201/260). 원한은 사물의 상태에 환멸을 느끼는 19세기 하층계급의 특징을 표준적으로 설명하는 개념이다. 원한은 오늘날, 우파의 슬로건이기도 한 '자기 책임', 즉 가난한 사람은 자신의 상황을 바꿀 성격적 능력이 없기에 가난한 것이라는 주장에서 새로운 생명을 발견한다. 이와 비슷한 맥락의 터무니 없는 사고방식은 다음에서도 찾아볼 수 있다. 복지는 가난한 사람에게 나쁜 영향을 끼치는 것으로, 일자리를 찾아 '빈곤의 순환'(이는 좌파 자유지상주의 용어인데, 가난은 피할 수 없다는 관점 때문에 마찬가지로 잔혹하다)에서 빠져나갈 열정과 의욕을 약화하기 때문이라는 사고방식이 이에 해당한다. 이런 슬로건은 제임슨이 주장하듯, 원한의 가장 심오한 사례는 고통을 겪는 사람보다 오히려 진단하는 측이 발견한다는 점을 명확히 보여준다. 실제로 원한을 품은 자는 원한 때문에 고통을 겪는다는 말을 듣는 사람이 아니다. 오히려 그를 비난하는 사람이 가장 병들었다. 여기에 제임슨의 진면목이 있다. 제임슨은 원한의 진단을 정치를 윤리의 관점에서 고쳐 씀에 따라, 정치를 부정하기 위한 전제조건에 불과하다고 역설한다. 다시 말해 빈곤을 성격적 결함으로 고쳐 쓰고, 복지를 가난한 자의 성격에 따라 좋은 것과 나쁜 것으로 보는 관점은 빈곤이 자본주의의 구조적 조건과 효과라는 현실을 시야에서 사라지게 만든다. 오늘날 이데올로기비평Ideologiekritik은 이런 이데올로기소를 폭로하는 것을 뜻한다.

세 번째 지평은 이전 지평에서 살펴본 사회적 형성을 인류의 역사 전체를 포함하는 종 차원의 프레임으로 위치시킨다. 그리고 이 지평은 단일한 생산양식이 아니라 모든 생산양식, 더 정확히 말하면 생산양식 사이의 비교 마찰에 관한 것이다. "그러므로 우리는 최근의 역사적 경험에 따라 이 새로운 궁극적 대상을 문화혁명cultural revolution으로 부를 것을 제안한다. 이는 공존하는 다양한 생산양식의 적대적 성격이 가시화되며, 이들의 모순이 정치적·사회적·역사적 삶의 한가운데로 움직이는 계기다"(PU, 95/119; MF, 91/119). 제임슨이 말하는 '중국의 미완의 실험'은 일반적인 조건의 한 예에 지나지 않는다. 다른 예로는 유럽의 정신과 문화적 습관에 강력한 변화를 야기한 서구 계몽주의 같은 장기적 사건이 있다. 세속화는 역사상 가장 강력한 문화혁명일 것이다. 하지만 제임슨은 문화혁명이 어떤 문화적 지배자가 다른 문화적 지배를 대체하는 역사상 극히 드문 과도기적 순간에만 발생하는 것처럼 보이기 때문에, 이런 관점이 왜곡된다고 경고한다. 현실은 이런 계기가 "인간 사회의 영속적 과정, 공존하는 다양한 생산양식 사이의 영구적 투쟁이 표면으로 떠오른 것과 다름없다는 점"이다(PU, 97/121).

비평가의 과제는 이런 중단 없는 문화혁명을 "더 심층적이고 영구적인 구성적 구조로 파악하고 읽을 수 있도록 하며, 그 구조 안에서 경험적 텍스트 대상이 이해될 수 있게"(PU, 97/122) 텍스트를 다시 쓰는 것이다. 제임슨은 이 과제를 다른 곳에서 '시대구분 가설'이라는 것(포스트모더니즘이 제임슨의 대표적 사레다)을 상세히 분석함으로써 실현한다. 시대구분 가설의 가장 강력한 형식은 시대를 '생각하기' 위한 새로운 추상화를 생산한다. 그러나 이는 과정의 절반에 불과하다. 이런 가설을 실현하기 위해서는 대상을 특정해야 한다. 세 번째이자 실제로 궁극적인 지평의 대상은 "형식의 이데올로기로, 이것은 전반적 사회 구성체뿐만 아니라 일정한 예술 과정에 공존하는 다양한 기호 체계에 따라 발화된 특정의 전언 사이에 존재하는 규정적 모순이다"(PU, 98/123). '형식의 이데올로기'를 설명하기 위한 비평가의 왕도는 장르다. 여기서 지젝이 말하듯, 장르가 시대의 지표로 변형된다는 점을 간과해선 안 된다.

> 즉 어떤 심층 서사 구조를 벗어난 개별 텍스트는 담론 층위에서 구조의 완전한 현시나 반향을 가로막는 역사적 상황의 결정적인 변화를 주목하게 한다. 다른 한편 서사시 같은 특정 장르 구조의 재생산 실패는 뒤이어 나타난 대체 텍스트 구성체의 탐구를 고무할 뿐만 아니라, 더 특정하게는 원래 구조를 의미 있게 한, 이제는 존재하지 않는 역사적 토대를 주목하게 한다(PU, 146/187).

이제 우리는 이런 방식으로 장르를 생각해야 한다. 이 명제를 뒤따르며 장르를 재개념화하는 제임슨의 작업은《정치적 무의식》을 획기적인 텍스트로 만드는 데 공헌한 주원인 중 하나임이 분명하다. 장르는 시대의 사회적·문화적 불안을 얼마나 잘

연출해 상징적으로 해결하는가에 따라 살아남거나 사라진다. 이 주장은 역으로 변화 이론으로도 읽을 수 있다. 이에 관해 제임슨은 "진짜 다른, 즉 급진적으로 다른 어떤 문화도 그 문화 자체의 원천이 되는 사회체제의 근본적인 수정 없이는 출현할 수 없다"는 칙령을 내린다(SV, 161/326). 제임슨은 포스트모더니즘을 다음과 같은 경로에 따라 이론화한다. 새로운 문화적 논리를 생산한 것은 후기 자본주의 자체의 변형이며, 제임슨은 이를 포스트모더니즘이라고 부르기를 제안한다. "모든 포스트모더니즘의 구성적 특징이 예전의 모더니즘과 동일하거나 연속선에 있다고 하더라도, 모더니즘과 포스트모더니즘은 의미나 기능적인 측면에서 철저하게 구별된다. 포스트모더니즘이 후기 자본주의에서 차지하는 위상이 매우 다르며, 현대사회에서 문화 영역이 예전과 다른 형태로 변형됐기 때문이다"(PCL, 5/42~43).

장르와 문화혁명을 연결 짓는 것은 장르가 반드시 선량하고 순수하지는 않다는 사실을 상기시킨다. 모든 문화혁명의 본질적인 과제는 견고한 문화적 태도, 특히 역사의 대세척great wash에서 악취처럼 흘러나오는, 수백 년 동안의 하위 종속성subalternity이라는 예속과 굴종의 습관을 재프로그래밍하는 것이다. 이는 때때로 '복종에 대한 의지'라고 불리는 것으로 왜 인간이 견디기 어려운 정치체제를 오랜 시간 참아왔는지를 설명하는 심리학적인 것이기도 하다.[19] 이런 재프로그래밍에는 양면성이 존재한다. 가령 나치즘은 분명 역사상 가장 성공한 문화혁명이었지만 가장 혹독하고 무서운 문화적 태도 변화를 초래했다.

이런 변화는 본질적으로 역설적이었다. 나치는 다른 모든 층위에서 무질서를 촉진해 정권의 일반 질서에 복종하도록 했다. 정권에 충성을 맹세한다면 어떤 음란한 방법으로 적을 강간하고 살해하고 공격하는 등 무엇이든 해도 좋다는 것이 나치즘의 기본 메시지다. 이 메시지는 강력한 이데올로기 중 하나인 '권리'라는 개념을 통해 전달됐다. 메시지는 다음과 같다. 독일 국민인 당신에게는 세계적인 주권을 가질 권리가 있음에도 지금까지 그 권리는 유대인의 세계적인 음모에 의해 부정돼왔다. 따라서 그 권리를 무력으로 지켜야 한다. 나치즘은 당신을 위해서라면 모든 인간을 죽일 수도 있다고 약속한다. 여기서 세계적인 주권에 대한 (인종적 우월의 신화에서 발생한) 권리라는 의사 개념과 그 권리를 부정하는 세계적 음모(오래된 증오와 빈곤화된 경제 상황을 누군가의 탓으로 돌릴 필요성)라는 프로토내러티브protonarrative는 역사상 가장 자극적인 행동을 생산하기 위해 강력한 조합을 이뤘다. 당연히 나치 정권이 좋아하는 장르는 비극이다. 나치는 처음부터 "자신들이 무엇을 초래할지 독일에 알렸다. 즉 결혼과 죽음을 동시에 선언했는데, 거기에는 자신들의 죽음뿐만 아니라 독일인의 죽음도 포함됐다. 나치는 자신들은 사라질 테지만 자신들의 사업은 온갖 방식으로 유럽, 세계, 태양계 전체 등에서 재개되리라 믿었다. 그리고 모든 사람이 환호성을 질렀다. 그들이 그것을 이해하지 못했기 때문이 아니라 타자의 죽음을 통과하는 이 죽음을 원했기 때문이다."[20]

장르는 작가와 대중 사이에서 이뤄지는 사회적 계약이다.

이는 텍스트의 적절한 사용법을 규정한다. 노스럽 프라이의 작품 같은 강력한 형식에서 장르는 일상적 존재의 위대한 신성화의 원형, 즉 '우리의 문학 경험을 통일하고 통합'하기 위해 리좀적으로 연결하는 자연의 비유와 상징을 입증한다.[21] 이런 의미에서 장르는 문학이 자신과 소통하는 수단이자, 우리가 그것에 다시 답하는 수단이다. 하지만 이러한 사고는 '학파'(영문학에서는 블룸즈버리그룹이 가장 유명하다)라는, 독자와 작가가 밀접한 관계에 있는 커뮤니티가 계속 존재하는 것에 의존한다. 제임슨은 "프라이의 위대성은 공동체의 문제를 기꺼이 제기하고, 집단적 재현으로서 종교의 성격에서 근본적이고 본질적으로 사회적인 해석적 결론을 끌어낸다는 데 있다"고 주장한다(PU, 69/85). 하지만 대중이 점점 파편화·분산되는 우리 시장 체제에서 이런 본질적인 입법상의 열망을 실현하는 것은 물론, 사고하는 것조차 점점 어려워진다.

상품화는 장르를 브랜드화하고(이 과정의 최종 형태에서 밀스앤드분이 로맨스의 경우에 그런 것처럼, 브랜드명이 장르를 대체한다) 사회적 계약을 상품 보증으로 바꾼다. 이런 조건 아래 독자가 작가에게 조건을 지시하고, 장르는 드러그스토어나 공항 라운지의 상품 라인으로서 (제임슨이 말한 것처럼) 반감기를 보낸다. 따라서 제임슨은 "장르와 같은 범주를 사용할 수 있는 새롭고 역사적으로 반성적인 방법을 발명하는 것도 필요한데, 이 범주는 문학사에, 문학사가 전통적으로 분류하고 중립적으로 기술하는 형식 생산에 분명하게 함축돼 있다"(PU, 107/134)고 결론

내린다. 이 재발명은 장르에 대한 현대적 접근 방식에서 단층선이라고 할 수 있는 것에 따라 이뤄져야 한다. 이는 제임슨이 의미론과 구문론이라고 부르는 명백히 양립하는 두 경향을 보인다. 장르를 양상, 즉 여러 텍스트에 다른 형태로 구현되는 이상적 실체로 간주하는 프라이의 연구는 제임슨이 제안한 첫 번째 접근 방식(의미론)의 가장 발전된 형식을 제공한다. 러시아 형식주의, 특히 민담 형태학자 블라디미르 프로프Vladimir Propp의 연구는 장르를 고정된 형식으로 간주하며 두 번째 접근 방식(구문론)의 가장 발전한 형식이 된다. 이런 구별은 텍스트의 의미를 묻는 해석 모델과 텍스트가 어떻게 기능하는지 묻는 반反해석 모델의 들뢰즈적 대립을 재현한다(PU, 69/85).

사실상 제임슨은 장르의 정신적 범주를 역사화할 것을 제안한다. 제임슨은 프라이와 프로프가 의도적으로 배제한 것을 다시 읽어봄으로써 이를 실현한다. 장르의 정신적 범주를 역사화하려면 이제까지 검토해온 역사적인 의미에서 범주의 구성적 전제를 문제화해야 한다. 프라이의 경우 이는 선악이라는 윤리적 축의 전개를 문제화하는 것을 의미하며, 그의 장르에 관한 논의 전체가 그 축에 기대고 있다(PU, 110/139~140). 프로프의 경우 이는 인물의 성격을 대하는 태도를 문제화하는 것을 의미한다(PU, 123/156~157) 프로프 다시 읽기를 뒷받침하기 위해 제임슨이 제시한 역작 《폭풍의 언덕Wuthering Heights》은 프라이에 대한 직접적인 언급이 없을지라도 프라이 다시 읽기에서도 똑같이 드러난다. 그러므로 프라이와 프로프는 장르를 역사화하는 작업의 전체적인 의미를 나타내는 대표적 사례로 그 역할을 다 할 수 있다. 앞서 살펴본 것처럼 선악의 윤리적 축은 니체의 원한 이론 관점에서 다시 쓰이기 쉽다. 이는 제임슨이 말하듯 "윤리의 개념을 지배를 위한 구체적인 실천의 침전된 혹은 화석화된 흔적으로 폭로"하는 것이며, 따라서 "허위의식"의 최고 형식으로 거부돼야 한다(PU, 117/148~149). 제임슨은 니체의 공식을 뒤집어 윤리적인 이항 대립을 일련의 구체적인 사회문제에 관한 상징적인 해결책으로 취급한다. 즉 제임슨이 말하듯 히스클리프에 대해 바이런적이라 보이는 것은, 사실 니체적인 것일지도 모른다. 이것이 함의하는 바는 에밀리 브론테의 우울한 주인공의 선악을 묻는 것이 이데올로기를 혼란하게 하는 유혹이라는 사실이다.

프로프의 통찰을 적용하면 이는 제2의 의미(이데올로기적으로 제1의 환상을 보강하는 측면)에서 유혹임을 알 수 있다. 히스클리프는《폭풍의 언덕》의 주인공이 아니다. 오히려 그는 프로프가 시혜자라고 부르는 존재다. 제임슨은《언어의 감옥The Prison-House of Language》에서 이 시혜자 개념이 서사의 극적인 핵심이라고 주장했다(PU, 126/160; SV, 65~69). 히스클리프의 역할은 이 왕조 드라마의 중심인 언쇼 가와 린턴 가의 부를 회복하는 것이자, 그들이 활기를 되찾아 역사의 잠에서 깨어나게 하는 것이다. 히스클리프는 이런 점에서 역사의 화신이다. 그는 하이츠를 떠나 식민지로 가서 재산을 축적하고, 스스로 새롭게 함으로써 부를 얻는다. 그러나 그는 주인공이 아니다. 중심적인 서사 라인은 그가 아니라 두 가문의 운명에 좌우되기 때문이다. 히스클리프의 윤리적 성격에 관한 고찰은 그의 커리어가 구현하는 문화적 혁명의 표면화로 간주해야 한다. 그가 해외에서 벌어들인(우리가 그렇게 추정하는) 상업자본의 투입은 지금까지 언쇼 가와 린턴가가 누려온 목가적 생활이 종말에 다다름을 의미한다. 이처럼 히스클리프의 윤리적인 성격을 비난하는 것은 히스클리프 이전 시대 하이츠의 반半봉건제에서 히스클리프 시대 신흥 상업자본주의로의 이행을 비난하는 것이기도 하다.[22]

4장

포스트모더니즘

> 바로 이런 대가, 즉 예술 텍스트의 이데올로기적 기능을
> 동시적으로 인식하는 일을 치르고야 마르크스주의 문화 연구가
> 정치적 실천에서 그 역할을 하기 바랄 수 있을 것이다.
> 그 정치적 실천이야말로 여전히 마르크스주의가 존재하는 이유다.
> 프레드릭 제임슨, 《정치적 무의식》

페리 앤더슨Perry Anderson은 1982년 가을 휘트니미술관에서 열린 제임슨의 논문 〈포스트모더니즘과 소비사회Postmodernism and Consumer Society〉 최초 공개가 1966년 존스홉킨스대학교에서 개최한 데리다의 논문 〈인문과학의 담론에서 구조, 기호, 유희Structure, Sign, and Play in the Discourse of Human Sciences〉 최초 공개와 필적할 비판적·문화적 이론의 기초적 순간이라고 공표했다. 통상 데리다의 논문 발표를 계기로 후기구조주의가 시작됐다고 거론되는가 하면, 제임슨의 경우는 앤더슨의 말을 빌리면 "포스트모던의 전체 지도를 단번에 다시 그렸다"(OP, 54).[1] 이 논문의 최초 버전은 그 후 몇 가지 버전을 거쳐 최종적으로 같은 제목의 책으로 발전했고, 1년 뒤 할 포스터Hal Foster가 편집

한《반미학The Anti-Aesthetic》에 수록됐다. 이 책은 장 보드리야르, 케네스 프램튼, 위르겐 하버마스, 프레드릭 제임슨, 에드워드 사이드 등 지적 거장들의 성좌를 포함한 논문 모음집으로는 이례적으로 비판적 사고에서 완전히 새로운 시기가 시작됐음을 널리 알렸다.[2] 이 논문의 전체 버전은 1984년 봄,《뉴레프트리뷰New Left Review》에 〈포스트모더니즘 혹은 후기 자본주의 문화 논리〉(이하 〈포스트모더니즘〉)라는 제목으로 발표됐다. 최종 버전은 1991년에 같은 제목으로 단행본의 프로그램 에세이로 수록됐다.

〈포스트모더니즘〉만큼 세계적으로 영향을 미친 논문은 그리 많지 않다. 세계가 스스로에 관해 사고하는 방법을 바꿨다고 주장할 수 있는 논문은 더욱 드물다. 하지만 〈포스트모더니즘〉은 이를 수행했다. 그 후 10여 년간 세계화라는 개념이 최종적으로 '포스트모더니즘'을 새로운 시대정신의 용어로 대체하기까지, '포스트모더니즘'은 학계와 비학계를 막론하고 '현 상태'에 관한 거의 모든 비판적 논의에서 꼭 필요한 개념적 지주로 기능했다. 제임슨은 '포스트모더니즘'이라는 용어를 발명하지 않았다. 이는 리오타르도 마찬가지다. 하지만 제임슨의 손에서 포스트모더니즘은 동시대의 비동시적이고 이질적인 문화적 효과를 연결하는 탈주선(들뢰즈와 가타리의 유용한 개념)이 갑자기 가시화하는 개념이 됐다.

이 논문은 (페리 앤더슨의 생생한 표현을 사용하면) '밤하늘의 마그네슘 불꽃'처럼 갑작스럽게 빛을 발하는 듯 보일지 몰라도,

결코 갑자기 나타난 것이 아니다. 앞서 서술한 간단한 출판의 역사에서 분명히 알 수 있듯이, 제임슨은 이 논문 한 편을 쓰는 데 10년 가까이 걸렸다. 이 논문을 훨씬 큰 다른 프로젝트의 단순한 선취로 본다면(당연히 그렇게 봐야 하는데), 그 기원은 적어도 10년 전으로 거슬러 올라간다. 제임슨은 1971년《마르크스주의와 형식》에서 나중에 포스트모더니즘이라고 부르게 될 시대의 증상을 발견하고 분류하기 시작했다. 하지만 그때는 간단히 '새로운 모더니즘'이라고 불렀다(MF, 413/471).《마르크스주의와 형식》에서 제임슨은 "탈산업 독점자본주의의 발전은 언론매체나 특히 냉전의 개시 이후 어마어마하게 확대돼온 광고가 구사하는 은폐 기술을 통해 계급구조를 점점 더 은폐해왔다"라고 분석한다. 제임슨은 계속해서 다음과 같이 서술한다. "실존주의식으로 말하면 이는 우리의 경험이 전체성을 상실했다는 이야기다. 이제 우리는 풍요 사회의 벽과 한계 안에서 나름의 논리에 따라 영위되는 개인적 관심사와 신식민주의, 억압, 반혁명전쟁 등의 형태로 바깥 세계에 투사된 이 체제의 구조적 결과물의 연관을 피부로 느끼지 못하게 된 것이다"(MF, xvii-xviii/15). 제임슨이 이 마지막 문장을 베트남전쟁이 한창일 때, 다시 말해 매일 밤 뉴스에서 이데올로기의 차이 때문에 발생한 희생이 끔찍하게 흘러나왔을 때 썼다는 사실을 떠올려보면 그 신랄함과 호전성이 더 명확히 전달된다. 제임슨이 20년 뒤《포스트모더니즘》도입부에서 말하듯, "포스트모던 문화는 세계에 대한 미국의 군사적·경제적 지배라는 전적으로 새로운 물결의 내적·상부구조적 표현이다. 이런 의미에서 계급의 역사를 통해 알 수 있듯이, 포스트모던 문화의 이면은 피와 고문과 죽음과 테러로 얼룩질 수밖에 없다"(PCL, 5/42). 또한 국내적 측면에서 포스트모던 문화는 1960년대의 실패한 급진적 운동의 대안과 보상이다. 급진적 운동은 문화적인 대전환을 야기했음에도 모든 기본적인 권력구조를 그대로 남겼다(PCL, xvi/20).

1981년에 출판된 《정치적 무의식》 서문에서 제임슨이 서사의 사회적·상징적 기능에 관한 자신의 고찰을, 현재 포스트모더니즘이라는 역사적 구조 안에 명확히 위치시키는 것 역시 떠올려볼 수 있다. 제임슨은 다음과 같이 말한다. "우리의 과거 읽기는 현재의 경험에 의존하며, 종종 소비사회(혹은 후기 독점 자본주의, 소비 자본주의, 다국적 자본주의의 '탈축적적disaccumulative' 계기)라 불리고, 기 드보르Guy Debord가 이미지 혹은 스펙터클의 사회라 부른 것의 구조적 독특성에 결정적으로 의존한다." 과거 읽기를 현재에 대한 엄격한 설명에 위치시키는 이런 필연적인 작업은 "여러 전언과 온갖 '미적' 경험에 푹 젖은 사회에서는 옛날의 철학적 미학의 쟁점 자체가 발본적으로 역사화될 필요가 있고, 그 과정에서 알아볼 수 없을 정도로 변형될 수도 있다"(PU, 11/12). 이런 현대사회의 구조적 성격에 대한 날카로운 지적을 단지 문화적 실천으로 독서가 쇠퇴한 것이나 TV, 영화, 이메일, 인터넷, 아이팟 등 '디지털 문화'가 대두한 것에 대한 상아탑의 전형적인 신세 한탄으로 오해해선 안 된다. 이런 지적이 뭔가를 비난한다면 그 대상은 바로 비판 이론이다. 다시 말해 빠르게 발전하는 역사적 상황의 과제에 대응하기 위한 변화가 너무 느리고, 현재 상황에 관해 시대착오적이며, 나아가서 시장 그 자체에 의해 움직이는 상황을 더는 비판할 수 없는 비판 이론에 대한 비난이다.[3] 이것이 제임슨이 《포스트모더니즘》을 집필하면서 스스로 부여한 과제다. 즉 역사적·비판적 사고가 무엇인지 망각한 시대에, 어떻게 이런 방식으로 계속 사고할 수 있는가? 그의 전략은 체계적·추상적 방식으로 포스트모더니즘을 사고함으로써 그 자체를 비판하는 것이다.

포스트모던 시대

> 앤디 워홀과 팝아트가 있는가 하면, 포토리얼리즘과 그 너머의 '신표현주의'가 있다. 음악에서는 존 케이지의 시대가 있었고, 필립 글래스와 테리 라일리 같은 작곡가들이 시도한 고전적이고 '대중적' 스타일의 융합이 있었으며, 펑크와 뉴웨이브 록(비틀스와 롤링스톤스가 최근 급변하는 음악 전통에서 본격 모더니즘의 지위를 차지한다)이 있었다. 영화에서는 고다르와 포스트-고다르, 실험영화와 비디오뿐만 아니라 전적으로 새로운 상업영화가 나타났다. …문학에서는 한편으로 윌리엄 버로스나 토머스 핀천, 이슈마엘 리드가 있고, 다른 한편으로 프랑스 누보로망과 그 계승자들이 있었으며, 아울러 텍스트성 내지 에크리튀르 êcriture라는 놀라울 정도로 새로운 미학에 근거한 문학 이론이 등장했다(PCL, 1~2/36).

《포스트모더니즘》은 포스트모더니즘이라고 일컫는 새로운 '문화적 지배종cultural dominant'(이 개념은 다음 절에서 상세히 다룬다)이 얼마나 오래, 천천히 도래하는지 보여준다. 더욱이 우리가 이 새로운 문화적 지배종을 의식하기까지는 훨씬 오랜 시간이 걸릴 것이다.

> 이런 현상에 대한 시대구분을 위해서는 모든 보완적인 주전원 운동을 포함할 수 있는 복잡한 모델을 만들 필요가 있다. 새로운 구조의 탄생을 위한 (종종 연관성이 없는) 선행조건이 점진적으로 나타나는 과정과 (반드시 순차적이진 않지만) 모든 것이 엉겨서 기능적 체계로 통합되는 '순간'을 구별해야 한다. 이 순간은 순차적이라기보다 프로이트의 의미에서 사후충격Nachträglichkeit에 가깝다. 즉 사람들은 새로운 체계의 역학을 자신이 그것에 사로잡힌 이후에나 조금씩 알아가는 것이다(PCL, xix/27).

포스트모던 시대는 1970년대 초에 시작됐다. '포스트모던'이라는 용어에 현재의 의미를 부여했다고 종종 평가받는 건축사가 찰스 젱크스는 포스트모던 시대가 도래한 날짜를 정확히 추정했다(OP, 21~23). 젱크스는 1972년 7월 15일 오후 3시 32분, 세인트루이스의 프루이트아이고Pruitt-Igoe 공공주택 프로젝트가 철거됨과 함께 포스트모던 시대가 시작됐다고 말한다.[4] 젱크스가 이 순간을 포스트모던 시대가 시작된 때로 선택한 이유는 이 순간이 의식의 근본적인 전환을 암시하기 때문이다. 종종 르코르뷔지에 같은 열정적인 인물을 떠올리게 하는 본질적으로 모더니스트적인 사고는 사라졌다. 건축은 사람의 생활을 물질적·사회적·문화적으로 개선하는 데 사용될 수 있거나 실제로 사용돼야 한다는 사고는 사라진 것이다. 르코르뷔지에의 '빛나는 도시Radiant City(Ville Radieuse)'나 에버니저 하워드의 '전원도시Garden City'처럼 도시 개선을 위한 유토피아 프로그램에 영감을 준 이상은, 사실상 사망선고를 받았다. 이제부터 실용주의와 시장원리가 주류가 될 것이다.[5] 이런 입장에 있는 주요 사상가와 건축가는 《라스베이거스의 교훈Learning from Las Vegas》을 쓴 로버트 벤투리와 데니스 스콧 브라운, 스티븐 이제누르 등이 있다. 이들은 세인트루이스에서 폭발한 것과 같은 유형의 건축물을 '오리'(전반적으로 상징적인 형식을 가리키는 모든 건물)라고 표현하고, '장식된 헛간decorated shed'(형식을 기능에 종속시킨 뒤 장식한 건물)이라고 부르는 것을 주창한다.[6] 제임슨은 이 새로운 건축물에서 처음 보이는 징후와 증상을 기술하고 이름을 부여한 젱크스의 작업의 중요성을 인정한다. 하지만 젱크스의 명제를 일련의 사실로 받아들이기보다 새로운 문제를 창조하기 위해 부분적으로 다듬어진 토대로 다룬다(PCL, 419 n. 2/752~753). 1972년 7월 그 운명적 오후에 의식의 지각변동이 발생했다면, 그 변화를 담보하는 조건은 무엇인가? 이런 '진리 사건truth event'(바디우의 개념을 사용하면)이 일어나기 위한 문화혁명의 본질은 무엇인가? 요컨대 포스트모더니즘이 문화적 감수성의 변화를 예고했다면, 비록 건축양식과 문화적 취향의 변화에서 포스트모더니즘이 최초로 규정됐다고 해도 그 문화적 감수성의 변화가 건축양식이나 문화적 취향의 변화에서만 나타날 수는 없다.

하지만 젱크스 같은 건축사가가 포스트모던의 도래를 설명할 때(심지어 그들은 사회적·문화적 질서를 선언하면서도), 포스트모던을 양식의 문제로 한정함에 따라 이를 충분히 설명하지 못했다. 반면 '포스트산업사회'라는 슬로건을 내걸어 포스트모더니즘의 선구자가 된 사회학자 대니얼 벨은 역사적인 단절이 있을 뿐 아니라, 계몽주의가 암흑시대에서 나온 것처럼 포스트모던이 근대와는 완전히 다른 새로운 시대를 예고한다고 선언한다. 이런 테제는 우리에게 자본주의가 (다른 어떤 것이 되지 않을 때까지) 어떤 형태로 종말을 맞이했다는 관점을 받아들일 것을 요구한다. 제임슨에게 벨은 몹시 싫은 존재였다. 벨이 도널드 레이건과 빌 클린턴처럼 다양한 정치적 견해를 보이는 기술 주도 자본주의의 초기 지지자들이 나중에 칭찬한 '신경제', 즉 생산성의 지속적 성장에 방해가 되는 낡은 장애물(예를 들어 인건비 상승)을 기술혁명(예를 들어 컴퓨터)으로 극복할 수 있다고 봤기 때문이다.[7] 현상 유지의 옹호자로서 엄청난 영향력을 행사한 벨은 자본주의가 '이겼다'는 불쾌한 생각을 지지한다. 즉 자본주의는 사회적·문화적 모순을 전부 해소하고 원하는 만큼 좋은 사회를 실현했으며, 모든 대안적인 시스템에 대하여 승리했고 더는 이데올로기가 필요 없어졌다는 일견 상식적인 테제를 지지하는 것이다. 프랜시스 후쿠야마의 《역사의 종말: 역사의 종점에 선 최후의 인간The End of History and the Last Man》(1992)은 1989년에 쓴 논문 〈역사의 종말The End of History〉을 토대로 하는데, 베를린장벽의 붕괴를 계기로 획기적인 주장을 한 이 책은 이런 관점을 신격화한다. 더욱이 헤겔의 미명 아래 자본주의가 얼마나 좋은지, 공산주의가 얼마나 나쁜지 예견할 수 없었다는 두 가지 실패를 이유로 마르크스를 역사의 쓰레기통으로 보낸다. 제임슨은 표면적으로 사태가 크게 변한 것을 인정하지만, 이런 변화가 벨이나 후쿠야마가 복음처럼 여기는 단절, 하물며 헤겔적 지양Aufhebung의 발생을 의미한다고 인정하진 않는다(CT, 88~92). 자본주의는 승리한 적이 없을뿐더러, 더 바랄 게 없는 완벽한 사회체제로 마법처럼 변형되지도 않았다.

오히려 자본주의는 그 이전의 한계를 넘어 확대되고, 남은 모든 지역을 관통하고 포함하게 됐다. 자본주의는 마르크스주의 역사가 에르네스트 만델의 획기적인 저서 《후기 자본주의》가 제시한 '세 번째 단계'에 돌입했다. 이는 제임슨의 포스트모더니즘 분석에 견본을 제공했다.[8] 하지만 몇몇 비평가들이 알아차렸듯, 제임슨은 만델의 주장을 정확히 따르진 않는다. 제임슨이 가하는 몇 가지 독자적인 조정 가운데, 이 새로운 시대가 시작한 연대에 관한 점이 가장 중요하다.[9] 제임슨은 포스트모더니즘이 후기 자본주의의 문화 논리라고 주장한다. 하지만 그 구성적 특징은 1970년대까지 특정 개별 사례를 제외하고 가시화되지 않았다. 포스트모더니즘은 만델이 말한 제2차 세계대전의 여

파로 시작되는 '세 번째 단계', 즉 전 지구적 자본주의가 전후 부흥과 신속하고 광범위한 탈식민지화라는 두 가지 과제에 직면한 '세 번째 단계'부터 약 30년이 지나서야 가시화됐다. 포스트모더니즘이 늦게 가시화된 이유는 단순하다. 문화의 변화는 경제의 변화와 연동되지 않으며, 경제 변화의 효과가 문화 변화의 결과에 반영되기까지 시간이 걸리기 때문이다. 마찬가지로 문화의 변화는 경제 변화에 앞서서 그 영향이 현실로 나타나기 훨씬 전에 예측할 수 있다(ST, 76).

후기 자본주의는 전후 제일세계 국가에서 20년 동안 고도의 번영과 함께 시작됐다. 부문 전반에 걸쳐 일관된 경제성장과 개인의 소득 증가라는 두 가지 엔진이 번영에 박차를 가했다(이에 따라 개인 소비가 전례 없는 수준으로 촉진돼 사실상 '소비사회'가 출현했다). 이런 이유로 보통 사람들은 1950년대와 1960년대 초반에 노스탤지어를 느꼈다. 모든 것이 잘돼가지 않는 것 같던 1970년대 시점에서는 1950~1960년대가 가장 좋아 보였다(제임슨은 1950년대 숭배 초기의 전형적인 사례로 조지 루카스 감독의 〈청춘 낙서American Graffiti〉[1973]와 프란시스 포드 코폴라 감독의 〈럼블 피쉬Rumble Fish〉[1983]를 언급한다). 자본의 이런 새로운 시대의 경제적 모순이 마침내 실감 나게 된 것은 1970년대에 접어들고 나서다. 당시 3대 경제 강국이던 미국과 독일, 일본의 생산력이 대폭 확대되면서 마침내 그 생산량을 흡수하는 시장의 능력을 초과했고, 경제는 20년 가까이 계속된 경이로운 고성장 이후 심각한 침체에 빠졌다. 20년간 계속되던 경제적 풍요가 갑자기

오만으로 느껴진 것이다.

역사적 선례

미국은 베트남전쟁에 실패해 1960년대 말부터 1970년대 초까지 몇 년간 파산 비용을 흡수해야 했고, 이 상황은 어느 국가보다 미국에 심각했다. 국고가 텅 빌 때 미국이 보인 이중적 대응은 (a) '금본위제'를 폐기하고 달러를 유동화하는 것(혹은 달러 가치를 떨어뜨리고 경쟁자를 효과적으로 끌어내리도록 허용하는 것), (b) 석유수출국기구OPEC 회원국에 영향력을 행사해 석유 가치를 높이는 것이었다. 전 세계적으로 '석유파동'이라고 불리는 두 번째 전략은 중동의 석유에 의존하던 유럽과 일본 경제에 타격을 입혔다. 하지만 잉여 달러를 미국 은행(이들은 그 자금을 제삼세계의 '개발' 프로젝트에 투자했으며, 그 결과 아르헨티나나 멕시코 같은 국가에 파멸적인 부채가 발생했다)에 재투자한 OPEC 회원국은 엄청난 이득을 봤다.[10]

일반 대중의 차원(예를 들어 주유소나 쇼핑몰)에서 이 전략은 평범한 미국인에게 빈곤을 초래했다. 달러 강세의 보호를 받지 못하게 된 모든 수입품처럼 유가도 전보다 올랐기 때문이다. 임금이 하락하고 일자리는 감소했으며 경제성장도 둔화했다. 뒤따라 '스태그플레이션'(경제성장 지연과 고인플레이션이라는 경제적으로 바람직하지 않은 조합을 나타내는 신조어), '자본도피'('개발도상국'의 저임금 공장으로의 생산 이전), '탈산업화'(금융 부문을 중심으로 한 경제 재편성과 이에 뒤따르는 블루칼라 부문에서의 대규모 고용 상실), '화이트 플라이트'(중산층 백인이 도시에서 교외의 '외부인 출입 금지' 지역으로 이주해 인종·계급 간 대립을 심화시키는 현상)가 나타나고, 제일세계 국가가 이제까지 아무 생각 없이 바라온 모든 경제적 기반이 10년 동안 계속 붕괴했다. '마약'이나 '불법 이민' 같은 국내 질서를 향한 새로운 위협이 이런 구조적 변화에서 국민의 관심을 돌리기 위해, 법과 질서의 강화를 허용하기 위해 생겨났다. 그 배경에는 항상 소련의 핵전쟁이라는 위협이 있었다. 제임슨이 《지정학적 미학The Geopolitical Aesthetic》에서 보여주듯이, 이런 '슬픈 정념'은 격동의 10년 동안 두각을 드러낸 '음모' 영화의 물결에서 잘 나타난다. 예를 들어 〈암살단The Parallax View〉(Pakula, 1974) 같은 환상적인 작품부터 〈모두가 대통령의 사람들All the President's Men〉(Pakula, 1976)처럼 사실을 기반으로 한 작품이 그렇다.

제임슨은 이때를 포스트모더니즘이 시작된 시기로 간주한다. 이때 처음으로 그 본질이 명확히 드러났기 때문이다. 그에게는 1972~1974년을 포스트모더니즘의 출발점으로 삼고 싶은 또 다른 이유가 있다. 바로 '1960년대'를 개별적으로 주목하기 위해서다. 이 주제에 관한 제임슨의 논문 〈1960년대를 시대구분 하기〉는 포스트모더니즘에 관한 그의 기획 가운데 일부로 각인됐다. 이 논문에서 제임슨은 세계적인 문화혁명에 대해 더욱 상세히 기술한다. 문화혁명은 포스트모더니즘을 향한 길을 열었으며, 종전의 정신과 신체의 습관을 전복하고 재구축함에 따라 포스트모더니즘 특유의 '문화 논리'를 구축했다. '1960년대'는 영국과 프랑스령 아프리카의 탈식민지화와 함께 시작된다.

> 가나의 독립(1957년), 콩고의 위기(루뭄바는 1961년 1월 살해됐다), 1959년 드골파의 국민투표로 프랑스령 사하라사막 이남의 식민지 독립, 마지막으로 알제리 혁명(여기서는 그 내부의 정점인 1957년 1~3월에 벌어진 알제 전투와 1962년의 외교적 결의가 우리의 계획에 그럴듯하게 포함될 것이다). 이 모든 것은 나중에 1960년대로 알려질 격동적인 탄생을 암시한다(IT2, 180~181).

하지만 탈식민지화는 새롭게 정의된 자유라는 완전히 새로운 시대를 향한 문을 열지 않았다. 오히려 탈식민지화는 평화적인 것에서 폭력적인 것까지 모든 형식에서 국제통화기금IMF이나 세계은행이라는 그다지 자선적이지 않은 기관을 통해 명시된 새로운 제국 지배를 발명하곤 했다(IT2, 184). 이런 이유로 제임슨이 계속 지적하듯, 이와 같은 사건을 '권력'이나 '정치'의 관점에서만 논하는 것은 경제가 수행하는 근본적인 역할을 간과하는 것이다. 이 모든 것은 '녹색혁명'에서 정확히 드러난다. 여기서 녹색혁명은 이른바 제일세계의 작물 특화 기법, 제일세계의 비료와 농약, 제일세계의 기계 수입이 제삼세계의 농업에 초래한 위대한 (그러나 호의적인 것과는 거리가 먼) 변화, 즉 제삼세계를 영원한 기근의 위협에서 해방했을 이 모든 변화를 뜻한다. 제삼세계는 (지역의 '생활 방식'은 말할 것 없이) 지역 경제[11] 파괴라는 막대한 비용을 지불한 결과, 면화나 설탕 등 특정 작물의 생산성이 큰 폭으로 증가했다. 하지만 그 대신 세계시장에 대한 의존도가 높아지고 현지에서 생산하는 식량이 감소함에 따라 식량 안전보장이 약화했다.[12]

자연의 고립된 영토를 망친 '녹색혁명'과 함께 1973년 칠레 쿠데타 이후 라틴아메리카의 군사화, 1966~1969년 중국의 테르미도르, 1959년 쿠바혁명, 1967년 이스라엘 가자지구 점령에 대항하는 팔레스타인의 해방운동, 1965~1973년 베트남전쟁, 좀 더 친밀하게는 미국의 민권운동, 1968년 5월 프랑스의 학생운동, 이탈리아 '붉은여단' 등도 고려해야 한다. 이 모든 사건은 긍정적인 의미에서든 부정적인 의미에서든 '1960년대'가 '구속력이 없는' 시대였음을 증명한다. 1960년대에는 "이론화하지 않은 새로운 힘이 대량으로 분출됐다. 흑인이나 '소수파' 혹은 제삼세계의 민족적 세력, 도처에서 벌어지는 운동, 지역주의, 학생운동과 여성운동, 다른 많은 투쟁에서 '잉여 의식'을 갖춘 새롭고 전투적인 담지자가 발전한 것이다"(IT2, 208). 이런 현상은 유토피아적이자 디스토피아적이며, 가장 부패하고 가장 폭력적이고 가장 비열한 행위 등 모든 것이 가능했다는 느낌을 불러일으켰다. 이 시대의 특징은 정치과정에 대한 환멸과 마찬가지로, 급진적인 정치 참여가 변화를 초래한다고 생각했다는 점이다. 이런 사건 중 무엇이든 제일세계의 정치적 무의식에 기록됐다면, 이는 대폭 확장된 글로벌 미디어 덕택일 것이다. '녹색혁명'이 자연의 고립된 구역을 파괴했다면, TV의 등장은 궁극적으로 무의식의 고립된 구역을 약탈했다. 포스트모던의 기술적 분수령이 바로 여기에 있다. 포스트모던이 만든 환경을 세기의 시작, 즉 모더니즘과 비교했을 때 그 차이는 간단하다. 일찍이 모더니즘이 환희나 경각심 속에서 기계 이미지에 사로잡혔다면, 지금 포스트모더니즘은 이미지의 기계에 휘둘리고 있다(OP, 88). TV는 우리의 주의나 의식 자체를 식민화하고, 세계를 비현실화(사르트르의 용어를 사용하면)한다. TV가 야기한 역사적인 영향은 크게 두 가지다. (1) TV는 사물의 이미지를 제공하고, 그 이미지가 사물의 만족스러운 대용물인 듯한 환상을 촉진한다. 이는 상품의 최종 형태는 이미지라는 기 드보르의 놀랄 만한 공식이 본질적으로 의미하는 바다. (2) TV는 비동시적인 것을 동시화하며(방송하는 장소와 수신하는 장소, 즉 적어도 두 곳이 동시에 존재한다), 전 세계를 즉각적인 영역으로 끌어들인다(몇몇 19세기 리얼리즘 소설에서처럼 더는 소식이 들어올 때까지 기다릴 필요가 없다).[13]

제임슨은 이 지점에서 만델이 1960년대의 '통일장이론'이라고 부른 것에 도달한다. 만델은 제일세계(컴퓨터화)와 제삼세계(기계화)에서 기술이 사회혁명의 도구이며, 제삼세계의 농민혁명이 제일세계의 학생이나 노동자의 반란과 기능적으로 같다는 사실을 보여준다(두 경우 모두 변하는 경제 조건과 여전히 반동적인 문화 조건의 불균형에서 비롯됐다). 후기 자본주의는 습관적으로 '세계화'라고 부르는 새로운 경제 조건과, 이에 따라 적절히 재조정된 정신적 습관을 설정함으로써 이해할 수 있다. "'포스트모더니즘'은 독특한 사회경제적 세계에서 살아갈 수 있는 포스트모던 인간을 생산하는 것으로 간주된다. (…) 그것이 현재 상황을 구성하는 틀이 되며, '포스트모더니즘'은 그 세계에 대한 하나의 반응으로 이해할 수 있다"(PCL, xv/18). 메타코멘터리(1·3장을 보라) 방법을 적용하면 이 독특한 사회경제적 세계야말로 포스트모더니즘의 알레고리를 해독하기 위한 지배 텍스트로 사용해야 하는 역사임이 명확해질 것이다. 그 결과 포스트모던의 문화적 텍스트가 "새로운 관행이나 사회적·정신적 습관"과 최근 자본주의의 변화가 만들어낸 "새로운 경제적 생산과 조직"을 어떻게 조정하는지 제시해야 한다(PCL, xiv/18). 이것이 제임슨이 '1960년대'에 관한 논문에서 수행한 것이다. 즉 제임슨은 역사의 단위에 경계선을 긋고, 그 개념을 생산하려고 시도한다. 이렇게 함으로써 문제 상황에 대한 반응으로 텍스트를 새롭게 이해할 수 있는 조건을 창안한다.

문화적 지배종

"시대구분 가설은 종종 차이를 없애고 역사적 시대를 거대한 동일성으로 파악하려는 우려를 불러일으킨다." 하지만 제임슨은 이런 우려가 자신이 포스트모더니즘을 하나의 양식이 아니라 '문화적 지배종'으로 파악하려는 이유라고 말한다. 문화적 지배종은 "아직 부차적인 다양한 특징의 출현과 공존에 대해 논의할 수 있게 해주는 개념"이다(PCL, 4/40; SV, 203/415). 이는 많은 사람이 주장하듯, 초점의 차이를 없애는 것과 거리가 멀다. '문화적 지배종' 개념은 초점의 차이를 구제하고, 순전한 차이도 분열적 차이도 아닌 장소를 제공한다. 이는 어떻게 작동하는가? 제임슨이 포스트모더니즘을 새로운 문화적 지배종이라고 할 때, 사실상 포스트모더니즘이 현시대의 지배적인 문화 형식이라고 말하는 것과 같다. 따라서 포스트모더니즘은 형식이 모든 단계에서 수행하는 것으로 이질성을 관리한다. 소설의 형식이 이를 가장 잘 설명한다. 소설의 형식은 한 번에 다양한 등장인물의 서사를 연관 짓는다. 때로는 개인적인 사고를 삽입하면서 연관 지을 뿐만 아니라, 목전의 사건부터 긴 세월에 걸친 역사까지 다양한 시간 척도를 조정한다. '문화적 지배종' 개념은 내용보다 형식의 문제로, 제임슨이 《정치적 무의식》에서 제안하고 여기서 반복하는 해석의 3단계 중 세 번째 지평, 즉 문화혁명이나 생산양식을 향해 있다. 제임슨이 《정치적 무의식》에서 언급하듯 이 지평을 정교화한 원래 목적은 처음 두 지평의 대상(각각 상징적 행위와 이데올로기소)을 역전해 내용보다 형식을 강조하는 것이었지만, 이 과정은 그 자체가 내용의 형식으로 파악될 수 있는 방식으로 구성된다(PU, 99/123). 새로운 '문화적 지배종'으로서 '포스트모더니즘' 개념을 생산하려는 시도는 제임슨에 의해 우리가 역사적 시대의 문화혁명을 생각하고 기술하는 시도로 각인됐다(PCL, xiv/18).

이를 통해 제임슨은 최근 건축 분야에서 등장한(이는 영화나 문학, 시각예술의 양식적 발전과 유사성을 공유하거나 공유하는 것처럼 보이기도 한다) 특정 종류의 새로운 양식에 대한 꼬리표로 사용된 것을, 그런 발전에 대한 설명으로 변환하고자 한다. 이렇게 형식으로 파악되던 것이 이제는 내용으로 이해된다. 한편 형식의 문제는 더 높은 차원으로 이동한다. 제임슨은 《정치적 무의식》에서 장르는 특정 시대에 지배적인 불안과 이상을 증명하기 위한 장으로 기능하는 한, 이 과정에 대한 가장 단순하고 이해하기 쉬운 설명을 제공한다고 언급한다. 이는 제임슨이 《정치적 무의식》에서 충분히 설명하듯, 우리가 현재 리얼리즘이나 모더니즘으로서 돌아보는 시대에도 꼭 들어맞는다. 그러나 제임슨이 말하는 본격 포스트모더니즘에 도달하기까지 어느 단일 장르도 그 자체로 역사적 상황을 등록할 수 없으며, 범주로서 장르는 유용성을 크게 상실한다. 그 이유는 부분적으로 리들리 스콧의 시대가 월터 스콧의 시대보다 역사적 상황이 훨씬 복잡하기 때문이기도 하지만, 대부분 장르가 제한적이며 그 코드가 엄격하게 정의·통제되기 때문이다. 예를 들어 〈블레이드 러너Blade Runner〉(Scott, 1982)는 '공식적인' SF 내용과 상관없이 네오누아르 경찰 영화다. 도입부의 길거리 식당, 사악한 천재와 여성 조수의 만남, 어두운 도심에서 벌어진 추격 장면 등 영화의 주요 에피소드는 1940년대 장르영화를 교과서적으로 리메이크한 것이다. SF 내용은 '아이디어'나 분자화된 힘(들뢰즈와 가타리를 적용한 제임슨의 용어를 사용하면)으로, 본질적으로 분자화된 이야기의 에피소드를 통합하고 끌어들인다.[14] 포스트모더니즘에서 역사적 상황을 전체로 재현하는 작업은 장르 시스템에 맡겨진다. 즉 비평가로서 우리는 모든 장르를 한 번에 읽고, 그것들이 어떻게 결합해 전체를 생산해내는 듯 보이는지 파악하려고 해야 한다. 장르 시스템은 장르의 비평적 유용성이 있지만, 그 대신 장르를 더 높은 차원이나 메타 차원으로 끌어올린다(SV, 175~177/355~360).

'문화적 지배종' 개념은 (동의어인 '총체화'와 함께) 많은 오해를 불러일으켰다. 사이먼 듀링Simon During의 논문 〈포스트모더니즘 혹은 포스트식민주의의 현재Postmodernism or Post-Colonialism Today〉(1987)가 대표적인 예다.[15] 이 논문은 제임슨이 생각한 것만큼 세계는 완전히 포스트모던하지 않다는 오늘날의 전형적인 불만을 최초로 제기한 글이다. 제삼세계는 언제나 전 세계적인 현실 정치realpolitik를 알 수 없는 독립된 벽지에 있었다는 진부한 비전이, 이 특정 지점을 증명하기 위해 일관적으로 등장한다. 하지만 모든 사람이 포스트모더니즘에 대해 들어본 적이 있는지 없는지, 포스트모더니즘의 의미를 아는지 모르는지에 관한 것은 요점을 벗어난다. 포스트모더니즘은 세계 자체의 개념과 마찬가지로 더는 하나의 개념으로 작동하기 위해 보편적 인식이 필요하지 않다. 포스트모더니즘의 유효성은 그 확장을 실증적으로 증명하는 문서가 아니라 그것이 가능한 대화나 담론의 분석력에서 나온다. 포스트모더니즘은 '세력 장force field'이며, "레이먼드 윌리엄스가 문화 생산에서 '잔여적인residual 것'과 '부상적인emergent 것'이라고 명명한 여러 문화적 충동이 공존하는 공간이다"(PCL, 6/44). 포스트모더니즘은 한 종류만 있는 것이 아니라는 반론 역시 전형적이다. 이런 반론은 사실상 이

전에 제기된 불만의 아류이며, 지배적인 형식의 '힘'과 '권력'에 도전하는 방식으로 이전에 제기된 불만을 변형한다. 제임슨은 모든 문화적 생산이 포스트모더니즘에 관한 자신의 분석 기준에 부합한다고 생각하지 않는다. 하지만 그런 사실에서 포스트모더니즘의 형태는 하나가 아니며 무한하다는 결론으로 비약한다면 "현재의 역사를 순수 이질성과 무작위적 차이의 공간, 아무런 결과도 도출할 수 없는 다수의 독립적 세력이 공존하는 공간으로 보게 될 수도 있다"(PCL, 6/44). 그 순간 이 개념은 모든 설명 능력을 잃는다.

포스트모던의 증상

제임슨은 포스트모더니티의 주요 증상을 다섯 가지로 분류한다.

1. 이미지의 새로운 '깊이 없음'('정동affect의 쇠퇴')
2. 역사성의 쇠퇴(혼성모방pastiche)
3. 완전히 새로운 정서적 토대('히스테리컬한 숭고함')
4. 기술과 새로운 관계(지정학적 미학)
5. 건축된 공간에서 변화(인식적 지도 그리기)

이 모든 증상은 앞서 서술한 역사적 상황에 각기 완전히 다르고 매우 독창적인 방식으로 대응한다. 이 증상 가운데 어느 것도 '후기 자본주의'(토대)나 상부구조와 분리해 생각할 수 없다.

하지만 제임슨이 이 사이에서 수행하는 연결은 이 구조에 따라 미리 결정되지 않는다. 나는 지금 포스트모더니티의 특징을 '증상'이라고 서술함으로써 진단 과정 전체를 이끄는 강력하고 필수적인 비관주의를 강조했지만, 제임슨의 심오한 낙관주의적 감각도 서술함으로써 이런 인상의 불균형을 해소하고자 한다. 브레히트의 칙령에 따라 제임슨의 작업은 '나쁜 새로운 것'에서 시작하지만, 제임슨은 언제나 그 안에서 유토피아적 정신의 각성을 감지할 수 있다.

이미지의 새로운 '깊이 없음'은 제임슨이 제시한 세 가지 개별 명제를 축약한 것인데, 이 명제들은 분명히 연관돼 있다. 세 가지 명제는 다음과 같다. 첫째, 현대미술은 그 상징적인 깊이를 상상적으로 재구축하는 것으로 더는 그 의미를 떠올릴 수 없다. 비판 이론(특히 그것의 해체적 비유)이 표층/심층의 해석 모델을 단지 정당화하지 않은 것이 아니라, 포스트모던 작품 자체가 그 모델을 폐기해서 내용의 본질이 변했다. 둘째, 대상 세계와 주체에 전부 변형이 발생해 역사를 포함한 모든 것이 텍스트로 간주된 결과, 역사는 그 자체로 효력을 잃었다. 셋째, 제임슨이 다소 수수께끼처럼 말한 '정동의 쇠퇴'가 발생했다. 반 고흐의 <장화 한 켤레A Pair of Boots>와 앤디 워홀의 <다이아몬드 가루 신발Diamond Dust Shoes>의 비교 읽기를 통해 문화적 작품 중 가장 위대하고 중요한 재분류화와 재범주화의 하나로 전개될 것을 살펴볼 수 있다. 고흐의 그림이 이런 깊이 없는 시대에 언제나 존재하는 리스크로서 "순전히 장식품 수준으로 전락한 것이 아니라면" "우리는 먼저 이 완성작이 탄생하게 된 최초의 상황을 재구성할 필요가 있다"(PCL, 7).

제임슨은 앞서《정치적 무의식》에서 주장한 바와 유사하게 다음과 같이 역설한다. 상황을 재구성하지 않으면 고흐의 작품을 상징적 행위로 파악할 수 없다. 이 경우 고흐의 작품은 필연적으로 다른 이미지에 지나지 않는 것이 된다. 제임슨에 따르면, 우리가 그림의 원자재에 주목한다면 "비참하고 가난에 찌든 농촌이라는 대상 세계, 다시 말해 농부의 허리를 휘게 하는 고단한 노동으로 가득 찬 미발전된 인간 세계이자, 야만적이고 위협적이며 원시적이고 주변화된 상태로 축소된 세계"로서, 우리는 정신적으로 그 상황을 재구성할 수 있다(PCL, 7/46). 고흐의 색채는 표면적으로 묘사하는 현실이 아무리 우울해도 캔버스에서는 폭발하는 것처럼 보이는데, 이는 "유토피아적 제스처로 파악할 수 있다. 즉 전적으로 새로운 감각의 유토피아(시야, 시각, 눈의 유토피아)의 생산으로 귀결된 일종의 보상 행위다. 이 감각의 유토피아는 이제 자신만의 반半자율적 공간으로 재구성된다"(PCL, 7/47). 더 형이상학적인 측면, 즉 하이데거의 측면에서 예술 작품의 상황은 땅과 세계 혹은 몸의 무의미한 물질성과 사회질서의 간극으로 간주할 수 있다. 이런 해석학적 독해가 수행하는 것은 일종의 '임상적'(들뢰즈의 용어로) 작업으로, 여기서 예술 작품은 "더 광대한 현실에 대한 실마리나 징후로 간주해, 그 현실이 예술 작품의 궁극적 진리가 된다"(PCL, 7/48).

이 궁극적 진리는 관람객에 의해 구성된다. 이는 존재론적·

인식론적 진리라기보다 현상학적 진리다. 즉 내 경험의 진리, 내가 경험하는 진리지만 보편적인 진리는 아니다. 앤디 워홀의 <다이아몬드 가루 신발>이 이런 진리를 생산하지 않는 것처럼 보인다면, 그 이유는 작품에 관람객을 위한 자리가 없기 때문이다. 다시 말해 알려진 혹은 적어도 알 수 있는 생활 세계의 '열린 문'을 관람객들에게 내보이지 않기 때문이다. 노동으로 고단한 하루가 끝났음을 보여주기 위해 끈이 풀린 채 내동댕이쳐져 진흙에 묻힌 낡은 갈색 가죽 장화가 농민 노동의 생애주기에서 중요한 위치를 차지한다는 사실을 명확히 보여준다면, 워홀의 작품은 "무작위로 모아놓은 죽은 사물, 즉 마치 아우슈비츠에 남겨진 신발 더미나 사람들로 가득한 무도회장에서 일어난 알 수 없는 비극적 화재의 잔해처럼 때 이르게 생명을 박탈당한 채 캔버스 위에 무말랭이처럼 걸린 사물"을 보여준다(PCL, 8/49). 관람객이 작품의 상황을 복원하기 위해 따라야 하는 확실한 방법은 없다. 우리는 작품이 의미하는 바가 아니라 어떻게 의미가 만들어지는지 사유해야 한다. 이는 우리를 두 번째 명제, 즉 대상 세계와 주체의 변형으로 이끈다. 워홀의 이미지는 우리 눈을 당황하게 만든다. 하지만 이는 죽음의 현상학의 예술적 요소를 떠올리게 하는 방식(이 특정 작업에서는 우리가 상상할 수 없는 이전의 상실에 대한 공감이나 동정이 필요하다)으로 우리를 당황하게 하지 않는다. 간단히 말해 그것이 '아우슈비츠에 남겨진 신발 더미'였다고 해도 그것은 우리가 알 수 있는 생활 세계가 아니기에, 작품이 탄생한 상황을 재구성하려고 해도 이런 작업은 필연적으로 방향성이 없는 파토스(우리는 슬픔에 잠기지만, 특정인 때문에 슬픈 게 아니라 이름 없는 가련한 유대인 때문에 슬프고 이는 책망으로 느껴질 수밖에 없다)로 이어질 것이다. 제임슨은 이 효과를 사진의 영향, 특히 현대미술에 대한 사진 음판의 영향이라고 파악한다. 이런 것은 워홀의 손에서 역설적으로 사용된다. 항상 상품화와 공모 관계로 오염된 색채(상업적 삽화가로서 잡지 스프레드나 쇼윈도 디스플레이를 다룬 워홀은 이를 아주 잘 알았다)는 "피하에 있는 음산한 흑백의 사진 음판 이미지를 표면으로 드러내기 위해" 빠져나간다(PCL, 9/50~51).[16] 작품을 탄생시킨 생활 세계를 재구성할 수 없다고 해서 작품에 관한 전부를 잃는 것은 아니다. 인간은 보통 자신의 주관적 반응, 더 일반적으로 작품의 영향이라고 불리는 것을 분리함으로써 제임슨이 말한 것처럼 작품의 정서적 토대를 느낄 수 있기 때문이다. 하지만 워홀은 자신의 이미지에 대해 어떻게 느껴야 하는지 명확히 하지 않기에 우리를 불안에 빠뜨린다. 이미지는 불안을 환기하거나 유발하지 않고 우리에게 좌절을 주며, 우리의 사고는 파편화된다.

브라이언 마수미가 "프레드릭 제임슨에도 불구하고 믿음은 많은 부분에서 약해졌지만, 정동은 그렇지 않다"[17]고 한 말은 포스트모더니즘의 한 특징인 '정동의 쇠퇴'를 사람들이 얼마나 이해하지 못했는지 나타내는 징후다.[18] 질 들뢰즈의 영향으로, '정동'은 비평가 사이에서 높이 평가받는 용어 가운데 하나다. 이로 인해 제임슨의 주장은 시대에 뒤처졌다거나(그는 1982년에 주장했다), 단순히 반직관적이고 틀렸다는 듯 간주되기도 한다. 하지만 이런 태도는 제임슨과 들뢰즈가 정동을 같은 의미로 사용한다고 가정한다. 제임슨과 들뢰즈가 사용하는 정동의 의미 차이를 바로 알아차리지 못할 수 있겠지만, 이 둘은 같은 의미가 아니다. 제임슨과 들뢰즈는 정동이라는 개념의 기원을 본격 모더니스트(제임슨에게는 고흐와 뭉크, 들뢰즈에게는 칸딘스키와 클레)까지 거슬러 올라가지만, 둘의 닮은 점은 이것이 전부다. 뭉크의 <절규The Scream>(본격 모더니즘의 가장 상징적이고 널리 인정받는 업적 중 하나)에서 보이는 주황색과 빨간색, 파란색 소용돌이가 어떻게 "부재하는 절규"를 "원환圓環 나선형의 변증법"으로 귀환시켜 "이 동심원 속에서 요란한 떨림이 시각화되는지, 마치 물바다 위에서 동심원이 고통받는 자에게서 점차 멀어지며 끝내 우주의 지형이 되고, 그 지형 속에서 고통은 물질적인 석양과 풍광을 통해 이야기하는지"에 관한 제임슨의 분석은 사실상 들뢰즈가 말하는 정동의 교과서적 설명이다(PCL, 14/59). 차이점은 제임슨은 고통스러운 소리가 채색된 소용돌이로 변하는 생생한 공감각적 변형을 내적 감정의 외부적 표현으로 읽는다는 사실이다. 더 구체적으로 "가시적 세계는 이제 (뭉크의 말 그대로 쓰면) '자연을 통해 퍼져나가는 절규'가 기록·필사되는 고립된 단자의 벽이 된다"(PCL, 14/59).

다시 말해 뭉크 그림의 표면은 "말 없는 고통"이 작품에 의해 "몸짓이나 절규로, 즉 내적 감정에 대한 절망적 소통과 외적 극화"로 "투사되고 외화"된 자아나 모나드의 숨겨진 깊이를 배경으로 읽을 때 이해할 수 있다(PCL, 11~12/54~55). 제임슨이 계속 주장하듯이 이런 해석학적 개념, 특히 주관성 개념은 포스트모던 '이론적 담론'(PCL, 12~14/55~59)에 따라 체계적으로 거부됐다. 이런 의미에서 들뢰즈의 정동 개념은 제임슨의 '정동의 쇠퇴'에 대한 반응이며, 그 결과라고 그럴듯하게 주장할 수 있다. 이것이 탈주체화(예를 들어 분열증적)이며 실제로 제임슨이 제시한 '깊이 없음' 개념을 설명하기 때문이다.[19] 제임슨이 말하는 정동은 폐쇄적 자아나 모나드로 이해되는 개별적 주체의 감정이다.[20] 이런 정동은 그 전제조건인 주체가 없기에 포스트모던 시대에는 살아남지 못한다. 주체는 모더니티의 종전 개념을 향한 이론의 공격에 희생된 최초의 희생자였다.

제임슨의 '정동의 쇠퇴' 가설은 궁극적으로 역사화의 의도가 있으며, 몹시 비가적인 톤을 띤다. 이는 불안이나 소외 같은 자아의 병리이자 히스테리인데, 포스트모던 세계에서는 타당성을 잃는다. 약해진 것은 그들의 '정동'이다(이런 측면에서 슬라보예 지젝의 작업에 같은 주제가 지속적으로 강하게 남아 있는 것은 엄밀히 말해 시대착오적이다. 거기서는 노스탤지어에서 오는 즐거움을 얻을 수 있을 뿐이다). "메릴린 먼로와 에디 세즈윅 같은 위대한 워홀의 인물이나 저물어가는 1960년대의 자기 파괴와 소진의 사례, 마약과 정신분열이라는 당대의 지배적 경험은 프로이트 시대의 히스테리나 신경증과는 거의 아무런 공통점이 없으며, 급진적 고립과 고독, 아노미와 사적인 반항, 반고흐식 광기와도 연관성이 없다. 이는 본격 모더니즘 시대의 특징이다"(PCL, 14/59~60).[21] 그렇다고 포스트모더니티에서 정동이 더는 역할을 하지 않는다거나, 포스트모더니티가 이렇게 오래된 감정과 정서, 불안을 전부 제거한다는 의미는 아니다. 이런 감정은 주체가 그렇듯이 자유롭게 유영하는 몰개성적인 '강렬함'으로 산산조각이 났다. '정동의 쇠퇴'가 말하는 바는 현대의 경험이 더는 '불안'이나 '소외'로 등록되거나 반영되지 않는다는 사실을 인정하는 것이다. 들뢰즈와 가타리가 '리좀' 개념을 고안했을 때 예측한 것처럼, 포스트모더니티의 새로운 문제는 자아가 부재한 상태에서 포스트모던의 경험에 따라 던져진 이 모든 새로운 강렬함의 관계를 어떻게 생각하는가다. 이에 관한 제임슨의 대답은 그것을 '공간화'해야 한다는 것이다. 제임슨은 다음과 같이 언급한다. "이런 사유 관계의 새로운 양식을 두드러지게 표현하는 가장 상징적인 작품은 바로 백남준의 작품이다. 그는 무성한 식물 사이에 공간을 두고 TV 스크린을 층층이 쌓거나 여기저기 흩어놓기도 하고, 마치 신기하고 새로운 별처럼 비디오를 천장에 설치해서 관객을 향해 깜빡이도록 만들기도 한다." 이것들은 "당황한 관객"에게 "불가능한 것, 즉 근원적이고 무작위한 차이를 담은 모든 스크린을 한눈에 바라보도록" 한다(PCL, 31/90). 제임슨의 테제에 따르면 포스트모더니티에서는 시간의 범주화보다 공간의 범주화가 중요하다.

하지만 개별 주체와 독특한 감정 없이, 비인간적인 강렬함밖에 없다면 개인적으로 독특한 표현 양식이라는 전통적인(예를 들어 모더니스트) 의미에서 양식style은 존재할 수 없을 것이다. "개인 주체의 실종과 그것의 형식적 결과로 나타난 개인적 문체의 점진적 소멸은 오늘날 거의 보편적인 관행이 된 혼성모방이라 부를 수 있는 것을 발생시켰다”(PCL, 16/62). 혼성모방은 독특한 양식의 모방이지만, 패러디나 풍자와 대조적으로 죽은 언어를 되살리는 (아마도 사적인) 기쁨만 목적으로 하는 모방이다. 그러나 혼성모방은 완전히 새로운 예술적 언어를 창조할 가능성을 더는 믿지 않기에 다소 의기소침해진 상태다. 창조성은 잃어버린 양식, 죽은 양식, 잠든 양식의 비역사적인 부활 속에서 발견된다. 혼성모방이 처음 나타나는 텍스트는 토마스 만의 《파우스트 박사Doctor Faustus(Doktor Faust)》다. 토마스 만은 아도르노가 새로운 것의 지위를 모색하는 수단으로 쇤베르크의 평면화planification, 즉 엄격하고 어려운 형식주의와 스트라빈스키의 풍부한 절충주의로 구별하는 근대음악적 실험의 두 양상을 전개한다. 궁극적으로 만은 자신의 텍스트가 혼성모방의 사례인 이상, 스트라빈스키를 지지한다. 설령 그 텍스트가 음악에 직접 연관된 부분(아도르노가 기술적 조언을 한 부분)이 쇤베르크를 지지하듯 보인다고 해도 말이다. 여기서 나타나는 문장 생산 자체의 상징적 차원(스트라빈스키의 절충주의)과 이데올로기 차원(쇤베르크의 평면화)의 변증법적 긴장은 본격 포스트모더니즘이라고 부르는 문화혁명의 징후다. 포스트모더니즘은 미학에서 모든 '낡은' 제약, 특히 가장 중요한 제약인 예술과 비예술의 구분에서도 자유로워졌다고 선언한다. 그리고 이렇게 함으로써 포스트모더니즘이 순전히 장식품 수준으로 전락한 것이 아니라고 생각하기를 바란다. 이는 제임슨이 지적하듯 그 판단(모더니즘의 원형)이 포스트모더니즘에 의해 시대에 뒤처졌다는 것을 제외하고는 포스트모던의 문화적 생산이 어떤 의미에서 진짜가 아님을 시사하는 것처럼 보이는 이 특정 테제에 대한 많은 적대감도 설명한다. 이 적대감은 반복적으로 아이러니라는 고귀한 단어 아래 혼성모방을 부활하고 구제하려고 했다. 아이러니는 제임슨이 말하듯 "긍정하는 것을 부정하면서, 부정하지 않는 것을 긍정"할 수 있게 하는 개념 중 하나다(AF, 177). 이렇게 아이러니는 확정적인 진실을 말하는 것을 회피할 수 있게 한다. 그런 이유로 제임슨은 아이러니를 정치적으로 타협한 것이자 타협적인 정식화로서 한쪽으로 제쳐둔다.[22]

혼성모방은 제임슨이 말하는 "역사적으로 유례없는 소비자", 즉 그 자체의 단순한 이미지로 변형한 세계를 향한 욕구(PCL, 18/66) 혹은 더 일반적으로 시뮬라크럼simulacrum 문화로 알려진 것에 완전히 적합하다. 이런 변화의 효과는 과거 자체가 이미지로, 아니 신과 같은 존재의 버려진 사진첩 같은 방대한 이미지 더미로 바꾸는 것이었다. "그런데 이런 과정이 무관심 속에서 진행됐다고 생각해선 안 된다. 반대로 사진 이미지에 대한 중독이 강화되는 현재의 두드러진 경향은 그 자체로 모든 곳에 존재하면서 모든 것을 먹어치우는 거의 리비도적 역사주의의 한 가지 가시적 징후다"(PCL, 18/67).[23] 제임슨은 이런 과거로 '열정적 애착passionate attachment'(버틀러의 개념을 사용하면)의 세 가지 사례를 제안한다. 바로 건축에서 신역사주의, 영화에서 '현재를 향한 향수', 역사소설의 새로운 형식이다. 제임슨은 건축에서 신역사주의에 관해서는 주로 로버트 벤투리가 제창한 '장식된 헛간' 모델의 건축으로 이행에 대응하는 것만 언급한다. 이는 혼성모방이 고급문화와 하위문화를 구분하는 것과 마찬가지로, 과거의 양식style을 인용하는 것이 아니라 떼어낸다. 건축은 마지막 특징인 건축 공간의 변화에 관해 서술할 것이므로 그때까지 보류하겠다.

제임슨이 제시한 두 번째 사례인 '현재를 향한 향수'도 '정동의 쇠퇴'와 같은 슬로건 중 하나로, 익숙해지는 데 시간이 약간 필요하다. 이는 우리의 현재를 향한 향수를 의미하지 않는다. '현재를 향한 향수'는 최소한의 분열증적인 역사성마저 완전히 상실하는 것을 의미한다는 점에서 흥미롭다. 오히려 이는 잃어버린 과거의 '현재성'을 향한 향수를 시사한다. 여기서 과거란 제임슨이 《정치적 무의식》에서 환기했듯이, 생생하고 '따뜻한' 과거가 아니라 '초월 불가능한 지평'으로서 역사에서 그 영감을 찾을 수 있는 과거다. 이 과거는 패션 촬영에서 볼 수 있는 것 같은, 특정 시대를 나타내는 상징이나 오브제를 통해 전달되는 반질거리는 과거다. 옷차림이나 헤어스타일은 물론 기술, 특히 체형이나 체격이 그렇다(최근 TV 버전으로 제작된 〈아들과 연인Sons & Lovers〉[Whittaker, 2003]에서 여성의 체모가 눈길을 끌어 화제가 된 것은 명백히 리비도가 투사된 사례다). 하지만 향수 영화가 이런 특정 효과를 발휘하기 위해 반드시 과거를 배경으로 할 필요는 없다. 향수 영화는 현재의 징후나 흔적을 전부 편집해서 현재 모습을 과거 이미지처럼 변형할 수 있으며, 실제로 자주 그렇게 한

다. 이렇게 해서 역사와 역사성은 전부 지워지고, 영원한 현재라는 밝은 빛의 악몽만 남는다.[24]

제임슨의 논문이 세상에 나오고 10년간 '현재를 향한 향수' 영화는 계속 인기를 끌었다. 역사상 최고 흥행 수입을 기록한 〈타이타닉Titanic〉(Cameron, 1997)은 피터 잭슨의 〈킹콩King Kong〉(2005)과 마찬가지로 향수 영화의 매우 세련된 예다. 두 영화에 관해서는 〈죠스〉에 대해 말한 것과 똑같이 말할 수 있다. 핵심은 큰 배나 고릴라가 무엇을 상징하는가가 아니라 그것이 어떤 이데올로기적 문제를 '해결'하기 위한 구실인가다. 〈킹콩〉에서 향수는 두 가지 차원으로 분류된다. 먼저 배경인 1930년대를 향한 향수가 있는데, 동시에 다른 영화에 대한 이차적인 향수도 뒤섞였다. 예를 들어 1933년 제작한 쇼드색과 쿠퍼 판 〈킹콩〉도 있고 〈쥬라기 공원Jurassic Park〉(Spielberg, 1993) 같은 최근 영화를 향한 향수도 있다. 잭슨이 1976년에 존 길러민 판처럼 현재를 배경으로 하지 않고, 이렇게 〈킹콩〉을 리메이크할 수밖에 없던 것이 분명하다. 9·11 테러가 발생함에 따라 건축(피날레에서 고층 빌딩이 필요)이 눈에 띄는 영화에서는 이 사건이 불러일으키는 생생한 슬픔과 그 후 일어난 심각한 지정학적 문제를 피할 수 없었기 때문이다. 만약 이 영화가 9·11 테러 이후에 제작됐다면 세계무역센터를 라캉주의적 의미에서 일종의 엄청난 '결핍', 즉 도시 구조의 틈새로 다루며 현재와의 강력한 관계를 요구하지 않을 수 없었을 것이다.

이 문제를 피하기 위해서는 미래에, 그곳에 건설된 대니얼

리버스킨드Daniel Libeskind가 설계한 '자유 타워Freedom Tower' 안에 빌딩을 짓는 방법밖에 없었을 것이다. 이런 전략은 필립 딕의 《뒤틀린 시간Time out of Joint》에 관한 1989년 논문(현재 《포스트모더니즘》 9장으로 수록)에서 제임슨이 〈현재를 향한 향수Nostalgia for the Present〉라는 제목으로 이론화한 긍정적인 효과 중 하나, 즉 우리의 현재를 환상적이지만 결정적인 미래의 과거로 인식하고 문자 그대로 현재의 역사를 제공하는 것인지도 모른다(PCL, 284; AF, 345/526). 〈킹콩〉은 제임슨이 정의한 '향수 영화'의 처음 두 가지 조건을 명확히 충족한다. 이 작품은 뉴욕 그 자체보다 쇼드색과 쿠퍼의 영화 속 뉴욕을 유행의 형식으로 되살린다. 이는 우리가 상상할 수 없는 것까지 포함해 동시대성과 접촉하기를 피한다. 제임슨은 이 영화의 중요한 형식적 한계도 제시한다. 이 영화의 전체적인 '효과'는 관객이 차의 외관부터 남성이 여성을 다루는 방법까지 역사적 고정관념을 인식하는 것을 전제로 한다.[25] 따라서 그 서사는 고정관념을 확인하게 된다(CT, 130). 이 작품은 고군분투하는 여배우, 사랑에 고뇌하는 작가, 정신 나간 감독, 콘래드를 읽는 선원이라는 예술가에게 서사를 집중하고, 시장경제에서 뛰어난 예술을 하는 어려움을 이야기함에 따라 이 제약을 알레고리적으로 형상화한다.[26]

제임슨은 문학에서 혼성모방으로 E. L. 닥터로의 《래그타임Ragtime》을 제시한다. 다시 한번 말하지만, 혼성모방은 더 깊은 역사적 변화의 징후다. 이것이 몇몇 비평가(특히 린다 허천Linda Hutcheon)들이 오해하는 닥터로에 대한 부정적인 비판이라면,

이는 시대가 그런 문장을 요구하는 것처럼 보인다는 점에서 시대에 대한 부정적 판단일 뿐이다. 제임슨은 닥터로의 작품이 문화적으로 흥미로운 이유는 후기 자본주의의 문화 논리에 따라 특징지어진다는 점에 있다고 말한다. 20세기 초 뉴욕을 배경으로 하는 이 소설은 뉴욕 사회의 세 계층(영미계 기득권층, 주변부 이민자, 반半인종차별을 받는 흑인)을 대표하는 세 가족의 복잡한 삶을 서사시에서 차례로 등장시키는 방식으로 추적한다. 이 작품의 놀라운 혁신성은 가공인물을 실존 인물처럼, 실존 인물을 가공인물처럼 다루고, 모든 사건을 같은 인식론적 평면에 둔다는 점이다. '향수 영화'와 마찬가지로 이 전략이 생성하는 '효과'는 고등학교 교과서나 '정사正史'에서 얻은 것 같은, 과거에 대한 다소 진부한 이해와 인식을 전제로 한다. 따라서 작품은 결국 관객을 잃거나 희극적인 반反역사(제나가 히포크라테스에게 의사가 되는 법을 가르주는 장면 등)로 바뀌지 않고는 역사의 비전을 심화할 수 없다. 제임슨은 이런 현상을 중요한 지시 대상으로서 역사를 잃은 뒤, 역사소설의 특징을 보여주는 사례로 파악한다. "이 역사소설은 이제 역사를 재현하지 못한다. 역사소설이 할 수 있는 일이라고는 고작 과거에 대한 우리의 생각과 고정관념을 '재현'하는 것이다(따라서 과거는 이제 '대중의 역사pop history'가 되어 버린다). 문화 생산은 정신적 공간으로 쫓겨나는데, 이때 정신적 공간이란 오래된 단자화된 주체가 아닌 어떤 퇴락한 집단의 '객관적 정신'의 공간이다. 그것은 추정적 실제 세계를, 한때는 그 자체로 현재였던 과거 역사의 재구성물을 더는 응시하지 못한다. 오히려 플라톤의 동굴에서와 마찬가지로, 그것은 꽉 막힌 동굴 벽에 투사된 과거의 정신적 이미지만 추적해야 한다"(PCL, 25/79). 우리에게 남은 유일한 리얼리즘은 시뮬라크럼의 초현실 세계에 갇힌 경험의 리얼리즘이다. 이런 발전은 제임슨이 정신분열증(라캉의 의미에서)의 출현이라고 정의한 시간의 조직과 재현의 다른 변화를 가리키며, 그의 본질적인 경험은 사건과 경험의 깊은 단절을 뜻한다.

포스트모더니즘의 세 번째 특징인 새로운 정서적 토대의 존재로 넘어가면서, 우리는 과거와 이에 대한 우리의 미적 반응 둘 다 상품화된 것의 조소 효과derisive effect에 관해 다시 한번 생각하게 된다(이것이 제임슨이 진단하는 '역사성의 위기'의 본질적인 원인이다). 그러나 이제 우리는 포스트모더니즘의 형이상학적인 차원이라고도 부를 수 있는 혼성모방과 정신분열증적 글쓰기의 표면적인 현상을 바라보도록 요청받는다. 지난 2세기 넘는 기간에 인간의 노력에 관한 모든 사고는 자연을 인간의 능력과 야망을 측정하는 척도나 '타자'로 이용해왔다. 철학자 버크와 칸트에게 자연은 숭고하며 항상 인간 범주를 초월하는 대상(리오타르의 용어를 사용하면 '표현할 수 없는unpresentable 것')이다. 반면 역사가 마르크스에게 자연은 기본적 욕구를 충족하기 위해 극복해야 하는 대상이다. 하지만 이 상황은 적어도 녹색혁명 이후 극적으로 변해 오히려 자연이 구원을 요청하고 있다. 기후변동이 심각해져 여름은 더 덥고 건조하며 겨울은 더 춥다. 해수면이 상승하고 바다의 생물량이 감소하고 숲이 사라지고 몇 분마다 다른 종의 동물군이 영원히 사라진다. 제임슨이 문화야말로 새로운 자연이라고 과감히 제안할 때 염두에 둔 것은 바로 이 정복된 자연이다. 오늘날 기업가들은 부를 창출하기 위해 바다와 숲, 세계의 숨겨진 광물을 찾는 대신 문화 자체를 찾는다. 즉 요즘은 새로운 컴퓨터 응용 프로그램을 개발하는 것이 새로운 금 매장지나 석유 매장지를 찾는 것보다 훨씬 수익성이 좋다. 이런 조건 아래 자연은 예전 같은 형이상학적 주목을 요구하지 않는다. 역으로 살아남기 위해 인간의 도움이 필요한 신을 상상해보라. 자연은 이제 우리의 타자도, 숭고한 것도 아니다. 기술이 자연을 대체했다. 하지만 기술 그 자체가 아니라(자연 자체가 결코 자연의 문제가 아니었듯이) 오히려 기술이 상징하는 것이 자연을 대체했다. 우리는 이 새로운 질문과 문제의식에 따라 포스트모더니즘의 네 번째 특징에 도달한다.

하지만 그것은 새로운 기술일 뿐이다. 때때로 '3차 기계 시대'나 '정보의 시대'라고 불리는 것, 즉 실리콘칩과 그 무한한 응용 분야에 속하는 것은 제임슨이 '히스테리컬한 숭고함'이라고 표현한 것과 같은 유형의 사고를 불러일으킬 수 있다. '2차 기계 시대'를 지배한 자전거, 전차, 비행기 등은 인간을 자연과 대등한 존재로 만들었으며, 인간에게 전례 없는 힘과 속도를 선사했다(슈퍼맨은 이 시대 최고의 화신이며 초자연적인 힘과 속도라는 특성으로 정의된다). 기계 자체는 판금의 남근과 같이 응고된 속도를 상징하며 우리의 연약하고 작은 플라스틱 상자와 깜빡이는 모니터에는 분명히 결여된, 인상적인 재현력이 있었다. 우리는 컴퓨터가 무엇을 할 수 있는지, 하물며 어떻게 세계사적으로 영향을 미칠 수 있었는지 컴퓨터를 보기만 해서는 알 수 없다. 멀더가 처음 휴대폰으로 스컬리에게 전화를 걸면서 들뜬 것처럼, 휴대폰을 사용하는 모습을 묘사하는 것만으론 충분하지 않다. "재현이 몇몇 새로운 방법으로 자본주의 세 번째 시대의 특징적인 기술을 직접 그릴 수 있는가, 없는가. 세 번째 시대의 특징적인 기술, 즉 비디오나 컴퓨터를 사용한 가구나 오브젝트의 세계는 (전화를 제외하고) 두 번째 시대의 미디어나 운송 기술보다 덜 그래픽적이고 포스트모던 문화 일반에서 큰 미해결 문제로 남아 있다"(SV, 15~16/38~39). 이 질문에 대한 제임슨의 대답은 완곡하다. "기술적 숭고함"(히스테리컬한 숭고는 간단히 '컴퓨터는 우리에게 무엇을 원하는가'라는 질문을 추가한 것과 같다)이라는 용어가 적절한, "어떤 거대한 컴퓨터 통신 네트워크에 대한 잘못된 재현은 그 자체로 더 깊이 있는 무엇에 대한, 즉 현재의 다국적 자본주의라는 전 세계적 체제에 대한 왜곡된 비유에 지나지 않는다"(PCL, 37/100). 기술은 매혹적이다. 기술은 "우리의 마음과 상상력이 쉽게 포착할 수 없는 권력과 통제의 네트워크에 대해 어떤 특권화된" 가시적이고 쉽게 인식할 수 있는 "재현적 표상을 제공해주는 것처럼 보이기 때문이다. 다시 말해 자본주의의 세 번째 단계인 전적으로 새로운 탈중심화된 전 지구적 네트워크에 대한 표상으로 기능하기 때문이다"(PCL, 38/100). 영화는 분명 새로운 기계의 이런 잠재력을 가장 잘 파악할 수 있는 매체다. 하지만 문학도 독립된 경우에서(핀천이 자주 언급된다) 기계의 잠재력을 잘 활용할 수 있었다. 윌리엄 깁슨이 1984년에 발표한 소설 《뉴로맨서Neuromancer》는 사이버펑크라는 하위 장르를 시작하고, 사이버스페이스를 처음 재현적 용어로 표현했다.

마침내 우리는 제임슨이 규정한 포스트모더니즘의 다섯 번째이자 마지막 특징인 건축 공간의 변화에 도달했다. 제임슨의 주요 분석 대상은 1977년에 존 포트먼이 설계·시공한 로스앤젤레스의 보나벤처호텔이다. 제임슨 논문의 이 섹션 덕분에 이 건물은 데릭 그레고리가 정확히 관찰했듯이, 포스트모더니즘의 본질적인 토포이topoi 중 하나가 됐다.[27] 보나벤처호텔은 문자 그대로 추상적인 것이 구체화한 것을 보기 위해 사람들이 방문하는 장소다. 장 보드리야르, 앙리 르페브르, 에드워드 소자를 시작으로 많은 학자가 그곳을 찾았으나 종종 크게 실망했다. 제임슨의 논문은 모든 면에서 대상을 뛰어넘으며 짜릿하고 풍부한 시사점을 제공하지만, 실제 건물은 그렇지 않다. 삭막하고 특별하지 않으며, '비非장소'(오제Marc Augé의 개념을 사용하면)일 뿐이다.[28] 여러 영화에 등장하는 것처럼(대표작은 〈닉 오브 타임Nick of Time〉[Badham, 1995]과 〈사선에서In the Line of Fire〉[Petersen, 1993]) 호텔 입구 벽에 영화 제목과 배우, 감독을 새긴 황동 플레이트를 장식해 이곳을 찾는 방문객 전원에게 상기시키듯이, 보나벤처는 새로운 로스앤젤레스의 아이콘이다. 서사시를 쓴 마이크 데이비스는 이 논문에 빠르고 격렬히 반응한 사람 중 한 명이다.[29]

보나벤처는 멀리서 보면 곡물 저장고 다섯 개처럼 보인다.

중간에 큰 저장고가 하나 있고 바깥쪽에 작은 저장고가 네 개 있다. 저장고는 한데 묶여 반짝이는 검은 반사 유리로 덮인 채 콘크리트 상자 위에 놓였다. 가까이서 보면 단순한 콘크리트와 유리 기둥으로 다른 오피스 빌딩과 거의 분간되지 않는다. 제임슨은 보나벤처를 포스트모던 건축 환경에서 무엇이 변했는지 보여주는 예로 제시한다(이를 강조해야 한다). 제임슨도 로버트 벤투리, 찰스 무어, 마이클 그레이브스 같은 포스트모더니즘 작품에 비하면 보나벤처의 디자인이 특징적이지 않은 사실은 인정한다. 보나벤처는 지난 30여 년 동안 건축 환경에서 일어난 광범위한 변화의 전형이다. 따라서 이 논문을 읽을 때, 그 후 제임슨이 이 확장된 주제에 관해 쓴 몇몇 논문도 읽어야 한다. 특히 〈문화와 금융자본Culture and Finance Capital〉(CT), 〈벽돌과 풍선The Brick and the Balloon〉(CT), 〈상징에서 알레고리로From Metaphor to Allegory〉(FMA), 〈미래 도시Future City〉(FC)는 후기 자본주의에서 부동산 투기와 공간의 표준화라는 현재 당면한 주제와 밀접한 관계가 있는 문제를 다룬다.

제임슨은 이 건물의 새로운 측면을 나타내는 몇몇 특징을 열거한다. 하지만 이런 장황한 예시는 결국 건축 공간뿐만 아니라 세계 자체의 변화된 특성에 관한 두 가지 연관된 명제를 준비하고 정당화하는 것에 지나지 않는다. 우선 보나벤처는 새로운 인클로저 논리를 보여준다. 여느 호텔과 다르게 도시를 향해 열려 있지 않고, 입구 통로는 거의 없으며, 기묘하게도 눈에 띄지 않는다. 제임슨은 이를 자기 폐쇄적이고 자기 완결적인 '미니어처 도시'의 동경과 희망으로 해석한다. 모더니즘의 기념비처럼 시선을 모으기는커녕 쫓아내듯 빛을 반사하는 건물 외벽에서도 자신의 테제의 논거를 발견한다. 호텔을 바라보고자 할 때 우리는 호텔 자체가 아니라 호텔을 둘러싼 도시의 왜곡되고 단편적인 반사를 볼 뿐이며, 우리의 눈은 말할 것도 없다(<블레이드 러너> 오프닝에서 도시의 모습이 홍채에 비치는 놀라운 장면을 떠올려 보라). 따라서 보나벤처는 콘텍스트에서 의도적으로 분리된 장소 없는 건물이다. 제임슨이 말하듯, 이 새로운 '자기 완결적' 공간에서는 엘리베이터에서 내려 중앙 로비인 6층 아트리움으로 나가면 낡은 범주인 입체감이나 부피는 의미를 상실한다(엘리베이터는 이때만 건물 바깥에서 안쪽으로 들어온다).

> 우리는 이런 하이퍼스페이스에서 자신의 눈과 몸에 열중한다. 내가 포스트모던 회화와 문학에서 언급한 깊이의 억압이 건축에서는 성취되기 힘들다면, 이렇게 혼란스럽게 함몰된 느낌이 새로운 매체에서 형식적 등가물 역할을 할 수도 있을 것이다 (PCL 43/107).

이런 당혹감이 박차를 가하는 곳은 넓고 아무 표시도 없는 로비다. 예를 들어 어디서 체크인을 해야 하는지 명확하지 않다. 우리는 혼란해지고 방향감각을 잃는다. 이렇게 해서 우리는 두 가지 중요한 명제에 도달한다. 첫 번째 명제는 다음과 같다. 포스트모던 하이퍼스페이스는 "결국 지도 그리기가 가능한 외부

세계에서 개별 인간의 몸이 자신의 위치를 확인하고, 감각적 지각을 통해 주변 환경을 조직화하며, 인식적으로 자신의 위치를 지도 그릴 수 있는 능력을 초월하는 데 성공한다"(PCL, 44/111). 두 번째 명제는 다음과 같다. 우리와 건축 환경의 새로운 형식의 분리는 "훨씬 더 날카로운 딜레마에 대한 상징이자 아날로공이라고 할 수 있다. 이 딜레마는 최소한 현재 상황에서 우리가 개인 주체로서 사로잡힌 이 거대하고 전 지구적이며 다국적이고 탈중심화된 통신 네트워크의 지도를 그릴 수 있는 정신적 능력의 부재다"(PCL, 44/111).[30]

두 번째 주장은 첫 번째 주장에 동의하는 것을 전제로 한다. 하지만 궁극적으로 보나벤처가 세계 그 자체라는 제임슨의 주장을 이해하기 위해서는 우리가 개인적으로 보나벤처에서 위화감을 느끼는지 아닌지는 중요하지 않다. 실제로 모든 포스트모던의 복잡성 자체가 그 안에서 자신의 위치를 결정할 능력을 초과했다. '인식적 지도 그리기'는 제임슨이 저명한 도시학자 케빈 린치Kevin Lynch가 쓴 《도시의 이미지The Image of the City》에서 채택한 개념으로, 개인이 자신의 위치를 결정하기 위한 지도 그리기 과정을 의미한다(이 개념은 5장에서 자세히 논할 것이다). 인식적 지도는 도시를 걷고 도시에서 거주하고 도시에 출몰하고 거리에서 자신의 '들길field paths'을 만듦으로써 구축된다. 이 개념은 지도책이나 열망 혹은 자기 폐쇄적이고 자기 완결적인 '미니어처 도시'가 되고자 하는 욕망이 아니라, 아이콘이나 랜드마크에 의존한다. 그리고 모더니즘의 기념비가 그렇듯, 시선을 집중하기는커녕 오히려 반사해 돌아오게 하는 외벽에서 제임슨 논문의 근거를 발견한다. 호텔을 응시할 때 우리가 보는 것은 건물 자체가 아니라 왜곡된 거리의 기호이며, 경험적인 데이터가 아니라 시각적인 기준점이다. 린치는 아이콘과 랜드마크가 풍부한 도시는 '인식적 지도'를 그리기 쉬워 더욱 '살기 좋다'고 주장한다. 반대로 로스앤젤레스처럼 이런 요소가 부족한 도시는 아늑하지 않다는, 간단하면서도 강력한 테제를 설파한다. 린치가 계속해서 미래의 도시계획자에게 보내는 메시지는 도시에는 기념물과 상징적인 건물이 필요하다는 점이다. 따라서 '인식적 지도 그리기'는 제임슨이 후기 작업에서 수행하듯이 주로 재현 문제로 다룰 수 있다. 즉 제한적인 재현 수단, 제한적인 재현 기술로 어떻게 완전히 글로벌화한 세계를 재현할 수 있는가. 이 문제에 대해서 몇몇 고귀한 시도가 있었지만 명확한 답은 없다. 답이 없는 한, 우리는 정치적으로 핸디캡이 있는 것이나 마찬가지다. 세계를 재현할 수 없다면 어떻게 세계를 이해하고 변화시킬 수 있는가.

포스트모던의 궤적

포스트모더니즘은 1972년 7월 15일 오후 3시 32분에 시작되지 않았고, 2001년 9월 11일 오전 8시 46분에 끝나지도 않았다(하물며 시작했다!).[31] 포스트모더니즘은 제2차 세계대전 이후 세계 여러 곳에서 천천히, 불균등하게 출현해 오늘날에도 우리와 함께한다. 포스트모더니즘이라는 용어는 최근에 그다지 통용되지 않지만 그렇다고 설득력을 잃진 않았다. 포스트모더니즘의 배후에 있는 본질적인 관념은 세계화globalization라는 개념에 계속 살아 있다. 우리는 포스트모더니즘에서 세계화라는 용어로의 전환이 이데올로기적으로 무해하다고 자신을 속여선 안 된다. 그러나 제임슨은 이런 변화가 여전히 경향으로만 식별될 수 있는 이상, 그에 대한 분석은 필연적으로 우리가 지속하거나 발전하리라고 생각하는 것에 대한 직관적인 선택에 대체로 좌우된다는 점을 인정한다. "모든 포스트모던 이론은 이처럼 불완전한 갑판에서 미래를 말하는 것이다"(ST, xiii). 현재의 존재론이 더 나아질수록 미래의 고고학에 대한 필요성을 깊이 느끼게 된다. "우리에게 진정으로 필요한 것은 유토피아라 불리는 욕망으로 근대성이라는 주제를 전면적으로 대체하는 일이다. 유토피아적 경향을 포착하려는 파운드의 임무, 그것의 원천에 대한 지형도를 만들고 다양한 해수면에 가해지는 그것의 압력을 재는 벤야민의 임무를 결합할 필요가 있다"(SM, 215).

5장

인식적 지도 그리기와 유토피아

현재의 존재론은 과거의 예측이 아니라
미래의 고고학을 요구한다.
프레드릭 제임슨, 《단일한 근대성A Singular Modernity》

변증법적 비평의 이중적인 목적은 현재 완전히 세계화된 문화가 자신의 전략적 이익을 위장하면서 미래를 향한 사고를 유지하는 방법을 밝히는 데 있다. 결론부터 말하면 이 과제는 상상력의 두 가지 실패를 추적·진단하는 것이 시급함을 보여준다. 첫 번째 실패는 현재를 유용하게 재현할 수 없는 것을 의미한다. 바꿔 말해 현재의 한계와 강점을 볼 수 있게 해주는 것, 더 중요하게는 깊이 체계화된 현재의 본질을 인식할 수 있게 해주는 재현 방식을 개발하는 데 실패한 것이다. 제임슨은 이런 실패를 들뢰즈와 가타리의 강력한 작업에서도 찾아낸다. "(《안티 오이디푸스Anti-Oedipus》에서) 사회질서에 대한 비판과 대안적 개념화로 보이는 것이 실제로는 사회질서의 근본적인 경향 가운데 하나를 복제하는 것임이 드러났다. 따라서 정신분열증에 대한 들뢰즈의 개념은 확실히 예언적이지만, 자본주의 내부에 잠재하는 경향을 예언하는 것이지 자본주의를 대체할 수 있는 근본적으로 다른 질서로 종전 질서에 충격을 주는 것은 아니다"(ET, 711).[1] 이 두 가지 진단 작업은 각각 제임슨의 전체 작업을 가로지르는 다음의 두 개념에 따라 명확해진다. (1) 인식적 지도 그리기, (2) 유토피아. 두 개념은 정적인 것도 개별적인 것도 아니며, 비평가로서 제임슨의 사고와 실천의 핵심이다.

인식적 지도 그리기

콜린 매케이브는 인식적 지도 그리기를 "제임슨의 범주 중에 가장 명확하지 않은 동시에 가장 중요한 범주다"라고 통찰력 있게 말한다.[2] 인식적 지도 그리기는 확실히 개념으로서 그 중요성을 파악하기 어렵다. 이 개념은 꽤 늦게까지 사용되지 않은 채 몇 년 동안 지하로 숨어들어 거의 시야에서 사라졌다. 사용됐다고 해도 색인에 올라간 적은 거의 없다. 하지만 이 개념이 제임슨 사상의 핵심이라는 가설이 최근 다시 부상했다. 제임슨은 1983년 여름 일리노이대학교 어바너섐페인캠퍼스에서 캐리 넬슨과 로렌스 그로스버스가 개최한 '마르크스주의와 문화 해석' 콘퍼런스에서 단순히 논문의 제목으로 '인식적 지도 그리기'라는 용어를 사용했다(CM). 이 논문은 그 후 매우 흥미로운 질의응답과 함께 콘퍼런스의 프로시딩에 게재됐다. 이후 두 부분으로 나눠 《포스트모더니즘》에도 수록했다. 하나는 1장으로, 다른 하나는 마지막 장 끝부분에 실었다. 인식적 지도 그리기 개념은 1992년에 출판한 《지정학적 미학》에서 짧지만 중요한 의미를 띠며 등장했다(2년 전 1990년 5월 런던 영국영화협회British Film Institute에서 열린 강의에도 등장했다). 제임슨은 그 후 인터뷰어의 강력한 요청이 있을 때만 이 개념을 언급했다. 그러다 10여 년 뒤 갑자기 '세계화'에 관한 저서에서 이 개념을 사용한다. 이 저서는 다음 절에서 상세히 검토할 유토피아에 관한 대작과 함께 발전된 것이다. 인식적 지도 그리기 개념이 성립하기 전에 이 개념은 무엇이었는가라는 질문에서 출발하자. 그리고 '잃어버린 10년' 사이에 무슨 일이 일어났는가? 이 개념이 제임슨 이론의 전 영역에 영향을 미쳤다면 이 개념은 이름이 붙기 전부터 존재했을 테고, 더는 그 이름을 사용하지 않은 뒤에도 여전히 중요했다면 다른 여러 가지 이름이 붙었을 것이다. 두 가지 답변 모두 정확하다. 인식적 지도 그리기는 이름이 붙기 전에 존재했으며, 그 후에도 몇몇 다른 이름이 붙었다.

《포스트모더니즘》에 나타나는 질문(어떻게 총체성을 지도 그리는가)은 이 개념의 기원과 관련해 중요한 단서를 제공한다. 총체성은 '계급의식'에 대한 제임슨 작업의 약호이며, 더 암시적으로는 제임슨이 이 개념을 빌려온 루카치에 대한 약호다(IFJ). 제임슨이 1977년 〈현대 대중문화에서 계급과 알레고리Class and Allegory in Contemporary Mass Culture〉라는 논문에 설명했듯이, '계급의식'의 전제조건은 계급 자체의 가시성이다. "이제 이런 기본적인 요구를 마르크스보다 프로이트에게서 빌린 용어를 사용해 형상성figurability의 요구로 부르고자 한다. 이를 위해서는 사회 현실과 일상생활이 그 배후의 계급 구조를 감지할 수 있는 형태로 재현될 만큼 발전하는 것이 필요하다."[3] 제임슨이 사용하는 '총체성'이라는 단어나 '총체화'라는 절차는 다음을 의미한다. 어떤 계급이나 계급 분파도 자신을 온전히 자신으로 재현하는 수단을 발견하기까지 정치적으로 기능할 수 없다.[4] 제임슨의 인식적 지도 그리기 개념이 처음 등장했을 때 이를 둘러싼 반응은 매우 의아하다. 페미니즘과 인종 연구, 즉 이 개념이 전제로 하는 재현과 존재의 간극에서 존재 의식을 발견하는 학문 영역이 제임슨의 인식적 지도 그리기 개념을 가장 강하게 반대하는 경향을 보인 것이다.[5] 페미니즘과 인종 연구에서는 더 강력한 타자(그 유명한 백인 앵글로·색슨 남성)가 재현을 통제함으로써 그들이 이론화하는 실존적·정치적 문제를 생성한다. 이는 일반적으로 침묵하고 억압받거나 부재한 목소리의 관점에서 설명된다. 아이러니하게도 인간은 사안의 표면적 외관보다 큰 총체성을 투영함으로써 '생각'하기 시작하고, 잃어버린 목소리를 듣고 복원할 수 있다. 이런 비평적 담론이 생성하는 흥미로운 해석은 모든 텍스트의 잠재적인 내용에서 억압된 사람들의 존재를 식별하는 탈신비화 형식을 취하는 경향이 있다. 허천은 루슈디, 그라스, 마르케스처럼 다양한 정치적 헌신을 보이는 작가들에게서 총체화를 유희적으로 거부하는 포스트모더니즘 소설의 특징을 감지했다. 허천이 예찬한 포스트모더니즘 소설의 이런 특징은 역사화돼야 하고, 의도적으로 신비화된 이데올로기 전략도 노출돼야 한다.[6] 이런 주장에 반해 총체화를 '거부'하는 텍스트는, 뭔가를 판매하는 것이 아니라고 '농담조로' 주장하는 광고처럼 회의적으로 취급해야 한다고 간단히 말할 수 있을지 모른다.

제임슨은 인식적 지도 그리기와 형상성의 연결에 관해 어버너샘페인에서 청중에게 말했듯이 명확히 제시했다. "나는 몇몇 나쁜 이데올로기적·유기체적 리얼리즘이나 현실적 통일의 신기루의 대명사로서 후기구조주의나 후기 마르크스주의 이론에서 일관적으로 사용해온 것과 다른 방식으로 '재현'이라는 표현을 사용한다. 나에게 '재현'은 오히려 '형상' 그 자체와 동의어이며, 이는 형상의 역사적·이데올로기적 형식과 무관하다"(CM, 348). 형상성에 관한 제임슨의 관심은 《마르크스주의와 형식》(100~102/129~131)으로 거슬러 올라간다. 더욱이 1970년대 초반 제임슨의 문예비평은 흥미롭게도 거의 SF에 초점을 맞췄다. 제임슨이 형상성이라는 용어를 사용하지 않게 된 것은 '인식적 지도 그리기'가 자신의 목적에 더 적합하도록 조정되는 것을 봤기 때문일 수도 있다. 이런 가정은 실제로 검증할 수 있는가와 무관하게 형상성과 인식적 지도 그리기의 차이에 관해, 즉 그 용어가 가시화하려고 하거나 재현 수단을 찾으려고 하는 실제 대상의 본질에 관해 질문할 수 있다는 이점이 있다. 형상화의 경우, 재현된 대상은 특정한 것과 구체적인 것의 구속에서 우리를 해방하는 효과를 발휘하는 추상적 관념이다.

그래서 대상을 연결하는 휘트먼의 목록에서 유한한 개개 항목은 그것이 가리키는 일반적인, 정확히 말하면 보편적인 것을 배경으로 자유롭게 펼쳐진다. 마찬가지로 초현실주의에서도 하나의 해석학적 과정이 작동해, 개개 연상 체계의 개별적이고 한정된 욕망 뒤에 자리한 욕망 일반이 밝혀지고, 이미지와 언어의 더 한정되고 우연적인 자유 뒤에 자리한 자유 일반이 가득히 감지된다(MF, 102/131).

이는 이러저러한 것을 향한 일시적 욕망과 형이상학적으로 삶에 대한 욕망 자체(이런 공식에서 '삶'은 '욕망' 못지않게 형상화된 것이다)인 특정 대상과 직접 연결할 수 있는 강력한 힘으로서 욕망의 차이다. 정신분석이 알려주듯, 현실의 대상은 상상이나 공상의 형식에 비하면 늘 창백하기에 일시적 욕망은 어떤 경우에도 충족되지 않는다. 이에 반해 인식적 지도 그리기의 재현 대상은 세계 상황을 형성하고 구성하는 다양한 힘과 흐름을 가시화하는 추상적인 개념이다. '세계'에 대해 말하는 것이 이미 인식적 지도를 작성하기 시작하는 것이다. '세계'는 경험적으로 검증할 수 있는 것보다 구체적인 '총체성'을 더 명확히 표현하기 때문이다. '세계'의 모든 개념은 가장 흔한 것으로, 볼 순 없어도 존재에 영향을 미친다는 사실을 깨닫는 신비로운 힘과 효과를 인식하고 등록한다.

제임슨의 모더니즘 분석은 개념으로서 형상성의 '위기'와 이를 대체할 '인식적 지도 그리기'와 같은 개념의 필요성이 20세기 초반에 발생했음을 시사한다. 즉 나 같은 후대 비평가에게

'인식적 지도 그리기' 개념의 필요성을 나타내는 감성의 변화나 문화혁명은 우리가 현재 모더니즘의 탄생일이라고 생각하는 역사의 특정 순간에 발생했다. 제임슨은 형상성의 위기가 모더니즘이 새롭게 '제국주의'라고 명명된 것을 의식하게 되면서 발생했다는 관점에서 설명한다. 여기서 제국주의는 위대한 영국 역사가 에릭 홉스봄이 1890년대(제국주의라는 용어는 1870년대에 최초로 사용되었지만, 이 용어가 정착하기까지 오래 걸렸다. 실제로 1883년에 사망한 마르크스는 이 용어를 사용하지 않았다)에 처음 정치·언론 용어로 사용한 신조어로, 그 후 시대의 중요한 관심사가 됐다.[7] 제국주의는 이 시대 유럽인에게 일종의 '의미 상실meaning-loss'(제임슨의 교훈적인 용어를 사용하면)로 느껴진다. "전체 경제체제의 구조를 형성하는 중요한 일부분이 메트로폴리스를 벗어나 모국에서 일상생활이나 실존적 경험 세계 밖에 존재하는 해외 식민지에 있기 때문이다. 해외 식민지의 생활 경험과 생활 세계는 제국의 생활 경험과 생활 세계와 너무 달라서, 제국에 사는 주체는 어느 사회계급에 속하든 식민지의 생활 경험과 생활 세계를 알 수도, 상상할 수도 없기 때문이다"(MI, 11/86~87). 결과적으로 제국 권력의 주체 혹은 제일세계는 자신들의 삶을 '전체로서' 결정하는 체제를 경험적으로도, 인식론적으로도, 실존적으로도 파악할 수 없다.

> 민족 자본주의 혹은 시장 자본주의 같은 고전적인 단계와 달리 일부 퍼즐 조각을 찾을 수 없기에 체제 전체를 완전하게 재구

성할 수 없다. 예를 들어 (다른 사회계급에 대한 지식을 통해) 개인의 경험을 확장한다거나, (사회적 죄의식이라는 형태로) 강렬하게 자기 점검을 한다거나, 제일세계의 내부 자료에 기초해 과학적 추론을 한다고 해도 결국 식민지의 삶과 고통과 착취라는 전혀 다른 타자성을 포함하기에는 불충분할 수밖에 없으며, 부재하는 공간과 메트로폴리스 일상생활의 구조적 연관성을 파악하기란 더 어려울 것이다(MI, 11~12/87).

(인식적 의미가 아니라 지도 제작과 관련해) 지도는 해결책이 아니라 문제다. 다른 세계의 존재, 다른 삶, 특히 이렇다 할 이름도 얼굴도 없는 타자와 관계가 우리 삶과 얽힐수록 지도는 재현 장치로서 그다지 만족스럽지 않은 것이 된다. 새로운 시장, 값싼 노동력, 원재료, 이국풍 물건을 구해 지구 끝까지 여행하는 상업의 형식으로서 제국주의야말로 "무한대로 길을 확장하고", 그 결과 고향이나 장소라는 낡은 구원을 불완전하거나 결핍되게 한다(MI, 17). 장소는 제국주의와 타협하고 제국주의가 초래하는 '의미 상실'을 무효하게 만드는 방법을 찾는 대가를 치러야 관념, 즉 형상적으로 필수적인 것으로 복원할 수 있다. 이에 관한 모더니즘의 대답, 그 유명한 내향적 성향, 내면적 자아와 메트로폴리스를 향한 동경, 그리고 '양식style'은 이 관점에서 보지 않으면 불완전하게 이해될 수밖에 없다. "재현과 인식적 지도 그리기는 (제임슨이 루카치에게서 가져온 용어인) '총체성에 대한 의지'에 따라 좌우되기 때문에" 상상력의 한계인 무한한 공

간, 무한한 타자는 체제로 다시 이끌려 들어가 형상화돼야 한다. "새로운 공간적 언어, 즉 모더니즘적 '양식'은 이제 재현 불가능한 총체성의 표지이자 대체물(라캉의 용어로 '임차tenant-lieu' 혹은 장소 보유place-holding)이 된다. 이와 더불어 새로운 가치가 나타난다. (…) '무한성'(그리고 '제국주의')이 나쁘거나 부정적인 것이라면 육체적 과정과 시적 과정을 통해 감지하는 것 자체는 나쁘거나 부정적인 것이 아니라 오히려 긍정적인 성취이자 지각 기관의 확장이기 때문이다. 그 결과 새로운 비유적 표현의 아름다움은 그 내용을 구성하는 사회적·역사적 판단과 희한하게도 무관한 것처럼 보인다"(MI, 18/100).

이 테제는 1890~1930년대 아일랜드 문학에서 두 가지 생산양식이 공존하는 것을 발견함으로써 확인할 수 있다. 더블린은 공업도시이자 무역과 상업의 중심지다. 외국의 지배를 받은 도시이며 민족주의적 자치운동의 중심지이기도 하다. 근대도시로서 아일랜드는 주인이 되기를 욕망하지만, 그들은 역설적으로 아일랜드라는 '상상된 공동체'를 실천하는 데 필요한 이데올로기적 자원을 전근대적인 과거에서 발굴한다.[8] 이런 점은 조이스의 작품, 특히 《율리시스》에서 나타난다. 작품은 농민이나 마을 같은 가십으로 점철되고, 상품의 끊임없는 감언도 많이 나타난다. "《오디세이아》는 지도 역할을 한다. 조이스는 《오디세이아》를 고전적인 서사로 읽는데, 그 서사의 틀은 완벽한 만큼 닫힌 전 지구적 지역 지도의 틀과 동일하다. 이는 마치 서사를 구성하는 에피소드가 공간과 융합되어 에피소드와 지도를 읽는 것을 도저히 구분할 수 없는 것과 같다"(MI, 22/111). 오스트레일리아 나 미국 같은 정착 국가의 문헌에서도 같은 시기에 고도로 오이디푸스화된 과거 형상으로서 (시대에 뒤처지고, 종종 잘못된 관습의 존속으로 재현되는) '조국'과 고도로 낭만화된 미래 개념으로서 ('현지인'의 신체에 내재된) '국경'과의 관계에 집착한 것을 확인할 수 있다.[9] 모더니즘은 형상성과 인식적 지도 그리기 사이에서 진동한다. 심지어 하나가 나머지를 제거하기 위해 나머지를 이용한다고 볼 수도 있다. 모더니즘은 멀리 떨어진 지배국의 이름도 얼굴도 없는 타인을 상대하거나, 그들의 고된 노동에 아무 생각 없이 의존하고 싶어 하지 않는다(강력한 헤겔의 '주인/노예' 의미에서). 따라서 모더니즘은 이런 세계상의 불완전함을 설명하지 않고 그것을 나타내기 위해 무한한 형상을 떠올린다.

모더니즘은 형이상학으로 인해 역사를 피할 수 있지만, 그때뿐이다. 앞 장에서 살펴봤듯이 오늘날 포스트모더니즘이라고 부르는 것의 가장 큰 전조는 1950년대에 아프리카와 아시아를 휩쓴 탈식민지화 운동이다. 이때 제임슨이 말하는 "인류 역사상 유례없는 타자성의 폭발"이 발생했다(ET, 709). 그 후 지도는 같은 것으로 보이지 않았다. 콘래드의 말로가 어린 시절에 상상한 '공백의 공간blank space'은 많은 서양인을 당황시킨 급격한 변화로 가득하다. SF는 변화를 감지하고 기록하기 위해 가장 민감한 문학의 도구다. SF는 인구과잉, 식량 부족, 영원한 전쟁 등 맬서스의 악몽 같은 이야기로 탈식민지화가 서구에 야기한 불안을 일부 포착한다. 그 상징으로 경이롭고 반동적인 찰턴 헤스턴이 주연한 <소일렌트 그린Soylent Green>(Fleischer, 1973)이 있다(더 비판적으로는 필립 딕의 《화성의 타임슬립Martian Time-Slip》 같은 소설도 식민주의의 토착민 대학살을 불러일으켰다). 이처럼 급변하는 상황에 대한 편집증적 반응이야말로 '인식적 지도 그리기'의 역할과 경쟁 관계에 있는 '인구통계학' 개념을 사용할 수 없게 만든다.

> [그것은] 해외에서는 빈곤에 굶주리는 대중, 국내에서는 노숙자, 산아제한과 낙태의 즉각적이고 잠재의식적 이미지를 투영한다. 그리하여 이 테마는 정치적인 수준에서 항구적으로 고정된다. 그 형식은 본질적인 긴급성 때문에 시청자나 청취자, 독자 혹은 '여론' 자체를 미사일이나 영구적인 불완전 고용, 국내에서 주거침입과 마찬가지로 해외에서 출생률의 주원인인 근본 체제적 현실로 움직이지 않는다(SV, 2).

인구통계학은 이데올로기의 가장 탁월한 사례다(3장을 보라). 이는 그 자체가 문제이며 그 주장도 따로 증명할 필요가 없어 보인다(지구상에 인구가 너무 많다는 것은 명백한 사실이다). 하지만 사안을 이런 방식으로 파악하는 것은 더 깊은 진실, 즉 마르크스주의가 주장하는 것처럼 부가 더 공평히 분배된다면 인구는 지금처럼 문제가 되거나, 문제가 되는 것처럼 보이지 않았을 것이라는 진실을 무시하는 처사다.

조지 몬비오George Monbiot가 지적했듯, 오늘날 세계에서 가장 부유한 500명이 세계에서 가장 가난한 30억 명보다 돈이 많다. 이 상황을 적절하게 재현하기 위해서는 빈곤 이미지의 진부하고 영향력 없는 파토스보다 복잡한 것이 필요하다. 그러나 이 암울한 빈곤 이미지가 특권을 누리는 서양인에게 아무런 영향을 미치지 않는 이유는 그들이 '공감 피로compassion fatigue'로 고통받기 때문이 아니라, 거의 모든 빈곤 이미지가 배송 불가능한 우편물이기 때문이다. 그 문서의 저자나 수신자는 알 수 없으며, 거기에는 모든 인과관계가 결여됐다. 우리가 불행의 더 깊고 "비시각적 시스템"(SV, 2)의 원인과 고심할 수 있게 하는 표현만이 적절히 영향을 미친다. 따라서 이런 표현에 '인식적 지도'라는 이름을 부여할 수 있다. 마찬가지로 시스템 자체를 바꾸는 것을 목표로 하는 개선 전략이 변화를 가져올 수 있다(보노가 빌 게이츠와 협력해 아프리카의 에이즈 환자를 지원하는 것은 수백만 명을 돕는 일이 될 수도 있고 아닐 수도 있다. 하지만 어느 쪽이라도 아프리카를 발전의 극심한 침체 상태에 빠뜨리는 세계정세를 바꾸는 데는 전혀 도움이 되지 않는다). 나는 이런 유토피아 전략이 우리의 상상력에 제대로 불을 지필 수 있다고 덧붙인다. 공감 피로는 '상상력의 실패'라고 불러야 한다. 타인의 끔찍한 고통에 직면하고도 무감한 상태는 오늘날 세계정세를 온전히 파악할 수 없는 무능함을 의미하기 때문이다. 이런 결핍을 해결하기 위해서는 인식적 지도가 긴급히 필요하다. 이와 관련한 사례는 부족하지 않지만 불완전하다. 제임슨은 관련 사례로 영화 〈더티 프리티 씽Dirty Pretty Things〉(Frears, 2002), 〈인 디스 월드In This World〉

(Winterbottom, 2002), 영국 TV 시리즈 〈트래픽Traffik〉(Reid, 1989), 다큐멘터리 〈삶과 빚Life and Debt〉(Black, 2001)을 제시한다. 이런 작품은 새로운 공간, 특히 세계화라는 새로운 사회성을 재현하는 수단을 발견하기 시작했다(RG).

유토피아

제임슨에게 '현 상황'을 파악하는 것은 앞으로 전개될 상황을 생각하는 데 필요한 첫 번째 단계다. 유토피아는 인식적 지도의 어깨 위에 서 있다. 욕망과 문제로서 유토피아는 제임슨의 작업과 결코 동떨어져 있지 않다. 실제로 제임슨의 작업 가운데 유토피아에 대해 논하지 않은 사례를 생각하기란 어렵다. 하지만 이 경우에도 대개 유토피아는 결론에 국한된다(《마르크스주의와 형식》, 《정치적 무의식》, 《포스트모더니즘》 등이 그렇다). 유토피아에 대한 고찰을 끝까지 보여주는 예외적 사례는 《시간의 씨앗》과 《미래의 고고학Archaeologies of the Future》이다. 포스트모더니즘은 1991년 4월 캘리포니아대학교 어바인캠퍼스의 비평이론연구소가 주최한 저명한 웰렉도서관 비평 이론 강의 3회 차 시리즈 가운데 첫 번째 강의의 공식 주제였다. 이는 실제로 유토피아에 관한 것이다. 32년 남짓 구상 기간을 거쳐 2005년 발표한 논문의 두 번째 공식 주제는 유토피아다. 《시간의 씨앗》은 유토피아를 디스토피아에서 분리해, 특히 "유토피아에 대한 가장 강력한 반론은 사실 유토피아적이다"(ST, 54)라는 점을 제시함으로써 《미래의 고고학》을 위한 길을 열었다. 이렇게 본질적으로 형식적이고 이데올로기적인 주장은 유토피아에 직면할 때 느끼는 불안과 공포, 혐오감을 실존적으로 분석함으로써 보완된다. 제임슨은 《시간의 씨앗》에서 《포스트모더니즘》의 마지막 장을 상기하며 "제일세계 진보적인 사람들의 그런 감정을 분석하고 진단하는 것이 가장 시급하다"고 역설한다. 제임슨은 제일세계 사람들의 그런 감정은 "현재 느끼는 심오한 개인적 행복이나 만족, 성취에서 발생하지 않으며, 현재의 불만족스러운 경험을 차단하는 역할을 한다. 논리적으로 '만족'은 더 깊은 무의식적 증거를 억누르는 당황한 관찰자가 끌어낼 수 있는 유일한 판단이다. 제일세계 사람들은 이런 방식으로 현재의 불만족스러운 경험을 차단한다"(ST, 61~62)고 주장한다. 이런 본질적으로 부정적인 작업의 필요성에서 벗어난 뒤, 제임슨의 작업은 유토피아의 형식적 분석을 긍정적으로 추구할 수 있게 된다.

유토피아는 형식과 내용 차원에서 디스토피아와 다르다. "이는 단지 악몽의 쾌락(악한 수도승, 수용소, 경찰국가)이 푸리에 같은 위대한 유토피아주의자의 나비 기질〔푸리에는 유토피아를 추구하는 태도를 인간과 나비에서 찾는다.〕과 거의 관련이 없음을 의미하는 것이 아니다. 유토피아주의자는 쾌락을 추구하지 않으며, 오히려 다른 형식의 만족을 얻으려고 한다"(ST, 55). 더욱이 디스토피아는 일반적으로 서사 형식을 취하는 반면, 유토피아는 서사 형식을 취하지 않을 뿐만 아니라 서사를 구성하기 위한 주체 위치subject-position의 기본적 구조조차 없다는 사실에 주목해야 한다. 디스토피아는 '가까운 미래'를 배경으로 하는 경우가 많고, 구식 아마겟돈에서 21세기 생태계 대재앙까지 모든 재해를 예언한다. 그 예로 〈투모로우The Day After Tomorrow〉(Emmerich, 2004)가 있다. 이 영화의 감독은 블록버스터 디스토피아 영화 〈인디펜던스 데이Independence Day〉(1996)를 작업하기도 했다. 〈투모로우〉에서 주목할 점은 재해를 예측하고 첫 조짐을 이해할 수 있는 유일한 인물인 기후학자 잭 홀(데니스 퀘이드)을 중심으로 한 개인의 역할이 극히 중요하다는 사실이다. 비록 여기서 유토피아적인 충동이 감지된다고 해도, 한 사회가 다른 사회를 만들기 위해 파괴되는 방식이 미국과 멕시코 국경의 개방이라는 방식으로 '아이러니하게' 각색됐다. 멕시코가 미국에서 온 난민을 환대하고 그들에게 안식처를 제공하는 데 동의하는 것을 보여준다. 그러나 북쪽(미국)이 남쪽(멕시코)에 의존한다는 사실을 새롭게 깨닫는 것은 그 자체로 유토피아적이지 않다. 영화의 엔딩에서 확실해지듯이 급격한 기후변동으로도 세계 시스템은 바뀌지 않고, 권력은 미국의 손에 단단히 남아 있으며, 자본주의는 여전히 존재하기 때문이다. 이에 반해 "유토피아적 텍스트는 전혀 이야기하지 않는다. 유토피아적 텍스트는 메커니즘이나 기계의 종류를 표현한다. 유토피아적 조건에서 찾을 수 있는 인간관계를 논하거나 우리가 원하는 삶을 상상하는 것이 아니라(제임슨은 유토피아적 텍스트도 이런 공상에 빠질 수 있다는 것을 인정할지라도) 청사진을 제공한다"(ST, 56). 유토피아는 독특한 재현 문제에 직면한다. 변형에 대한 본질적인 요구(할리우드에서는 늘 구원으로 형상화된다) 때문에 발생하는 서사는 이 문제를 악화시킬 수 있다. 미래가 어떤 모습일지 상상할 수 있다고 해도 현재의 반복이나 그 연장일 뿐, 진정으로 새롭고 다른 것이 아니라는 의문이 생긴다. 마찬가지로 현재 관점에서 미래가 매력적으로 보인다고 해도 단순히 소원 성취나 사적인 공상이 아니라고 어떻게 단언할 수 있는가(ST, 56; AF, 47).

"모든 진정한 유토피아는 이 깊은 형상적 어려움과 구조적 모순을 모호하게 느낀다"(ST, 57). 또한 유토피아적 삶을 재현하기를 피하고, 특정 유토피아의 본질적인 실현 메커니즘을 설명하는 데 집중함으로써 그 요구에 부응한다. 때때로 이것은 문자 그대로 메커니즘이 텍스트의 초점이 되고, 실제 재현의 부담이 되기도 한다. 하지만 대부분 관념이거나 우리가 '사회적 기계'라고 부를 수 있는 것이다. 어슐러 르 귄이 1969년 발표한 소설 《어둠의 왼손Left Hand of Darkness》은 두 가지 예를 제공한다. 《어둠의 왼손》은 디스토피아로 오해받기 쉬운 상황, 즉 춥고 영원히 얼어붙은 겨울의 행성을 무대(가까운 미래 디스토피아의 핵심인 핵겨울을 연상시킨다)로 현대사회에서 문제시되는 성적인 관계가 전부 존재하지 않는 세계를 상정한다. 겨울 행성에 사는 게센인은 영구적으로 정해진 성별이 없다. 그들의 신체는 기본적으로 성 중립적이다. '거세'됐다는 오해를 피하기 위해(그들은 거세되지 않았다!) 성별은 미정이라고 하는 게 나을 것이다. 그들은 성행위가 왕성한 '케메르'라는 특정 계절에만 성별을 갖는다. 성별은 일시적이며, 케메르에 따라 나타나는 성별도 다르기 때문에 게센인은 일생 남자와 여자가 될 수 있다. 게센인은 무성애자가 아니고 지극히 성적이지만, 외부에서 보면 의욕이 없어 보인다. 실제로 다른 세계의 사절인 겐리 아이가 겪는 게센인의 가장 골치 아픈 생리적인 문제는 지금까지 완벽히 플라토닉하게 자신을 대한 안내자이자 동료 하르스가 케메르가 시작되면서 냉정을 잃기 시작했다는 것이다. 이 때문에 새롭게 재교섭하려는 그들 사이에 '어려운' 시간이 생긴다. 작품의 정치적인 논점은 다른 곳에 있을지라도, 《어둠의 왼손》은 성이 문제인 것은 '우리가' 그것을 문제로 간주하기 때문이라고 말하는 듯 보일 정도로 자유주의적이다. 이는 겐리 아이와 하르스의 문제다. 겐리 아이는 이를 우정의 단절로 보지만, 하르스는 논리적인 연속으로 간주하기 때문이다.

케메르 하우스에 대한 묘사는 광란적이다. 하지만 이 소설이 진정으로 말하고자 하는 바는 성이 사회의 모든 차원에 침투해 '개인'의 문제가 되기 전에 정치적 문제가 됨을 드러내는 것이라는 점이다. 이에 반해 게센인은 겐리 아이 같은 인간을 성욕이 지나치거나 아예 없는 사람으로 간주한다. 《어둠의 왼손》은 유토피아 소설이라기보다 SF다. 젠더 관계라는 사회문제에 대한 상상의 해결책을 지구상에서 불가능한 외계적 특성에 의존하는 공상적인 방식에서 찾는다는 점에서 그렇다. 하지만 '비자유'의 모든 원천을 하나의 계획으로 압축하는 형식적 전략은 유토피아 소설 장르와 완벽하게 일치한다.

본질적으로 게센인의 생리적 기질은 성의 문제를 해결한다. 게센인의 생리적 기질은 '자연적'이거나 본능적인 동물의 욕구와 반대되는 인간 욕망의 비생물학적 본성 때문에 우리 같은 인간은 이제까지 해결할 수 없던 것이다. 욕망은 '해결책'이 없다는 것을 인정하기에 영원히 문제적이다. 즉 난교도 커플도 전부 참을 수 없다. 오직 욕망을 월 단위 며칠로 한정하는 게센인의 기질이 이 문제를 억제할 수 있다. 이런 기질은 성욕이 타인의 활동에서 제거될 수 있으며, 우리가 더 근본적이고 혼합되지 않은 방식에서 문제를 볼 수 있도록 함을 암시한다(AF, 274).

르 귄이 언급한 또 다른 사회'문제'는 커뮤니케이션 자체의 문제다. 이번에 르 귄은 외계인의 생리적 기질이 아니라 '앤서블'이라는 기계를 구상한다. 앤서블은 거리와 관계없이 은하계에서 실시간으로 소통할 수 있는 기계다. 한편으로 이 기계는 소설의 형식적 요구에 답한다. 게센 아이가 고향 행성인 겨울에 도착하기 위해 타임 점프를 해야 한다면, 그가 우주선에서 보내는 수많은 시간 동안 남은 가족과 친구는 전부 늙어 죽고, 게센 아이의 메시지는 그 뒤에야 고향에 도착한다. 더 중요한 사실은 그의 메시지도 똑같은 방식을 따른다면 게센 아이가 늙어 죽고 나서, 그가 보고한 모든 것이 고대 역사 속으로 사라진 뒤에야 메시지가 지구로 돌아온다는 점이다. 한편으로 이 기계는 특히 지정학적 맥락에서 커뮤니케이션에 대한 이런 '관망'의 접근을 가로막도록 의도됐다. 이 사실은 르 귄의 더 노골적인 정치소설 《세상을 가리키는 말은 숲The Word for World is Forest》(1972)이나 《빼앗긴 자들The Dispossessed》(1974)에서 재확인할 수 있다. 이는 불균등한 발전의 '시간', 다시 말해 세계경제의 현재를 가로지르는 기계로 볼 수 있다. 즉 어떤 국가는 '개발도상국'으로 어떤 국가는 '선진국'으로 불리며, 어떤 국가는 과거에 갇혔고 어떤 국가는 미래를 향해 달려간다. 이처럼 제일세계와 제삼세계의 차이에 대해 잠재적으로 통시적 개념을 고집하는 것이야말로 제삼세계가 제일세계의 관습과 같은 정도로 발전했다는, 시사점이 풍부한 공시적 관점을 저지한다. 제삼세계도 우리처럼 되기 위한 길을 잘 가고 있다거나 그 길에 완고히 저항한다고 상상하는 한, 우리는 그 진정한 차이를 볼 수 없다. 게다가 제삼세계를 '과거에 갇힌' 것으로 봐서 그들의 다양한 문제, 특히 분쟁을 '고대의' 대립 관계나 제일세계가 탈피했다고 간주하는 전근대적인 유산 탓으로 돌릴 우려가 있다.

이 두 가지 사례는 유토피아라는 장르의 절대적인 것, 즉 제임슨이 '파괴'라고 부르는 것을 증명한다. 유토피아적 텍스트, 발상 혹은 충동은 그 현실이 세계 역사의 현 상태를 '파괴'하는가에 대한 것이지, 단순히 패러다임적 수용을 강요하는 것이 아니다. 유토피아적 텍스트는 사회의 문법 자체를 전면적으로 통합하는 변형이다. 이런 발상을 떠올리기란 좀처럼 쉽지 않다. 오히려 이런 발상이 궁극적으로 애매한 결과가 되지 않는 사례를 생각하기 어렵다(이런 사실이 애초에 유토피아에 대한 두려움을 부추긴다). 제임슨 자신의 그런 양가적 사례로 보편적인 고용이라는 발상을 들 수 있다. 제임슨이 인정하듯 이 발상은 마르크스의 사위 폴 라파르그가 예찬한 또 다른 유토피아적 이상, 즉 게으를 권리에 반한다. 중요한 점은 현 사회에서 보편적인 고용을 실현하기 위해서는 경제구조와 이를 뒷받침하는 이데올로기를 크게 바꿀 필요가 있다는 사실이다. 여기서 이데올로기란 실업을, 임금을 낮게 유지하는 데 필요한 훈련 도구로 간주하는 것이다. 그러나 클린턴이 보여줬듯이 최저임금 제한을 철폐하고 복지 혜택을 줄이면 보편적 고용은 완벽히 실현할 수 있다. 수요를 조금 수정하고 생활임금 수준의 보편적 고용을 요구해야 한다. 하지만 그것이 어느 정도인지 아무도 알지 못하고, 경제학자에 따르면 보편적 고용이라는 상황은 인플레이션율의 상승을 분명히 야기하므로 이를 계산하는 것은 불가능하다. 결국 인플레이션을 억제하기 위한 메커니즘이 필요하다. 이에 따라 수요의 증가가 고전적인 승자-패자 시나리오에서 증발하는 일이 없도록 해야 한다. 마찬가지로 이렇게 변화한 세계를 상상하는 것은 현재 사회가 그 약속을 지키지 않았음을 고발하는 것이다. 1989년 후쿠야마가 선언했듯이 이것이 역사의 종말이라고, 상황이 잘 흘러가고 있다고 누가 믿을 수 있을까. 유토피아는 그것을 '논픽션'으로, 들뢰즈의 용어를 빌리면 '가상성virtuality'(예를 들어 실제적이지 않은 현실)으로 취급할 때만 그 자체로 나타난다. 그제야 우리는 유토피아가 모든 것이 기적적으로 '더 나은', 꿈에 그리던 환상적인 장소가 아니라는 사실을 깨닫게 된다. 하지만 이는 오히려 현실 세계에 관해, 알려지거나 알려지지 않은 비자유에서 자유로워지기 위해 변해야 하는 것이 무엇인지 결정하는 인식적 절차다.

결론

이 장의 제사題詞에 인용한 구절이 시사하는 바와 같이, 여기서 현재의 존재론이라는 약호로 불리는 인식적 지도는 미래의 고고학, 즉 유토피아를 요구한다.

6장

프레드릭 제임슨과 대화

이언 뷰캐넌 당신의 '지적 토대'에 대한 설명을 요청하는 것으로 인터뷰를 시작하고 싶습니다.

프레드릭 제임슨 저는 1960년대보다 1950년대 사람입니다(그리고 제가 '내 것'이나 '우리 것'이라고 말할 때는 유럽이 아니라 미국을 의미합니다. 비록 저의 지적 토대는 유럽 중심적이지만 말입니다). 제 학문적 친연성은 주로 프랑스, 독일과 관계가 깊습니다. 하지만 제삼세계, 특히 1950년대 멕시코와도 일찍 관계를 맺었을 뿐만 아니라, 북아프리카에서 인도네시아까지 뻗어가는 거대한 이슬람 세계와도 연관성이 있습니다. 저는 북아프리카를 광범위하게 탐사했는데요, 물론 북아프리카도 프랑스 상황의 일부입니다. 저는 실제로 알제리에서 몇 주를 보냈습니다. 알제리 혁명이 시작되기 한두 달 전이었을 겁니다. 당시 알제리는 프랑스의 한 지방이고 식민지였습니다. 그래서 1960년대 후반에야 분명해질 수 있는 방식으로 제 학문적 배경이 될 형상이 나타났습니다. 1950년대 저와 같은 백인 대학생에게 가장 흥미롭고 급진적인 정치적 사건은 매카시즘과 육군-매카시 청문회가 전부였음을 기억해야 합니다. 제가 유럽에 갔을 때보다 급진적이었다고 할 수 없죠.

그때나 지금이나 미국에서 중요한 지적 현실은 서구 마르크스주의라고 부를 만한 게 전혀 없다는 겁니다. 제 공헌은 그 전통을 알리는 것이었습니다(《마르크스주의와 형식》 같은 책에서 말입니다). 자찬하는 것은 아니지만, 아도르노와 블로흐, 벤야민, 사르트르에 대한 비평을 제가 처음으로 썼을 겁니다. 이는 제가 자부심을 느끼는 학문적 공헌이죠. 마르크스주의의 실제적인 과제에 대해서는 이렇게 말할 수 있을 것 같습니다. 마르크스주의는 문화 연구라고 불리는 것이 등장하기 훨씬 전의 일이죠. 우리는 문학비평에 본질적인 초점을 맞췄고, 저는 새로운 문학비평을 고안하는 방법으로 첫 작품을 구상했습니다. 사람들에게 마르크스주의적 문학비평이나 문학사회학 등으로 광범위하게 불리는 것을 단순히 소개하기 위해서가 아니었죠. 우리는 항상 이 새로운 '방법'을 문학과 문화의 오래된 사회학에서 첨예하게 구분하기를 원했습니다. 또 후자를 마르크스주의의 작업과 결정적으로 구분하고 싶었지만, 전통적인 마르크스주의 비평에 반전과 혁신을 촉진하기도 바랐죠. 이 새로운 분야에서 작업하던 우리 가운데 구소련의 전통과 깊은 지적 친밀감을 보이는 사람은 거의 없었습니다. 우리도 다른 모든 사람과 마찬가지로 후자를 단순히 이데올로기적으로 작품을 분류해 진보적인지 보수적인지 등을 판단하는 문제로 이해했습니다. 저와 다른 사람들이 이 과제를 다시 인식하기 시작한 방법은 단순히 작가의 이데올로기적 친연성을 알아보는 게 아니라, 보수나 반동 작가의 작품에서 어떻게 진보적 특징을 함축하는지 살펴보는 것이었습니다. 그래서 이전의 마르크스주의 접근법과 다른 문학 텍스트 분석 방법으로 발전했습니다. 그 후 이른바 '이론'이 도입되기 시작했을 때(프랑스 이론, 구조주의, 후기구조주의 등등), 이런 접근 방식은 확대됐습니다. 새로운 마르크스주의를 이론화하기 위해 마르크스주의의 이론적 발전뿐만 아니라, 마르크스주의와 별로 관련이 없거나 아예 무관해 보이는 이론을 필수적으로 고려해야 했기 때문입니다. 저는 이 모든 면에서 단순히 정치적 분류 체계나 계급 분석을 수행하는 것이 아니라, 비정치적이고 반정치적인 문헌과 다른 철학적 전통에서 (마르크스주의적으로) 사용 가능한 요소를 찾는 것이 문제라고 생각합니다.

뷰캐넌 여러 인터뷰에서 중요한 지적 스승으로 바르트, 벤야민, 사르트르를 꼽았는데요. 당신의 지적 토대에 관한 조금 전 질문을 이해하기 위해 이 세 사람이 당신과 어떻게 연결되는지, 이들이 실제로 당신의 지적 토대에 어떻게 기여했는지 설명해줄 수 있습니까?

제임슨 글쎄요, 저는 아도르노를 벤야민보다 많이 언급할 것 같습니다. 벤야민은 여전히 우리가 다양한 부수적인 파편으로 알 뿐, 전체적으로 알지 못하는 인물이기 때문입니다. 어떤 부분은 여전히 제 시야에 들어오고, 일관적인 총체로서 문제가 있긴 합니다. 하지만 제 첫 번째 지적 배움의 경험은 대학 시절뿐만 아니라 그 이전에도 사르트르의 작품에서 일어난 것 같습니다. 사르트르에는 (그 세대 프랑스인뿐만 아니라 많은 사람이 느끼듯) 갑작스럽게도 분석이나 이론화, 철학화 방법을 획득할 가능성이 있었고, 이에 따라 일상생활과 실존적 경험부터 정치와 역사에 이르기까지 모든 것을 철학적으로 생각할 수 있었습니다. 프로이트도 늘 중요했습니다. 이는 위대한 발견이었고, 일상 자체가 철학적이고 이를 내재적으로 이해할 수 있다는 느낌을 강화했습니다. 따라서 제 초기 작품은 사르트르에게서 나왔습니다. 저에게 바르트의 가장 중요한 측면은《글쓰기의 영도》,《신화론》 같은 초기 작품이었는데, 이 작품이 전부 사르트르의 문제 설정 연장선에 있었기 때문입니다.

아도르노는 각별했습니다.《파우스트 박사》를 통해 아도르노를 알게 된 사람은 저뿐만 아닐 겁니다. 저 역시《파우스트 박사》가 미발표 음악 원고를 토대로 했다는 것을 막연히 알았는데, 나중에 그것이 아도르노의《현대음악의 철학 Philosophy of Modern Music(Philosophie der neuen Musik)》임을 알았죠.

저는 독일에서 공부할 때 출판된 아도르노의 텍스트를 발견하기 시작했습니다(당시에는 번역본이 없던 모양입니다). 그 텍스트를 통해 독일의 전통에 변증법적인 대안적 사고 체계가 있다는 것을 점차 깨달았습니다. 반면에 프랑스의 전통은 명백히 정치적이었지요. 다른 한편 독일의 전통에서 부정 변증법은 정치가 불가능해졌다고 생각하는 상황에서 정치적인 것이었는데, 거기에는 가능한 두 가지 대안이 있었습니다. 정치적 실천이 가능하다면 당신은 사르트르의 모델을 취할 수 있고, 반대로 정치적 실천이 막히거나 교착 상태에 있다면 당신은 부정적이고 비판적인 생각을 유지하려는 독일관념론의 강력한 대항 모델을 취할 수 있습니다. 밝혀진 바와 같이, 두 가지 모두 1960년대 미국에 영향을 미쳤습니다. 하지만 마르쿠제의 존재로 독일의 전통이 미국의 신좌파와 민주사회학생회Students for Democratic Society(SDS)에 훨씬 직접적인 영향을 미쳤다고 생각합니다.

뷰캐넌 최근 이론의 존재를 당연하게 여기는 경향이 있습니다. 우리 세대 사람은 상상하기 어렵지만, 이론이 처음 나타났을 때 분명 새로움과 필요성이 있었을 텐데요. 이 지점에서 이론을 급진적인 선택지로 간주한 영미권 비평이 어떤 것이었는지 한 말씀 부탁드립니다.

제임슨 당시 미국의 비평은 바로 신비평이었습니다. 비평마다 다소 수사적인 편차가 있긴 했죠. 제 생각에 당시 프라이는 큰 영향력이 없었지만, 신화 비평을 비롯해 다양한 것이 있었습니다. 전부 문학적인 것이었습니다. 여기서 미국의 영문학과를 이해해볼 필요가 있어요. 예컨대 제 모교인 해버퍼드대학 영문학과에서 문학은 브라우닝Robert Browning까지 다뤘는데, 브라우닝은 다소 어려워 사실상 테니슨Alfred Tennyson까지 다룰 수 있었다고 봐야죠. 저는 언제 어느 때나 가장 진보적인 현대 텍스트를 읽는 불문학과에 있었는데, 그곳에서는 정치적인 것이 영미권의 검열을 받지 않았다는 사실이 중요합니다. 심지어 1950년대에도 제대로 된 불문학과에서는 좌파 작가, 구체적으로 발자크 이래 내려온 프랑스의 반부르주아 전통의 작가를 위대한 프랑스 작가로 이해했습니다. 이 부분이 퍼즐의 중요한 조각입니다. 미국에서 이론의 확산은 다른 나라와 상당히 달랐습니다. 이론은 실제로 불문학과를 통해 가장 먼저 생겨났고, 미국 학과 구조에서 우리는 즉각적인 프랑스어 커리큘럼을 훨씬 뛰어넘는 효과를 낼 수 있었습니다. 반면에 영국에서는 불문학과 교사들이 불문학에 엄격히 제한됐습니다. 이론은 《뉴레프트리뷰》와 같은 저널을 통해 공론장에서 확산했습니다. 즉 여기서는 문학에 대한 저항이라기보다 문학이나 문화가 단순한 순수문학에 머무르지 않고 조금 더 중요한 것이라는 사고가 기본이었습니다.

물론 그 안에서도 제 배경은 조금 달랐습니다. 신비평 대신 당신이라면 광범위하게 문헌학이라고 부를 것이라 추측되는, 불문학과 독문학을 통해 형성됐습니다. 예를 들어 문체는 예일대학교 시절 은사 아우어바흐Erich Auerbach 같은 사람을 연구했습니다. 문체 연구에서 개별 텍스트와 문체, 단어 등의 관계는 움직이고 역사적으로 맥락화된 것이었는데,

이는 저에게 대다수 영문학의 순수 미학적 감상보다 훨씬 익숙하고 친밀했습니다. 그 결과 이론에 관심을 둘 수 있는 길이 열렸습니다. 레비스트로스의 구조인류학이나 신화 비평(레비스트로스의 신화 비평)을 통해 사르트르에서 언어와 텍스트성이라 불리는 것과 사회라고 불리는 것의 관계에 더 큰 질문이 생긴 것입니다. 문학과 마찬가지로 사르트르에서도 서사가 사회적·이데올로기적 세계에서 어떻게 기능하는지 전체 개념이 생겼습니다. 더불어 《신화론》에서 발전한 바르트의 이데올로기 개념이 중요했습니다. 이 모든 것은 사회과학이 아직 인지하지 못한 새로운 실험적인 상황이 문학에 포함돼 있음을 우리에게 알려줬습니다. 저는 이것이 다른 어문학 연구뿐만 아니라 사회과학에 대한 새로운 이론적인 인문과학의 제국주의라고 생각합니다. 이는 우리가 프랑스 구조주의언어학과 인류학, 마르크스주의의 종합을 통해 끌어낸 최초의 선구적인 임무였습니다. 그것은 인문학에서 개척돼 오랜 시간에 걸쳐 다른 학문에도 궁극적인 영향을 미친 방법론에서 완전히 새로운 혁명이었습니다.

뷰캐넌 제가 당신의 작품에서 특징적이라고 생각하는 것은 문체가 항상 정치와 연결된다는 점입니다. 예를 들어 텍스트의 형성 방식에 세심히 주의를 기울이는 것이 이데올로기적 참조 사항을 이해하는 중요한 수단이 된다는 부분 말입니다. 이전에 당신이 말한 지점도 짚고 넘어가고 싶습니다. 당신은 앞서 반동주의에서 진보적인 요소를 찾기 원한다고 했습니다. 두 가지 지점을 연결해서 텍스트 독해 방법에 대해 말해줄 수 있지 않은가요?

제임슨 우선 문체에 관한 문제를 다뤄봅시다. 이 문제는 매우 중요하고 당신이 관심을 보이는 이후의 전환, 다시 말해 포스트모더니즘 이론의 출현을 잘 설명해줄 수 있기 때문입니다. 앞에 이야기했다시피 저의 지적 작업은 스피처Leo Spitzer와 아우어바흐에서 기인한 문체 연구 전통에서 형성됐고, 《상황Situations I》에 수록된(영어 번역에서는 어떻게 구성되는지 모르겠습니다) 포크너에 대한 사르트르의 위대한 에세이 중 일부에 의해 현대적인 방식으로 예시됐습니다. 그러나 제가 문체론이 근대적이거나 근대적 현상이라는 생각을 시작한 것은 《글쓰기의 영도》에서 문학사를 읽어낸 바르트의 영향 아래서입니다. 즉 저는 개인적 문체의 발명이 모더니즘에서 개별 주체의 전체 구성과 연관된다고 봅니다. 따라서 문체적 변이는 이런 방법(문체론)이 가정한 것처럼 전체 세계관이 있을 뿐만 아니라, 윈덤 루이스 같은 작가의 의심스럽고 수상한 정치적·상반적 성향에 대한 구체적인 단서를 제공하기도 했습니다. 그래서 이 모든 것에 대한 포스트모던 실타래는 불안입니다. 저는 바르트가 백색을 글쓰기에 대한 그의 개념에서 매우 일찍 감지했다고 생각합니다. 그런 문체는 끝나가고 있었으며, 모더니즘은 완전히 새로운 스타일을 생산할 가능성을 고갈시키는 것으로 끝납니다. 뭔가 다른 것, 새로운 것, 묘사하기 어려운 것이 시작될 겁니다. 아무도 월리스David Foster Wallace 같은 사람이 문체가 없다고 생각하지 않지만, 오히려 개개의(개인적인) 문체 생산은 이제 모더니즘 문체와 같은 질서를 따르지 않으며, 이런 의미에서 문체를 생산할 가능성에서 변화는 소위 '주체의 죽음'이라는 이론적 문제, 주체성의 끝으로서 위대한 후기구조주의 이론과 연결됩니다.

이는 저의 초기 문학에 대한 작업에서 사회적이고 체계적인 변이를 통해 포스트모더니즘 이론으로 이어지는 한 가지 방법입니다. 이제 진보적이거나 반동적인 요소에 대해서 말하자면, 저는 우리 모두 그와 같이 계승된 용어에 다소 당황했다고 생각합니다. 그 지점에서 제게 떠오른 새로운 용어는 유토피아입니다. 꼭 파시스트 작가만 말하는 게 아니라, 스피노자가 우파 문학과 문화의 '슬픈 정념'이라고 부르는 것을 보자니 점점 그런 생각이 들었습니다. 그들이 집단적 욕망 전체를 끌어당기는 한 그런 이데올로기조차도 어떻게든 집단적이며, 자기 안의 깊숙한 곳에 일종의 유토피아적 충동을 품고 있다는 것입니다. 그 개념과 용어는 오래된 마르크스주의 방법론의 과제를 조금씩 새롭게 수정하는 것을 시사하게 됐습니다.

예를 들어 우리는 플로베르와 보들레르 둘 다 1848년 혁명에 매우 호의적이고 실제로 유토피아적인 헌신을 했다는 것을 알고 있습니다. 진보파와 반동파를 분류하는 것은 단순히 흥미로운 전기적 사실을 찾는 데 있지 않습니다. 반동적이거나 심지어 비정치적·자유주의적 작품이라도 그 안에 충분한 에너지가 있다면, 그 안에서 유토피아적 충동이라고도 부르며 정보를 제공하는 원동력을 분명 찾을 수 있을 것입니다. 이 확신은 문화 연구를 위한 전혀 다른 어젠다를 확보합니다. 즉 집단성의 충동을 식별하고, 그것이 문화뿐만 아니라 사회적·정치적 행동에서 이용 가능할 방법을 성찰하는 것입니다. 이는 문학과 문화 연구에 대한 정치적 헌신을 우파와 좌파의 관점에서 분류하는 종전의 방법과 다소 다른 방식으로 구성하는 것입니다.

뷰캐넌 그렇다면 방법에 대해 질문할 수밖에 없겠는데요. 당신의 작품은 텍스트를 다층적인 방식으로 읽을 가능성을 제공합니다. 텍스트를 다층적으로 읽는다는 발상이 어떻게 변증법적 독해를 가능하게 하는지요?

제임슨 텍스트는 일종의 '리비도 장치'로, 여러 힘과 의미에 따라 투자될 수 있습니다. 모든 텍스트는 젠더 이데올로기에 대한 동일시에 개방돼 있습니다. 마찬가지로 텍스트는 모든 범위의 욕망과 이념적 지향에 따라 투자되는 것에 개방돼 있습니다. 텍스트는 인종과 계급, 국가적 상황 자체와 다른 더 구체적인 결정의 호스트를 포함할 것입니다. 텍스트 분석은 결코 그중 하나에 따라 제한되지 않지만, 그런 주제의 명단 가운데 하나에 있는 텍스트에 대한 강력한 분석은 항상 우리에게 놀랍고 중요한 것을 말해주는 경향이 있습니다. 그러나 텍스트는 이런 복잡하고 공존하는 모든 수준의 환상이나 욕망을 흡수하는 투과성·수용성 객체로 남아 있습니다. 아무도 텍스트를 완전히 총체적으로 이해하는 지점에 도달할 순 없습니다. 항상 새로운 독자가 새로운 해석을 가져오기 때문이죠. 다만 방법론적 교훈으로 이런 결정의 다양성에 대한 개방성을 유지하는 것이 중요합니다. 저는 '개방'이라는 단어를 별로 좋아하지 않습니다. 그 단어는 이데올로기적으로 '열린' 사회 대 '닫힌' 사회, '열린' 철학 체계 대 '닫힌' 철학 체계 같은 형태로 우리에게 주입됐기 때문입니다. 진정으로 편향되고 이데올로기적인 냉전 개념입니다. 그런 결정이 불충분하다면 텍스트의 불확실성에 대해 더 일반적인 용어로 말해야 한다는 생각을 이데올로기적인 대응물로 가지고 있습니다. 저는 개방적이냐 폐쇄적이냐, 불확실성이냐 포스트모던한 유행이냐, 이것이냐 저것이냐 같은 낡고 폐쇄된 이항 대립의 이데올로기적 시야를 강요하기보다 텍스트의 여러 결정에 대해 많은 가능성을 열어두고 싶습니다. 제가 보기에 문제는 거기 있지 않습니다. 한 텍스트에 대한 복수의 투자 가능성이야말로 초점을 맞춰야 할 부분입니다.

뷰캐넌 포스트모던에서 어떻게 분석이 시작되는지 궁금합니다. 모더니즘의 종식과 함께 개인적·개별적 스타일이 사라지면, 이데올로기와 직결되는 데 집중할 특수성이 남아 있지 않다면, 텍스트 분석에 매우 새롭고 어려운 상황을 제시할 것으로 보입니다.

제임슨 음, 이것은 제 작업의 변화에 대한 질문이기도 하네요. 특정한 텍스트 분석에서 포스트모던 형성에 대한 분석으로 말이죠. 어려운 질문입니다. 이에 대해서는 간접적이거나 중재적인 방법으로 접근해야 합니다. 그런 의미에서 문학적이든 예술적이든 인지적이든 수사적이든 오래된 텍스트는 매우 실제적인 의미에서 휘발돼왔습니다. 많은 사람이 이젤 그림의 위대한 개별적 미적 대상이 설치미술 같은 부류로 굴절되거나 개념에 따라 대체되는 방식으로 예술 작품 혹은 예술적 대상의 소멸에 관해 이야기했습니다. 심지어 문학작품이나 걸작에 대한 오래된 개념이 문화 혹은 대중문화 운동의 완전한 숙주로 변질됐다는 방식으로 말하죠. 그 시점에서 분명히 새로운 분석이 필요했고, 제가 보기엔 다음과 같은 분석이 나와야 할 것 같았습니다. 예를 들어 포스트모더니티 자체의 패턴화 체계를 모든 대상이 더는 개인의 주관성 표현으로 기능하지 않는 방식이라고 칩시다. 하지만 그 대상은 후기 자본주의 혹은 포스트모더니즘의 문화적 생산의 더 큰 운동에 참여합니다. 이는 분명히 오래된 텍스트 해설explication de texte과 다른 분석을 요구합니다.

여기서 위험은 이 모든 새로운 미적 대상을 단지 더 큰 문화적 경향의 예시로 받아들이는 데 있습니다. 그 반대와 관련된 문제는 그것이 더는 개별적인 대상이 아니라는 겁니다. 그것은 포스트모던 문화의 흐름에서 후기구조주의 언어, 텍스트의 형태를 사용해야 합니다. 그것은 반드시 다른 방식으로 이해돼야 합니다. 그러므로 그것은 문화 자체의 역할이나 문학 같은 특정한 문화에 대한 질문이 됩니다. 제가 여러 번 말했듯이 문화 자체가 엄청나게 확장돼왔고, 전체 경제체제가 어떤 식으로든 문화 자체가 되어, 우리가 더는 특정한 작업이나 독해로 안내할 수 없는 개별적인 연구 대상에 확신하지 못하는 상황에서 말입니다. 하지만 이 새로운 상황에서도 어떤 단호함이 상상될 수 있습니다. 단순히 막연하고 일반적인 문화 비평을 열어두는 게 아니라면 말이죠. 적어도 저는 그렇지 않기를 바랍니다. 저는 항상 제 작업에서, 막연히 사회학적이고 대중문화적인 의미에서 제가 '문화 비평'이라고 부르는 것의 야망을 불신하는 점을 염려해왔습니다. 제가 보기에 이것은 '타인 지향성' '나르시시즘의 문화'와 같은 슬로건이며, 심지어 프랑크푸르트학파의 '권위주의적 성격'에 대한 개념, 프랑크푸르트학파와 관련된 에리히 프롬의 작업, 푸코의 '미시 권력' 등은 현재의 정치·사회·경제 분석의 대중심리학적 대체물입니다.

뷰캐넌 당신은 오늘날 후기 자본주의에 맞서는 데 마르크스주의의 문제의식이 어느 때보다 필요하다고 한 적이 있습니다만, 우리는 새로운 해결책을 발명해야 한다고 봅니다. 여기서 두 가지 질문을 할 수 있습니다. 첫째, 오늘날 마르크스주의가 문제가 되는 것은 무엇이며, 어떤 형태를 취합니까? 둘째, 이용하거나 상상할 수 있는 새로운 해결책은 무엇이 있습니까?

제임슨 글쎄요, 새로운 해결책에 대해서는 잘 모르겠습니다. 제 말은 우리가 상상할 수 있다면, 이미 가지고 있을 거라는 것입니다. 그래서 예측하기 더 어려울 수 있습니다. 하지만 '새로운 해결책'이 없더라도 마르크스주의적 문제 설정의 강점은 두 측면으로 설명할 수 있습니다. 하나는 도덕적이거나 윤리적인 개념보다 구조적인 상품 개념이며, 이는 우리를 청교도주의나 다른 광신주의로 전락하기 쉬운 윤리적 충동을 수반하지 않는 소비주의와 상품화에 대한 정치로 이끕니다. 다른 하나는 강력한 경제체제에 대한 마르크스주의적인 생각입니다. 외부인으로서 제 인상은 오늘날 행해지는 다른 모든 경제학은 순수하게 실용적이고 경험적이며, 생산이나 유통의 특정 측면, 투자나 금융의 구조조정에 대한 방안과 해결책을 제공한다는 것입니다. 반면에 마르크스 경제학의 강점은 전체 체제를 고려하는 유일한 접근법이라는 겁니다. 마르크스주의의 두 가지 강점은 마르크스 정치 이전 형태와 순간에서 그렇게 구속력이 없었을 수도 있는 관점을 반영합니다. 문화는 자본주의의 문화적 차원을 주장한, 이른바 서구 마르크스주의 진실의 순간이었습니다. 우리는 지금 세계화와 포스트모더니즘과 함께 이런 문화적 문제가 절대적으로 중심이 되는 순간에 있습니다. 앙리 르페브르가 정치의 공간화에 관한 마지막 저서 몇 권에서 한 것처럼 말할 수도 있을 듯합니다. 르페브르는 실제로 새로운 공간적 변증법을 요구했죠. 아마도 그것이 마르크스주의 정치에 대한 새로운 개념이 움직일 수 있는 방향일 겁니다. 저는 이외에도 우리가 알지 못하는 다른 가능한 방안이 많다고 확신합니다.

뷰캐넌 당신은 여러 곳에서 이론이 철학을 대체했다고 말했고, 철학이 어떻게든 사라졌다는 것을 암시했습니다. 철학이 사라지고 있다는 것이 무슨 의미인지 보충 설명 부탁드립니다.

제임슨 뜨겁던 1970~1980년대 이후 철학은 다시 전통적인 하위 분야와 윤리, 정치철학, 형이상학 등 다양한 분과로 확연히 되돌릴 수 있습니다. 저는 이것이 철학적 사변이 위축되는 불행한 증상이라고 생각합니다. 어쨌든 헤겔 이래 철학사에는 (니체를 새로운 철학의 출발점으로 삼는다면) 항상 철학 체계에 대한 비판이 있었습니다. 저는 과거에 그랬듯이 훌륭한 철학자들이 계속 존재할 것을 의심하지 않습니다. 다만 그들 사유의 힘은 철학의 지위에 대한 지루하고 영구적인 방어보다 전통적인 영역에 저항하고 모든 새로운 것을 착수하는 데서 나오겠죠. 대다수 철학자의 작업에서 철학을 재이론화하고 그들이 관여하는 실천을 정당화하려는 결정적인 관심사를 관찰할 수 있습니다. 들뢰즈와 데리다처럼 독창적이고 독특한 사상가라고 해도 말이죠. 어떤 면에서 이론이나 제가 차라리 '이론적 담론' 혹은 '이론적 글쓰기'라고 부르고 싶은 것은 적어도 그런 자기방어의 필요성에서 자유롭습니다. 이는 철학에 대한 피에르 부르디외의 이제는 고전이 된 비판적 공격을 그럴듯하게 만듭니다. 이 모든 방법은 결국 분과 학문 자체의 재확립과 지속을 위한 자기 합리화와 기발한 이기적 계획으로 끝납니다. 그래서 이론적인 글쓰기의 특수성에 도달하는 한 가지 방법은, 전통적인 철학에서 계속 발견되는 분과 학문으로서 자기 보존에 대한 본능에서 형식적으로 해방되는 것입니다. 저는 들뢰즈나 데리다를 철학적 자기 정의보다 이론을 실천하고 자신을 이론가로 위치 지은 지점까지 철학의 한계를 밀어붙인 철학자로 간주하고 싶습니다. 하지만 저는 철학을 열정적으로 읽었고 철학적 전통은 오늘날 이론에서 우리가 하는 모든 것의 절대적인 일부이기에, 이 비판이 적대적이거나 이데올로기적인 의미보다 구조적으로 받아들여지기 바랍니다.

뷰캐넌 신화 비평에 관해 묻고 싶습니다. 당신은 흥미롭게 (신화 비평을 비판하면서도) 신화 비평을 적절히 활용할 수 있다고 했죠. 오늘날 상황이 원시사회 상황과 다르다는 것이 확인된 경우에 한해서요. 오늘날에도 신화 비평이 유효하다거나, 오늘날 활용할 방식으로 재발명될 수 있다고 생각하나요?

제임슨 매우 까다로운 질문이군요. 벤야민은《아케이드 프로젝트Arcades Project》에서 스스로 그 질문을 던집니다. 그는 자신보다 신화 비평과 융 학파의 유사성에 신경 쓰고, 심지어 파시즘과 나치즘이 되살리려 한 고대의 충동을 파시스트적으로 긍정한 프랑크푸르트학파의 비판에 주의를 기울였습니다. 저는 사회생물학이 몹시 복잡한 근대사회를 가장 단순한 생물학적 충동으로 연결하고 이에 따라 사회 현실을 신화적인 방식으로 단순화하려 한다는 점에서, 벤야민이 한 노력의 실증주의적 버전이라고 말하고 싶습니다. 융 학파와 매우 다르지만요. 마르크스주의는 이와 같은 고대사회 역시 권력과 돈이 없는 사회였다는 관점을 취합니다. 카스트나 귀족제가 존재한 사회도 있으니 그런 사회를 전부 원시 공산주의라고 부를 수 있을지에 관한 문제는 더 어렵지만요. 훌륭하게도 레비스트로스가 그런 고대사회의 사회적 현실과 근대 산업자본주의 세계에서 잃어버린 모든 사회적 관계로 돌아가는 강력한 길을 다시 열어줬습니다. 고대사회를 재현하는 것보다 고대사회에 존재하는 원시 신화에서 찾을 수 있는 유토피아의 에너지를 적절히 이용하는 것이 중요합니다. 핵심은 현재를 다시 신화화하는 것이 아닙니다. 먼 인류의 과거 이 순간을 (과거의 다른 생산양식과 마찬가지로) 역사적으로 잃어버린 것을 이해하는 방식으로, 우리가 끌어낼 수 있는 유토피아적 에너지의 충전으로 이용하는 것이 핵심이죠. 저는 이런 의미가 있는 신화가 우리에게 무엇을 제공해줄 수 있는지 매우 관심이 많습니다. 반면 신화를 긍정적인 가치로 간주하는 사고방식이 불러올 수 있는 오해도 우려하고요. 제 생각에 그런 사고방식은 대부분 이데올로기적이며 가장 의심스러운 시선으로 살펴볼 가치가 있습니다.

뷰캐넌 당신은 여러 곳에서 오늘날 우리는 미래를 상상할 수 없다는 점에 고통을 겪는다고 했는데, 지금도 그렇게 생각하는지요? 그렇다면 따로 생각하는 해결책이 있나요?

제임슨 저는 요즘 사람들이 미래를 존재하는 것의 연장이 아닌 다른 것으로 상상하기는 매우 어렵다고 봅니다. 벤야민이 말했듯이 파국은 우리를 기다리는 게 아니라 모든 것이 그대로 계속된다는 사실이고요. 미래에 대한 감각 없이 인간은 절대 존재할 수 없습니다. 이건 사르트르의 실존주의나 그 외 인간의 의식에 대한 야망 있고 까다로운 현상학이 진 부담이기도 하죠. 하지만 미래를 향한 충동을 생산적으로 사용할 수 없도록 방해하는 것이 너무 많습니다. 누군가 그 충동을 차단하는 것을 해제하는 방법을 찾아야 합니다.

기술 영역에서도 19세기 말 산업 시대 초기로 거슬러 올라가면 공상과학적 미래에 관한 온갖 놀라운 환상이 있었죠. 그런 환상이 오늘날에는 덜 작동하는 것 같습니다. 우리는 컴퓨터 칩을 더 작게 만드는 것을 비롯해 기본적으로 손볼 곳이 있다고 생각하지만, 앞으로 전부 똑같이 존재할 거라고 봅니다. 비릴리오Paul Virilio나 데란다Manuel DeLanda 같은 사람의 장점은 특정 분야에서 적어도 미래의 발전이나 의식을 회복하는 기술적 변화 개념을 재발명하고 다시 열려고 했다는 것입니다. 전 그들의 노력이 보드리야르처럼 공상적이고 시적인 유형으로 느껴지지만요. 많은 사람이 비관적이라고 생각하는 제 방식은 우리가 미래를 상상할 수 없는 방식에 집중하는 것입니다. 우리가 얼마나 미래 없는 현재에 묶여 있는지 깨닫고, 미래를 향한 상상력을 제한하는 것을 전부 느낄 수 있다면 뭔가 성취할 수 있지 않을까요? 제 방식은 브레히트의 장치라고 볼 수 있습니다. 인간이 자연스럽고 영원하다고 생각하는 것이 실제로 역사적이고 구성된 것일 뿐이며, 변할 수 있는 것임을 브레히트가 늘 강조했다는 점에서 그렇습니다. 포스트모더니티에서 자연에 관한 개념이 사라졌지만, 우리는 여전히 자신이 처한 상황의 영원한 특징으로 자연적인 용어를 사용하는 경우가 많습니다. 《시간의 씨앗》에서 말했듯이 어떤 파국으로 세계가 파괴되는 것은 상상하기 쉽지만, 자본주의의 종말과 그 대안을 상상하기란 매우 어렵습니다. 이 분야와 유토피아 분야 전반에서 제 방식은 부정적이었습니다. 다시 말해 제 방식은 푸리에부터 모리스까지 19세기의 중요한 유토피아적 순간이 잘 투영된, 긍정적이고 새로운 유토피아적 비전을 제안하는 것이 아닙니다. 미래와 유토피아적 충동을 방해하는 것을 분석하는 것이죠.

뷰캐넌 당신은 《마르크스주의와 형식》에서 변증법을 성공적으로 응용하기 위해 실재를 엿볼 수 있는 충격을 일으켜야 한다고 했습니다. 어리석은 질문일 수도 있는데요, 변증법을 구성하고 적용하고 궁극적으로 충격을 일으키기 위해 어떻게 해야 하는지 학생들에게는 어떻게 가르치는지요? 어떤 식으로 설명을 시작하는지 궁금합니다.

제임슨 우리는 결코 진실 속에 있지 않다는 사르트르나 하이데거, 라캉의 개념을 반복하는 것으로 질문에 답하고 싶네요.

인간은 언제나 오류, 오인, 다양한 이데올로기, 온갖 환상 속에 있습니다. 진실은 인간이 머무를 수 있는 곳이 아니죠. 하지만 우리는 자주 그 진실을 어렴풋이 포착할 수 있습니다. 또 끊임없이 사라지는 진실의 순간을 붙잡으려고 시도하지만, 그 순간은 모든 면에서 위태롭고 필연적으로 이데올로기와 물화 속으로 사라지고 말죠. 인간은 때때로 진정성의 순간을 발휘할 수 있습니다. 저는 진정한 변증법적 사고는 진리나 진정성 속에서 오직 일시적 순간에 우리를 재배치하는 충동을 일으킨다고 봅니다. 이는 예를 들지 않고 가르칠 수 없습니다. 개인적인 예가 아니라 변증법의 이런 움직임을 갑자기 이해하는 순간의 사례로 가르칠 수 있지 않을까 싶네요. 예를 들어 현대사를 생각할 경우, 최근의 과거는 늘 명료하지 않습니다. 현대사의 훌륭한 분석이란 우리가 잊고 있거나 지금까지 제대로 이해하지 못한 과거의 모든 순간과 현재 상황의 직접적인 연결을 불현듯 선명하게 하는 것이겠죠. 변증법적 통찰의 섬광을 얻는 방법에는 여러 가지가 있습니다. 교육적 방법은 그중 몇 가지를 붙잡아 순간적 계시가 무엇을 구성하는지 이해하도록 그 작동을 보여줍니다. 하지만 저는 변증법적으로 사고하는 법을 지극히 평범한 수준에서 가르칠 수 있다고 생각합니다. 이전 사상가의 저작을 읽는 것도 변증법적 사고를 가르치는 방법입니다. 헤겔이나 마르크스는 물론, 언뜻 변증법적으로 보이지 않는 작가에게서도 변증법이 작동한다는 것을 경험하고 몇몇 교훈을 배울 수 있습니다. 하지만 이 방법을 그 자체로 적용할 순 없고요. 방법론의 모든 개념에 있는 문제죠.

뷰캐넌 감사합니다.

먼저 오랫동안 시간과 자료를 제공해주고, 자신의 강좌를 수강한 적도 없는 학생의 귀찮은 질문을 받아준 프레드릭 제임슨에게 감사의 말을 전하고 싶습니다. 그는 학문과 정치적 헌신, 동지애의 본보기이며, 우리에게 많은 귀감이 됐습니다. 중요한 연구를 도와주고 다양한 초고를 날카롭게 논평해준 대런 요르겐센에게는 특별한 마음을 담아 감사를 전합니다. 롤랜드 보어, 마리아 엘리사 세바스코, 왕 펑전, 피터 피팅, 숀 호머, 카렌 어, 노엘 킹, 앤드류 밀너, 알베르토 모레이라스, 네가르 모타헤데, 데이비드 사바트, 임레 세만과 그 외 많은 '프레드릭 사단'에 감사를 표합니다. 그들과 만나 맥주 한잔한 것은 제게 큰 행운이었습니다. 각자가 제임슨의 저작을 다른 시각에서 볼 수 있도록 자극이 됐고, 그 자극은 이제껏 제가 깨우친 것보다 풍부했습니다.

마지막으로 타냐 뷰캐넌에게 고마운 마음을 전합니다. 우리는 여전히 여정을 함께 걷고 있습니다.

2006년 5월

카디프에서

옮긴이의 말

1

우리는 오늘날 왜 프레드릭 제임슨을 읽어야 하는가? 이 책의 저자 이언 뷰캐넌의 말대로 현대사상에서 제임슨의 중요성에 대한 질문은 불필요할 수도 있겠다. 비평 이론 혹은 문화 이론가로서 제임슨의 업적과 위치를 누가 부정할 수 있겠는가? 영미권보다 상대적으로 관심이 덜하지만, 한국에서도 지난해 제임슨의 대작《포스트모더니즘, 혹은 후기 자본주의 문화 논리》가 번역·출간됐다. 또 다른 그의 주요 저작인《마르크스주의와 비평》,《언어의 감옥》,《후기 마르크스주의》,《정치적 무의식: 사회적으로 상징적인 행위로서의 서사》뿐만 아니라《보이는 것의 날인》,《지정학적 미학》,《단일한 근대성》,《정크스페이스|미래 도시》등 다양한 주제의 텍스트까지 한국어로 번역됐기에 우리에게도 제임슨이라는 사상가의 무게가 결코 가볍지 않을 것이다. 하지만 뷰캐넌은 우리에게 방대한 지적 성과물로 놓여 있는 제임슨이 얼마나 위대한지 논하기보다, 그의 작업을 통해 우리가 받을 수 있는 유용성의 관점에서 접근한다.

아마 1990년대였다면 제임슨의 유용성을 포스트모더니즘 이론가로서 설명했을지도 모르겠다. 제임슨을 전 세계적으로 알린 논문 〈포스트모더니즘 혹은 후기 자본주의 문화 논리〉(1984)는 한국에서 비교적 일찍 번역·소개됐다. 그만큼 국내에서도 포스트모더니즘이라는 단어는 한때 학계뿐만 아니라 사회에서 유행처럼 휩쓸었다. 하지만 포스트모더니즘의 유행은 2000년대를 기점으로 끝나갔고, 그 자리를 질 들뢰즈와 미셸 푸코, 자크 데리다 등 현대 프랑스 사상가들로 대표되는 후기구조주의가 차지했다. 단순히 유행의 기준으로 보면 후기구조주의 사상은 포스트모더니즘 사상 이후에 도착했고, 제임슨은 기묘하게도 들뢰즈, 푸코, 데리다보다 나이가 들어 보였다. 이들 가운데 아직 살아서 왕성한 작업을 이어가는 유일한 사람이 제임슨인데 말이다. 따라서 제임슨을 단지 포스트모더니즘 이론가로 접근하는 것은 우리에게 유용한 출발이 될 수 없다. 이런 맥락에서 뷰캐넌은 제임슨의 주요 연구 대상이던 포스트모더니즘의 문화 논리보다 그의 방법론에서 출발하고자 한다.

공교롭게도 이 책의 저자 뷰캐넌은 들뢰즈 연구자이기도 하다. 개인적으로도 이 책을 번역하기 이전, 뷰캐넌을 2008년에 출간한《안티-오이디푸스 읽기》와 그가 편집한 논문 모음집《들뢰즈와 영화의 분열분석Deleuze and The Schizoanalysis of Cinema》으로 접했다. 이 외에도 뷰캐넌은《들뢰즈: 메타코멘터리Deleuze: A Metacommentary》,《아상블라주의 이론과 방법Assemblage Theory and Method》,《분열분석이라는 미완의 프로젝트The

Incomplete Project of Schizoanalysis》 등 들뢰즈 연구서를 다수 출간했다. 이번에 번역을 맡으면서 뷰캐넌의 《라이브 이론: 프레드릭 제임슨》이 2006년에 출간됐다는 사실에 새삼 놀랐다. 뷰캐넌은 거의 같은 시기에 들뢰즈와 제임슨을 함께 연구한 것이다.

따라서 이 책에는 들뢰즈의 이름이 자주 등장한다. 1장에서 변증법적 비평의 사례를 들기 위해 들뢰즈의 《시네마》 한 대목을 끌고 온다든지, 들뢰즈의 반-변증법적 입장을 제임슨의 사상과 연결하는 대목, 4장에 또 다른 주요한 들뢰즈 연구자 브라이언 마수미의 비판에 맞서 제임슨과 들뢰즈의 정동 개념을 구분하는 등 곳곳에 들뢰즈가 찬조 출연한다. 들뢰즈에 관심 있는 독자라면 그 자체로도 흥미로운 읽을거리가 될 수 있다. 뷰캐넌이 제임슨의 방법론적 핵심을 설명하는 첫 대목에서 들뢰즈를 떠올리게 한다는 점이 가장 놀랍다. 그것도 들뢰즈가 그토록 비판하던 변증법이라는 이름이 붙은 '변증법적 비평'이라는 방법론에서 말이다.

2

변증법적 비평은 뷰캐넌이 꼽는 제임슨의 유용성을 설명할 수 있는 핵심 개념이다. 그렇다면 비평 앞에 붙은 수식어 '변증법'은 무엇을 의미하는가? 뷰캐넌은 복잡하게 철학사의 맥락을 거슬러 올라가는 방식으로 제임슨의 변증법을 설명하지 않는다.

그는 제임슨이 《마르크스주의와 형식》에 쓴 구절을 그대로 인용하며 변증법의 핵심이 충격임을 강조한다. 헤겔식 모순의 종합이 아니라 충격의 생산을 변증법의 핵심이라고 한다면, 이는 사유 이미지에서 핵심이 사유를 강요하게 만드는 폭력임을 강조한 들뢰즈와 시작점부터 만난다고 할 수 있다. 심지어 뷰캐넌은 제임슨의 맥락에서 충격이 부재한 변증법적 사유는 변증법이 아니라고 단언한다.

그렇다면 변증법적 비평은 어떤 충격을 생산하는가? 여기서부터 들뢰즈와 구분되는 마르크스주의 비평 이론가 제임슨의 확고한 입장이 등장한다. 변증법적 비평은 역사적 상황의 재구성을 통해 충격을 줘야 하는데, 이때 재구성되는 현실이란 계급투쟁이다. 계급투쟁을 드러내는 것이 충격이 될 수 있는 까닭은 한 사회에서 계급적 이해관계는 제임슨의 표현대로 "궁극적인 외설"로서 다양한 문화적 수단을 통해 검열됐기 때문이다. 따라서 제임슨이 분석한 포스트모더니즘의 문화 논리는 단순히 새롭게 출현한 문화적 양식에 대한 해설이 아니라, 후기 자본주의에서 계급투쟁을 은폐하는 형식을 드러낸 변증법적 비평의 결과물로 이해할 필요가 있다.

흥미로운 점은 제임슨이 계급투쟁을 은폐하는 문화 논리를 마치 외설을 검열하는 검열관의 논리처럼 접근한다는 것이다. 따라서 제임슨은 계급적 이해관계를 살피기 위해 새로운 문화적 산물의 논리에서 생성되는 금기 혹은 금지부터 접근한다. 이는 제임슨의 주요 저작 이름이기도 한 '정치적 무의식'의 영역이다. 제임슨은 각종 장르물, 예컨대 SF 장르, 판타지 소설, 로맨스 소설에 등장하는 정치적 무의식을 건드린다. 이를테면 다음과 같은 질문이 제기될 수 있다.

대표적인 로맨스 소설 출판사인 밀스앤드분의 작품에서 왜 '결혼으로 이어지지 않는 관계'는 금기시되는가? J. R. R. 톨킨과 J. K. 롤링의 판타지 소설에서는 마법과 달리 왜 과학은 등장하지 않는가? 혹은 오스트레일리아도 미국 서부와 지리적 조건이 비슷한데 왜 미국의 서부영화와 같은 '서부'라는 지리적 상상이 발달하지 않았는가? 이런 질문은 장르의 형식적 한계를 벗어나야 답할 수 있는 정치적 무의식에 위치하며, 이런 영역이야말로 변증법적 비평을 통해 재구성해야 할 역사적 현실이라는 것이다.

문화적 장르는 변증법적 비평의 주요한 대상이다. 앞서 소개한 대중문학뿐만 아니라, 영화와 건축, 현대미술, 비디오아트, 디자인 그리고 서구 문학의 정전까지 제임슨은 누구와도 견주기 어려울 정도로 다양한 장르를 분석하고 있다. 주목할 만한 점은 이런 문화적 산물을 분석하는 이론도 변증법적 비평의 대상이라는 것이다. 예를 들면 문학사에서 사용하는 '시점'이라는 개념은 18세기 중엽의 역사적 상황에서 이해해야지, 그 이전의 문학작품까지 무차별적으로 적용해서는 안 된다. 따라서 제임슨은 이론을 그 자체로 역사 초월적인 것으로 다루는 태도에 극도로 비판적이다. 모든 논평은 메타적이어야 하며(그의 개념으로 말하면 메타코멘터리적이어야 하며), 따라서 변증법적 비평은 "역사 그 자체와 작품뿐만 아니라 논평자의 역사적 상황"까지 관심을 돌려야 한다.

이런 맥락에서 제임슨이 다양하게 시도하는 이론에 대한 비판은 단순히 새로운 이론을 창출하기 위한 '선행 연구 검토'가 아니다. 오히려 동시대 비평·문화 이론의 영역에서 영향력 있는 이론이 출현하게 된 역사적 상황에 대한 비판적 검토에 가깝다. 제임슨은 특히 현대 프랑스 사상이 미국에서 이론화된 상황을 1960년대 미국의 정치적 상황이나 후기 자본주의 맥락에 연결해서 설명한다. 텍스트를 이론적 개념으로 해석하는 데서 그치지 않고, 텍스트에 적용한 바로 그 개념에 관한 역사적인 연구를 동시에 생산해야 한다는 것이 제임슨이 강조하는 이론의 역사성이다. 이는 설령 제임슨의 구체적인 진단에 동의하지 않더라도 반드시 참고해야 할 이론적 덕목이다.

이처럼 변증법적 비평은 비평 이론을 포함해 자본주의의 문화 논리에 대한 철저한 비판적 검토만으로도 그 역할을 충분히 하는 것으로 보이지만, 제임슨은 여기서 그치지 않는다. 변증법적 비평의 두 번째 임무는 자본주의의 문화 논리에 대한 비판을 넘어 대안을 사유하는 것이다. 이는 뷰캐넌이 결론으로 응축시킨 다음 문장에서 잘 요약된다. "이 장의 제사題詞에 인용한 구절이 시사하는 바와 같이, 여기서 현재의 존재론이라는 약호로 불리는 인식적 지도는 미래의 고고학, 즉 유토피아를 요구한다."

뷰캐넌은 1장부터 변증법적 비평의 두 번째 목적으로 미래에 대한 사유를 위한 공간을 여는 것이라 강조했는데, 이를 "미래의 고고학" 혹은 "유토피아적 충동에 대한 사유"로 명명한다. 제임슨에 따르면 자본주의의 문화 논리는 집단적 욕망을 끌어당겨야 하기에 대중의 유토피아적 충동을 품을 수밖에 없는데, 이런 유토피아적 충동 속에서 현재의 자본주의 문화 논리와 갈라지는 다른 미래를 향한 욕망을 읽어낼 수 있다는 것이다. 이는 작품의 장르 혹은 작가의 정치적 입장과 완전히 구분되는, 텍스트에 기입된 집단적 욕망의 흔적이다. 이런 흔적을 고고학자 입장에서 해석해 미래에 대한 유토피아적 충동을 재구성하는 것, 이는 여전히 왕성하게 작업을 쏟아내는 제임슨과 함께, 이런 제임슨을 소개한 뷰캐넌과 함께 이 책의 독자 앞에 놓인 향후 과제로 보인다.

3

이 책을 번역하면서 누구보다 감사 인사를 드려야 할 사람은 공역자인 연세대학교 비교문학협동과정의 민현주 님이다. 제임슨에 관심 있는 젊은 연구자를 찾기가 매우 어려운 상황에서 현주 님과의 우연한 만남이 없었으면 이 책의 번역은 거의 불가능할 뻔했다. 대학원에서 제임슨 관련 수업을 듣고 공부한 현주 님의 도움이 아니었다면, 내가 맡은 부분에서 지금보다 훨씬 많은 오역이 흘러넘쳤을 것이다. 이는 나와 직접적인 인연은 없지만, 대학원에서 학생들을 가르치신 이경덕 선생님의 노고가 없었으면 불가능한 일이다. 따라서 현주 님이 부탁한 감사 인사를 그대로 싶지 않을 수 없다. “오랫동안 연세대학교 비교문학협동과정에서 마르크스주의 문학비평에 관해 많은 가르침을 주신 이경덕 선생님께 감사의 마음을 전합니다.”

번역하는 동안 만만치 않은 난이도를 자랑하는 뷰캐넌의 문장을 쉽게 고치기 위해 카페에서 함께 토론한 시간이 기억난다. 그때까지만 해도 제임슨의 미묘한 뉘앙스를 자기 식으로 해석하는 뷰캐넌의 끝날 듯 끝나지 않는 문장은 도저히 입문서의 문장으로 보이지 않았다. 난해한 문장과 사투를 벌이던 시간은 공역자뿐만 아니라 비교문학협동과정의 박근하 님과 보낸 시간이기도 하다. 특히 1장은 근하 님의 검토가 없었다면 지금의 수준으로 문장이 다듬어지지 않았을 것이다. 아무리 감사 인사를 드려도 모자란다.

그 외에 이 책의 출간을 위해 수고해주신 편집자, 디자이너, 책세상 관계자께도 감사 인사를 드리지 않을 수 없다. 이 책의 번역이 제임슨의 유용성을 알리는 데 조금이라도 기여하기를 희망한다.

2023년 2월
역자를 대표하여 조지훈

주

1장 변증법적 비평

1 우리가 3장에서 볼 것처럼, 《정치적 무의식》은 이런 요구의 공식적인 실현이다.

2 피터 울렌Peter Wollen이 쓴 《읽기와 쓰기Readings and Writings》(1982) 참조. 영화필름에 대한 제임슨의 고찰은 SV, 143, 180 참조.

3 오늘날 이 이야기는 CG를 사용하기로 한 결정의 관점에서 말할 수 있다. CG 필름은 거의 모든 이야기를 할 수 있지만, 콘텐츠의 자유는 제작비의 엄청난 증가를 초래한다. 상대적으로 비용이 많이 들던 컬러의 도입과 마찬가지로 제작비의 증가는 박스오피스 수익의 증가를 요구하며 이는 스타 시스템(다른 무엇보다 마케팅 기법)으로 이어지지만, 영화는 이제 최대한의 매력을 위해 노력해야 하기 때문에 서사의 타협도 필요하다. 그래서 최고의 기술적 자유의 순간에, 영화 서사는 그것의 가장 큰 제약 수준을 알고 있다. 스타는 매우 제한된 역할에서 나타날 것이고(줄리아 로버츠는 결코 진정한 '악역'을 연기하지 않을 것이다), 이야기는 인구통계학의 최대 수를 포함해야 한다(즉 가장 적은 사람들을 배제해야 한다).

4 이는 제임슨에게 비릴리오가 역사를 속도와 같은 단일한 차원의 범주에 기초하기로 결정한 것에 대한 영향이다(MA, 238).

5 SF에서 열이 미치는 영향에 대한 놀라운 논의는 AF, 268~270 참조.

6 질 들뢰즈, 《시네마 2: 시간 이미지Cinema 2: The Time-Image》, 1989, pp. 1~24.

7 같은 책.

8 클로드 레비스트로스, 《야생의 사고The Savage Mind》, 1966, p. 22.

9 우리가 그 방법을 지적할 수 있는 증거로, 적어도 영국에서는 여성을 위한 비아그라(PT-141)에 대한 초기 홍보가 '정서적으로 영양실조' 된 성관계 혹은 '맥누키McNookie'라고 라벨이 붙은 농담으로 이어질 것이라는 '우려'와 마주쳤다.

10 나는 여기서 '돌봄'이 이념적으로 충실한 용어라는 것이 분명하기를 바라며, 이는 과거뿐만 아니라 오늘날에도 오스트레일리아 원주민에 대해 취한 많은 행동('도둑맞은 세대'는 가장 잘 알려진 예에 불과하다)을 허용했다.

11 상징과 은유, 알레고리의 차이는 FMA 참조.

12 수전 손택, 《해석에 반대한다Against Interpretation》, 2001, p. 36.

13 이것은 반드시 나쁜 것만은 아니다. (다른 맥락에서) 제임슨이 언급했듯이, '결정 불가능한 것'으로 선언된 것이 무엇이든 간에 '우리가 계속 결정하려고 노력한다면' 말이다(AF, 144).

14 제임슨은 제임스 디키James Dickey의 소설 《구조Deliverance》에 직면해서 우리가 느끼는 혐오감을 설명하기 위해 이 논문을 배치했다(GAH, 186).

15 더욱 도발적으로 제임슨은 이 아이디어를 키에슬로프스키Kieślowski의 〈십계Dekalog〉(1988)에 대한 독해로 확장한다(DD, 218).

16 프랑코 모레티Franco Moretti, 《근대의 서사시: 괴테에서 가르시아 마르케스까지 세계 시스템Modern Epic: The World System from Goethe to García Márquez》, 1996, p. 142.

17 나는 이 개념이 끌어들인 '악명'과 그것이 야기한 오해를 1장에서 다룬다. 뷰캐넌, 〈오늘날의 국가 알레고리—제임슨에게 돌아가다National Allegory Today—A Return to Jameson〉, 《제임슨에 대하여: 포스트모더니즘에서 세계화로On Jameson: From Postmodernism to Globalisation》, 2006, pp. 173~188 참조. 이 개념이 탈식민주의적 비판의 목적을 위해 어떻게 생산적으로 사용될 수 있는지에 대한 긍정적인 설명은 임레 세만Imre Szeman, 《불안정 구역: 문학, 탈식민지주의

그리고 국가Zones of Instability: Literature, Postcolonialism and the Nation》, 2003, 1장 참조.

18 베네딕트 앤더슨Benedict Anderson, 《상상된 공동체: 민족주의의 기원과 보급에 대한 고찰Imagined Communities: Reflections on the Origins and Spread of Nationalism》, 1983.

19 이 동종요법의 개념은 RP, 59~60; PCL, 409에서 기인한다.

2장 사르트르, 아도르노, 브레히트 그리고 바르트

1 안타깝게도 《크리티컬인콰이어리Critical Inquiry》가 주최한 이론의 미래에 대한 포럼에서 이용할 단편은 있지만, 전문은 출판되지 않은 채로 남아 있다. STS 참조.

2 이론의 역사적 기원에 대한 제임슨의 견해를 가장 간결하게 표현한 글은 〈1960년대를 시대구분 하기Periodizing the 60s〉다. 이 논문은 원래 미완성된 1960년대의 문화사에 대한 일종의 프롤로그로 썼고, 이후 포스트모더니즘에 대한 프로그램의 논문으로 재수록했다. IT1, 186~187; WS, 19; PCL, 397 참조. 독서가 글쓰기의 일종이라는 개념에 대한 논쟁은 MF, 415에 있다.

3 샌디에이고에 대한 마이크 데이비스Mike Davis의 역사(2003)가 보여주듯, 샌디에이고는 두 해류의 연결 지점이었다. 주요 해군기지이자 군사 연구 · 개발 도시로서, 제임슨이 동부 해안에 머물렀다면 보스턴이나 코네티컷에서는 없었을 전쟁이 그곳에서 가시화됐다. 마찬가지로 사상의 대안적 패러다임을 탐색하고자 한 캘리포니아대학교 샌디에이고캠퍼스는 심층적인 반反문화적 표현의 현장이었다.

4 나는 1장에서 이에 대해 충분히 논의했다. 뷰캐넌, 〈제임슨을 독단적으로 읽기Reading Jameson Dogmatically〉, 《역사 유물론Historical Materialism》, 10:3 (2002), pp. 223~243.

5 이는 본질적으로 부르디외의 주장이기도 하다. 피에르 부르디외, 《문화 생산의 장: 예술과 문학에 관한 에세이The Field of Cultural Produc-

tion: Essays on Art and Literature》, 1993 참조.

6 테리 이글턴, 〈공백 만들기Making a Break〉, 《런던리뷰오브북스London Review of Books》, 28:5 (2006), p. 26.

7 나는 이 점을 〈제임슨을 독단적으로 읽기Reading Jameson Dogmatically〉에 자세히 전개했다. 《들뢰즈주의: 메타코멘터리Deleuzism: A Metacommentary》, 2000, pp. 143~174에서는 제임슨과 들뢰즈 사이에 형성될 수 있는 생산적인 연결을 설명했다.

8 제임슨의 '새로운 역사주의'(PCL, 190~193)에 대한 비판은 바로 이런 용어로 무대에 오른다.

9 제임슨은 이 격언을 포스트모더니즘을 끌어들이기 위한 전략이라고 말한다(CT, 93~94).

10 테리 이글턴, 《발터 벤야민 혹은 혁명적 비평을 향하여Walter Benjamin, or Towards a Revolutionary Criticism》, 1981, p. xii.

11 이 점에서도 브레히트가 이글턴에게 미친 영향은 의문스럽다. 그가 벤야민 책의 서문에서 밝히듯이, 결국 그는 1979년 희곡 〈브레히트와 동료Brecht and Company〉 뒤에 그것을 썼기 때문이다.

12 제임슨이 보기에(CT, 74) 이 시대에는 연극계에서 가장 중요한 창조적 인물이 극작가가 아니라 무대 감독metteurs en scène이었다.

13 제임슨에게 골동품 연구antiquarianism(과거를 되살리는 것)와 시대착오anachronism(과거 텍스트를 현재 이미지로 다시 쓰는 것)는 모든 문화사의 두 가지 위험이다. PU, 17~18; IT2, 17~71 참조.

14 이 점에 대해 제임슨은 "나는 브레히트의 입장은 동일화·동일시identification의 거부가 아니라 오히려 그런 것이 애초에 존재하지 않았다는 사실에서 도출되는 결과로 읽는 것이 낫다고 생각한다"(BM, 53).

15 물화는 "작품이 저항하려는 상황과 요소를 규정하는 동시에 그 저항의 논리를 규정하고 자기 형태의 객체화에 의해 객체화의 일반적인 논리와 투쟁하는 일종의 동종요법이다"(BM, 46).

16 나는 여기서 들뢰즈의 '대항-현행화counter-actualization' 개념이

제임슨에게 적절한 용어가 부족한 것처럼 보이는 이 과정을 정확하게 기술하고 있다는 것을 시사하고자 한다. 들뢰즈, 《의미의 논리The Logic of Sense》, 1990, p. 150; 뷰캐넌, 《들뢰즈주의》, pp. 77~87 참조. 이는 들뢰즈주의적 브레히트 연구자들이 브레히트가 모순이라고 부르는 것을 보여주기 위한 방법이다. 이들에 따르면 모순은 "모든 종류의 풍부하고 미묘한 차별화를 위한 더 큰 텐트나 우산"이다(BM, 79).

17 BM, 39.

18 1990년대 후반 오스트레일리아에서 자동차 사고의 끔찍한 결과를 보여주기 위해 의뢰한 소름 끼치는 광고가 특히 젊은 남성에게 사고가 매력적이고 영웅적으로 보인다는 역효과를 초래했다는 데 공중보건 관계자들은 완전히 실망했다. 이 광고에 소격 효과의 차원이 결여됐다. 소격 효과는 파토스나 이보다 나쁜 정신적인 무감각함보다 사유를 생산한다.

19 제임슨은 이 과정을 PCL, 350에서 설명한다.

20 이런 맥락에서 브레히트에 대한 제임슨의 끌림은 레닌에 접근하는 방식의 독특한 각도에서 드러난다. 그는 레닌을 사회주의가 끊임없이 직면한 자본주의의 '더러운 쾌락'으로 후퇴하는 위협으로서 대항-혁명counter-revolution의 이론가로 읽는다. 나는 여기서 지젝이 소집한 2002년 독일 에센에서 열린 레닌에 관한 콘퍼런스에서 제임슨이 발표한 미발표 논문을 언급한다.

21 바르트가 반좌파라는 이유로 친우파가 됐다는 게 아니라, 비정치적인 '아무것도 아닌' 방향으로 나아갔다는 점을 부연해야 한다.

22 제임슨은 유토피아에 관한 자신의 책(AF, xvi)에서 이 슬로건을 채택했다.

23 제임슨이 시사하듯(PU, 27), 헤겔은 1960~1970년대 프랑스 좌파가 사용한 스탈린의 약호다.

24 롤랑 바르트, 《텍스트의 즐거움》, 1975, p. 17.

3장 정치적 무의식

1 제임슨은 PCL, 181~217에서 신역사주의에 대한 견해를 상세하게 서술한다.

2 IT2, 158에서 같은 이미지를 사용했다.

3 장 프랑수아 리오타르, 《포스트모던의 조건: 정보사회에서 지식의 위상The Postmodern Condition: A Report on Knowledge》, 1984, p. xxiv. 페리 앤더슨Perry Anderson(OP, 29)은 리오타르가 1977년에 이 용어를 고안했을 때, 마르크스주의라는 지배 서사만 염두에 뒀다고 주장한다.

4 앞의 책, pp. 31~37.

5 코넬 웨스트Cornel West, 〈프레드릭 제임슨의 마르크스주의적 해석학Fredric Jameson's Marxist Hermeneutics〉, 《바운더리Boundary》 2 11:1~2 (1982), p. 189.

6 자크 데리다 외, 〈마르크스와 아들들Marx & Sons〉, 《마르크스주의와 해체 : 불가능한 만남?Ghostly Demarcations: A Symposium on Jacques Derrida's Spectres of Marx》, 1999, p. 246.

7 소설가 앨리슨 루리Alison Lurie는 아슬란을 영국인의 상징(트래펄가광장의 넬슨탑 아래 있는 사자를 떠올려보라)으로 간주하고 시리즈 전체를 대영제국의 쇠퇴 알레고리로 보는, 절묘하게 '역사화'된 나니아의 거꾸로 읽기를 제안했다. 앨리슨 루리, 〈C. S. 루이스의 정념The Passion of C. S. Lewis〉, 《뉴욕리뷰오브북스The New York Review of Books》 LIII:2 (2006), pp. 10~13.

8 자연은 그 자체가 약호다. 이는 간단히 현재의 위급 상황을 의미한다(그리고 우리의 관념을 낯설게 한다).

9 특히 노먼 홀랜드와 클로드 레비스트로스의 토론(SV, 25/57)을 참고하라.

10 클로드 레비스트로스, 《슬픈 열대》, 1992, p. 197.

11 피터 비스킨드Peter Biskind, 《이지 라이더, 격노하는 불스: 섹스-드

러그-로큰롤 세대가 할리우드를 구원한 방법Easy Riders, Raging Bulls: How the Sex-Drugs-and-Rock 'N' Roll Generation Saved Hollywood》, 1999, pp. 263~268.

12 상어의 매력적인 존재가 사회적인 탐구를 차단한다는 지젝(TN, 149)의 주장은 이런 측면에서 핵심을 벗어난다. 제임슨의 제안은 지젝의 주장과 정반대다. 상징적 수단으로서 상어의 공허함은 상어의 사회적 내용을 봉쇄하기 위해 강조하는 텍스트를 읽도록 촉구한다. 상어는 우리의 탐구를 차단하기보다 오히려 요청하고 흡수한다. <죠스>에 관한 지젝의 독해에 더욱 자세한 사항은 렉스 버틀러Rex Butler, 《라이브 이론: 슬라보예 지젝Live Theory: Slavoj zizek》, 2005, pp. 44~47 참고.

13 이와 관련해 제임슨(GAH)은 제임스 디키James Dickey의 소설 《석방Deliverance》과 이를 원작으로 한 존 부어맨John Boorman의 영화('뉴 할리우드'의 또 다른 예)를 '뉴딜'의 문화적 유산을 지우려는 시도로, 같은 방법으로 읽는다.

14 캐서린 벨시Catherine Belsey, 《비판적 실천Critical Practice》, 1980, p. 129.

15 여기서 표현은 의도적이다. '어른을 공경하는 것'은 조지 부시가 어린 시절에 배운 '가치'에 대해 말할 때 즐겨 사용하던 표현이다.

16 이런 문제는 미셸 푸코가 '생명-권력bio-power'이라는 이름으로 우리의 주의를 환기했다.

17 스티븐 그린블랫Stephen Greenblatt, <누가 크리스토퍼 말로를 죽였는가Who Killed Christopher Marlowe?>, 《뉴욕리뷰오브북스The New York Review of Books》, LIII:6 (2006), p. 44.

18 나오미 클라인Naomi Klein, 《슈퍼 브랜드의 불편한 진실No Logo》, 2000, p. 237.

19 발터 벤야민이 1927년 모스크바를 방문한 때에 관한 에세이는 문화혁명의 실존적인 본질을 전형적인 예리함과 간결함으로 포착한다. "여

기서는 삶이 실험실 탁자에 놓여 있다. 그러고는 마치 모든 수단을 통해 알려지지 않은 물질을 추출해야 하는 금속이라도 되는 양 그것은 완전히 소진될 때까지 실험 대상이 돼야 한다. 어떤 유기체도, 어떤 조직체도 이 과정에서 예외가 아니다."

20 질 들뢰즈·펠릭스 가타리, 《천 개의 고원A Thousand Plateaus》, 1987, p. 230.

21 노스럽 프라이Northrop Frye, 《비평의 해부Anatomy of Criticism》, 1957, p. 99.

22 여기서 제임슨이 《보이는 것의 날인Signatures of the Visible》 pp. 228~229에 봉건제에서 자본제로 이행이 (프로이트의 오이디푸스콤플렉스와 동등하지만, 그보다 강한) 마르크스주의의 근본적인 서사라는 가설을 제시한다는 사실에 주목해야 한다.

4장 포스트모더니즘

1 데리다와 제임슨의 비유는 내가 한 것이다. 제임슨이 개념화한 포스트모더니즘에 관한 앤더슨의 열의는 그의 초기 작업을 아는 사람들에게 매우 놀랍게 다가온다. 앤더슨은 이 조어를 모더니즘(앤더슨의 관점에 따르면 이 단어 자체가 무익하며 이데올로기적으로 결핍됐다)의 잔해에 매달리려는 시도로 파악하며, 그 결과로 "자축의 연대기의 연속적 회귀 속에서 한 공백이 다른 공백을 쫓는다"고 서술한 적이 있다. 이는 1983년에 쓴 것으로, 제임슨이 포스트모더니즘이라는 단어를 사용한 것이 앤더슨의 비평을 참고했는지는 확실하지 않다. 페리 앤더슨, 《교전 지역A zone of engagement》, 1992, p. 45.

2 이 버전의 논문은 제임슨의 《문화적 전환The Cultural Turn》에도 재수록됐다.

3 제임슨은 자신의 취향을 명확하게 밝힌다. "나는 포스트모더니즘 혹은 최소한 그 일부에 대한 비교적 열정적인 소비자로서 이 글을 쓴다. 나는 건축과 여러 새로운 시각예술 작품을 좋아하며, 특히 새로운 사진 예술

을 좋아한다. 음악 듣기나 시 읽기도 싫지 않다. 새로운 문화 영역 중 소설이 가장 취약한데, 영화와 비디오 같은 다른 내러티브 경쟁자보다 상당히 뒤처졌다(최소한 고급 문학 소설은 그렇다. 하지만 하위 장르의 내러티브는 상당히 좋다. 제삼세계 내러티브 장르는 전혀 다르다). 일반적인 생활 세계가 향상됨에 따라 음식과 패션 역시 상당히 발전했다"(PCL, 298~299).

4 우연히 이 건물들은 뉴욕 세계무역센터 설계자로 유명한 건축가 미노루 야마사키가 설계했다.

5 데이비드 하비David Harvey, 《포스트모더니티의 조건: 문화 변화의 근원에 관한 연구The Condition of Postmodernity: An Enquiry into the Origins of Cultural Change》, 1990, p. 39.

6 로버트 벤투리Robert Venturi· 데니스 스콧 브라운Denise Scott Brown· 스티븐 이제누르Steven Izenour, 《라스베이거스의 교훈: 잊힌 건축 형식의 상징주의Learning from Las Vegas: The Forgotten Symbolism of Architectural Form》, 1972, p. 87.

7 '신경제'에 대한 비판은 다음을 참고하라. 더그 헨우드Doug Henwood, 《신경제 이후After the New Economy》, 2003.

8 제임슨이 리오타르의 《포스트모던의 조건》 서문에서 언급하듯이, 만델은 벨이 자본주의는 끝났음을 보여주기 위해 사용한 모든 지표가 "고전 마르크스주의 용어로 설명할 수 있다"는 것을 나타내는 경제 변화에 관해 설명했다(F2, xiv).

9 페리 앤더슨(OP, 78~83)은 제임슨이 만델을 받아들였을 때의 특정한 불일치에 대한 비판적 반응에 유용한 설명을 제공한다.

10 피터 고언Peter Gowan, 《글로벌 갬블: 세계 지배를 위한 워싱턴의 파우스트적 시도The Global Gamble: Washington's Faustian Bid for World Dominance》, 1999, p. 19~38.

11 농업 일자리가 사라지면서 농민이 일자리를 찾아 도시로 대규모로 이주한 결과, 새로운 도시 황무지가 만들어졌다. 마이크 데이비스Mike Davis, 〈슬럼가의 행성: 도시 혁명과 비공식 프롤레타리아Planet of

Slums: Urban Involution and the Informal Proletariat〉, 《뉴레프트리뷰》 2 26 (2004), pp. 5~34.

12 '녹색혁명'의 영향이 지속되는 것을 보여주는 현대의 사례로 스테파니 블랙Stephanie Black의 놀라운 다큐멘터리 〈삶과 빚Life and Debt〉 (2001)을 참고하라.

13 '비동기의 동기화'의 의의는 베네딕트 앤더슨Benedict Anderson이 일간신문의 출현으로 그 기원을 추적함으로써 이목을 끌었다. 베네딕트 앤더슨, 《상상된 공동체: 민족주의의 기원과 보급에 대한 고찰 Imagined Communities: Reflections on the Origins and Spread of Nationalism》, 1983.

14 여기서는 제임슨이 설명한 해석학적 모델을 적용한다(SV, 208/426)

15 사이먼 듀링Simon During, 〈포스트모더니즘 혹은 포스트식민주의의 현재Postmodernism or Post-Colonialism Today〉, 《텍스트적 실천 Textual Practice》, 1:1 (1987), pp. 32~67.

16 다른 곳에서 제임슨(TL, 199)은 과장된 채색이 유사한 효과를 낼 수 있으며, 이를 후기 자본주의의 표현으로 읽어야 한다고 제안한다.

17 브라이언 마수미Brian Massumi, 《가상계: 운동, 정동, 감각의 아쌍블라주Parables for the Virtual: Movement, Affect, Sensation》, 2002, p. 27.

18 제임슨은 안데르스 스테판손Anders Stephanson과 한 인터뷰에서 자신의 논의가 발생시킨 몇 가지 비판과 혼란에 답한다(RP).

19 들뢰즈와 가타리에 따르면, 정동은 탈주체화된 문학의 발명이다. 따라서 그들이 말하는 정동은 제임슨이 말하는 정동이 사실상 약해졌을 때만 중심적인 역할을 차지할 수 있다. 이에 관해서는 다음을 참고하라. 질 들뢰즈·펠릭스 가타리, 《천 개의 고원》, p. 356.

20 나중에 포스트모더니즘을 재고한 제임슨(ET, 709)은 자신이 의미하는 바(다만 '정동의 쇠퇴'라는 개념이라고 언급하진 않는다)를 더욱 날카롭게 설명한다. 포스트모던의 삶은 이제 완성될 수 있는 어떤 것으로 운명

의 관점에서 살거나 생각되지 않는다.

21 모더니즘과 관련해 이 생각을 명확히 전개한 것으로 다음을 참고하라. IT2, 14.

22 그는 아이러니가 "냉전 기간(그 흔적과 교착 상태가 낙인처럼 남은)에 발전한 후기 모더니즘과 근대 이데올로기의 전형적인 표현이다"라고 주장한다(AF, 179).

23 '리비도적 역사주의'(플로베르의 저작에서) 개념의 흥미로운 발전은 FLH를 참고하라.

24 맥도날드 매장이나 로라애슐리, 레스토레이션하드웨어 가구 카탈로그가 일례다. 이런 측면에서 감독이 자신의 이야기를 기반으로 한 영화 〈맥시멈 오버드라이브Maximum Overdrive〉(King, 1986)와 TV 시리즈 〈도슨의 청춘일기Dawson's Creek〉를 비교하면 두 작품 모두 노스캐롤라이나주와 윌밍턴에서 촬영했지만, 설정을 다루는 법이 대조적이라 마치 다른 행성에서 촬영한 것처럼 보인다. 이 비교에서 아이러니한 지점은 현대의 '분산된' 도시를 가장 '현실적으로' 재현하는 것이 스티븐 킹의 영화라는 사실이다.

25 여기서 〈타이타닉〉과 〈킹콩〉 여주인공의 '독립성'을 살펴보자. 케이트 윈즐릿과 나오미 왓츠는 이 제약의 징후다. 이 제약은 의식적으로 시대착오적이지만 신중하게 억제됐다. 등장인물은 의견을 '거침없이' 말할 수 있을지 몰라도 실제로 남성의 시선에 종속되는 것 외에는 거의 아무것도 하지 않는다.

26 제임슨(CT, 133~135)은 이 특수한 서사의 전환을 '개탄스럽다'고 표현한다. 이 '의사疑似 미학주의'는 이런 영화의 방식이 가끔 생성할 수 있는 가장 확실한 역사성도 차단하기 때문이다.

27 데릭 그레고리Derek Gregory, 《지리적 상상력Geographical Imaginations》, 1994, p. 139. 할 포스터Hal Foster는 최근 현대건축이 제임슨이 말하는 '공간이란 무엇인가'에 부응하려고 노력하며, 그 결과 빌바오 구겐하임 같은 팽창된 공상의 비행을 생성한다고 말한다.

할 포스터, 《디자인과 범죄 그리고 그에 덧붙인 혹평들Design and Crime(And Other Diatribes)》, 2002, p. 38.

28 제임슨의 보나벤처 분석을 둘러싼 이러한 비판적인 반응은 다음에서 더욱 발전적으로 논의되고 있다. 다음을 참조할 것. 이언 뷰캐넌, 《들뢰즈주의: 메타코멘터리》, 2000, p. 144.

29 마이크 데이비스Mike Davis, 〈도시 르네상스와 포스트모더니즘 정신Urban Renaissance and the Spirit of Postmodernism〉, 《뉴레프트리뷰》 151 (1985), pp. 106~113.

30 아날로공analogon 개념은 장 폴 사르트르, 《상상계Psychology of Imagination》, 1972에서 가져왔다. "아날로공이란 우리의 독해나 관람 경험에서, 우리의 해독 작용이나 미학적 수용에서 구조적 관계를 가리키는 것으로, 이중적인 임무를 수행하는 데 미학적 대상 속에서 바로 그 성격상 직접적으로 '표현'되지 않는 외부 현상을 대체하고 대표하는 것이다"(SV, 53/114).

31 빌 브라운Bill Brown, 〈포스트모더니티의 어두운 숲(공간, 믿음, 알레고리)The Dark Wood of Postmodernity(Space, Faith, Allegory)〉, PMLA, 120:3 (2005), p. 734.

5장 인식적 지도 그리기와 유토피아

1 이는 내가 가끔 동의하는 들뢰즈와 가타리의 독해가 아님을 밝혀둔다. 내가 보기에 이는 본말전도다. 그들은 정신분열증의 경향이 자본주의에 선행하고, 자본주의는 그 잠재력을 최대한 활용하는 것에 지나지 않는다고 주장하기 때문이다.

2 콜린 매케이브Colin MacCabe, 〈서문Preface〉, 프레드릭 제임슨, 《지정학적 미학: 세계 체제에서 영화와 공간The Geopolitical Aesthetic: Cinema and Space in the World System》, 1992, p. xiv.

3 SV, 37/80.

4 "계급의식과 형상성의 관계는 추상적인 지식보다 좀 더 기초적인 것

을 요구하며, 경제학의 추상적인 확실성과 마르크스주의 사회과학보다 직감적이고 실존적인 체험 양식을 함축한다. 전자는 일상생활에서 배후에 존재하는 자본주의적 생산 논리에 대한 정보를 확산시킬 뿐이다"(SV, 37~38/80~82).

5 낸시 프레이저Nancy Fraser와 코넬 웨스트Cornel West의 답변을 참조할 것(CM, 358~360).

6 린다 허천Linda Hutcheon, 《포스트모더니즘의 정치The Politics of Postmodernism》, 1989, p. 65. 우리는 이 읽기를 다른 방식으로 거부할 수도 있다. 루슈디와 그라스, 마르케스가 그랬듯이 이른바 마술적 리얼리즘은 다른 리얼리즘, 아니 다른 허구보다 총체적이다. 이는 (a) 집합적 기억의 비역사적인 시간과 (b) 집합적 상상력의 비역사적인 시간에 형상을 부여하는 수단을 찾기 때문이다. 혹자는 이를 프랑코 모레티가 그런 것처럼 피해자가 부여한 식민주의에 대한 면죄이자, 그런 의미에서 극히 반동적인 형식으로 볼 수 있다. 프랑코 모레티, 《근대의 서사시: 괴테의 <파우스트>에서 마르케스의 <백년의 고독>까지 근대문학 속의 세계 체제 읽기Modern Epic: The World System from Goethe to Garcia Márquez》 (trans. Q. Hoare; London: Verso, 1996), p. 250.

7 에릭 홉스봄Eric Hobsbawm, 《제국의 시대The Age of Empire: 1875-1914》, 1987, p. 60.

8 여기서 주목해야 할 점은 제임슨(U, 133)이 조이스에 관한 첫 논문에서 '인식적 지도 그리기' 개념의 창시자인 케빈 린치에 관해 언급했다는 사실이다. 제임슨은 이 개념을 사용해 더블린을 설명하지만, 아직 현재 개념의 형태를 갖추지 않았다.

9 미국에서 이에 관한 가장 예리한 표현은 그 시대의 장르 소설, 특히 서부극에서 찾아볼 수 있다. 그 주요한 발명품인 '카우보이'는 제국주의를 확장한 도구이자 징후다. 오스트레일리아에서는 헨리 리처드슨Henry Handel Richardson이 쓴 《리처드 마호니의 운명The Fortunes of Richard Mahony》 같은 표현주의 리얼리즘 소설에 그 특징이 드러

난다. 이 소설은 일차산업(특히 금광과 목양)의 호황과 불황을 유럽의 풍속이나 감성이 정착민에게 야기하는 실존의 권태로움과 함께 지도 그린다.

참고문헌

제임슨의 저작

Archaeologies of the Future: The Desire Called Utopia and Other Science Fictions (London: Verso, 2005).

'Symptoms of Theory or Symptoms for Theory?', *Critical Inquiry* 30:2 (2004), pp. 403~408.

'On Representing Globalisation' (unpublished paper presented at 'Globalisation and Indigenous Cultures' conference, Zhengzhow University, China, 2004), pp. 1~27.

'*Dekalog* as *Decameron*', in D. Kellner and S. Homer (eds), *Fredric Jameson: A Critical Reader* (London: Palgrave, 2004), pp. 210~222.

'Marc Angenot, Literary History, and the Study of Culture in the Nineteenth Century', *The Yale Journal of Criticism* 17:2 (2004), pp. 233~253.

'Future City', *New Left Review 2* 21 (2003), pp. 65~79.

'The End of Temporality', *Critical Inquiry* 29 (2003), pp. 695~718.

A Singular Modernity: Essay on the Ontology of the Present (London: Verso, 2002).

'From Metaphor to Allegory', in C. Davidson (ed.), *Anything* (Cambridge, Mass.: The MIT Press, 2001), pp. 25~36.

'Globalisation and Political Strategy', *New Left Review 2* 4 (2000), pp. 49~68.

The Cultural Turn: Selected Writings on the Postmodern, 1983-1998 (London: Verso, 1998).

'Notes on Globalisation as a Philosophical Issue', in F. Jameson and M. Miyoshi (eds), *The Cultures of Globalisation* (Durham: Duke University Press, 1998), pp. 54~77.

'Marxism and the Historicity of Theory: An Interview with Fredric Jameson', *New Literary History* 29:3 (1998), pp. 354~383.

Brecht and Method (London: Verso, 1998).
'Persistencies of the Dialectic: Three Sites', *Science and Society*, 62:3 (1998), pp. 358~372.
'Interview with Fredric Jameson', in E. Corredor (ed.), *Lukács After Communism: Interviews with Contemporary Intellectuals* (London: Duke University Press, 1997).
'Marx's Purloined Letter', *New Left Review* 209.4 (1995), pp. 86~120.
The Seeds of Time (New York: Columbia University Press, 1994).
'Americans Abroad: Exogamy and Letters in Late Capitalism', in S. Bell *et al.* (eds), *Critical Theory, Cultural Politics, and Latin American Narratives* (Notre Dame and London: University of Notre Dame Press, 1993), pp. 35~60.
'On Cultural Studies', *Social Text* 34 (1993), pp. 17~52.
Signatures of the Visible (London: Routledge, 1992).
The Geopolitical Aesthetic: Cinema and Space in the World System (London: BFI Publishing, 1992).
Postmodernism, or, the Cultural Logic of Late Capitalism (Durham: Duke University Press, 1991).
Late Marxism: Adorno or The Persistence of the Dialectic (London: Verso, 1990).
'Regarding Postmodernism: A Conversation with Fredric Jameson', in D. Kellner (ed.), *Postmodernism, Jameson, Critique* (Washington, DC: Maisonneuve Press, 1989), pp. 43~74.
The Ideologies of Theory: Essays 1971-1986. Volume 1: *Situations of Theory* (Minneapolis: University of Minnesota Press, 1988).
The Ideologies of Theory: Essays 1971-1986. Volume 2: *Syntax of History* (Minneapolis: University of Minnesota Press, 1988).
'Modernism and Imperialism', *Nationalism, Colonialism and Literature (Field Day Pamphlet 14)* (Derry: Field Day Theatre Company, 1988).
'Cognitive Mapping', in C. Nelson and L. Grossberg (eds), *Marxism and the Interpretation of Culture* (London: MacMillan, 1988), pp. 347~360.
'Foreword', in Algirdas Julien Greimas *On Meaning: Selected Writings in Semiotics Theory* (trans. Paul J. Perron and Frank H. Collins; Minneapolis:

University of Minnesota Press, 1987).
'Third-World Literature in the Era of Multinational Capitalism', *Social Text* 15 (1986), pp. 65~88.
Sartre: The Origins of a Style (New York: Columbia University Press, 1984[1961]).
'Flaubert's Libidinal Historicism: *Trois Contes*', in N. Schor and H. Majewski (eds), *Flaubert and Postmodernism* (Lincoln and London: University of Nebraska Press, 1984), pp. 76~83.
'Wallace Stevens', *New Orleans Review* 11:1 (1984), pp. 10~19.
'Rimbaud and the Spatial Text', in T. Wong and M. A. Abbas (eds), *Rewriting Literary History* (Hong Kong: Hong Kong University Press, 1984), pp. 66~93.
'Foreword', in Jean-François Lyotard, *The Postmodern Condition: A Report on Knowledge* (trans. G. Bennington and B. Massumi; Minneapolis: University of Minnesota Press, 1984), pp. vii~xxi.
'"Ulysses" in History', in W. J. McCormack and A. Stead (eds), *James Joyce and Modern Literature* (London: Routledge and Kegan Paul, 1982), pp. 126~141.
The Political Unconscious: Narrative as a Socially Symbolic Act (London: Routledge, 1981).
Fables of Aggression: Wyndham Lewis, the Modernist as Fascist (Berkeley: University of California Press, 1979).
'Towards a Libidinal Economy of Three Modern Painters', *Social Text* 1:1 (1979), pp. 189~199.
'History and the Death Wish: *Zardoz* as Open Form', *Jump Cut* 3 (1974), pp. 5~8.
The Prison-House of Language: A Critical Account of Structuralism and Russian Formalism (Princeton: Princeton University Press, 1972).
'The Great American Hunter: Ideological Content in the Novel', *College English* 34 (1972), pp. 180~197.
Marxism and Form: Twentieth-Century Dialectical Theories of Literature (Princeton: Princeton University Press, 1971).

다른 작가의 저작

Agamben, G., *Means without End: Notes on Politics* (trans. V. Binetti and C. Casarino; Minneapolis: University of Minnesota Press, 2000).

Anderson, B., *Imagined Communities: Reflections on the Origins and Spread of Nationalism* (London: Verso, 1983).

Anderson, P., *The Origins of Postmodernity* (London: Verso, 1998).

Anderson, *A Zone of Engagement* (London: Verso, 1992).

Barthes, R., *The Pleasure of the Text* (trans. R. Miller; New York: Hill and Wang, 1975).

Belsey, C., *Critical Practice* (London: Routledge, 2000).

Benjamin, W., *One-Way Street* (trans. E. Jephcott and K. Shorter; London: Verso, 1979).

__________, *Charles Baudelaire: A Lyric Poet in the Era of High Capitalism* (trans. H. Zohn; London: Verso, 1973).

Biskind, P., *Easy Riders, Raging Bulls: How the Sex 'n' Drugs 'n' Rock 'n' Roll Generation Saved Hollywood* (London: Bloomsbury, 1999).

Bourdieu, P., *The Field of Cultural Production: Essays on Art and Literature* (Cambridge: Polity Press, 1993).

Brown, B., 'The Dark Wood of Postmodernity (Space, Faith, Allegory), *PMLA*, 120:3 (2005), pp. 734~750.

Buchanan, I., 'The Counter-Revolution in the Revolution', *Arena Journal* 25-26 (2006), pp. 83~98.

__________, 'National Allegory Today—A Return to Jameson', in C. Irr and I. Buchanan (eds), *On Jameson: From Postmodernism to Globalisation* (New York: SUNY Press, 2006), pp. 173~188.

__________, 'Space in the Age of Non-Place', in I. Buchanan and G. Lambert (eds) *Deleuze and Space* (Edinburgh: Edinburgh University Press, 2005), pp. 16~35.

__________, 'Inevitable Fusion? King Kong and the Libeskind Spire', *Antithesis* 14 (2004), pp. 170~174.

__________, 'Reading Jameson Dogmatically', *Historical Materialism* 10:3

(2002), pp. 223~243.

__________, *Deleuzism: A Metacommentary* (Edinburgh: Edinburgh University Press, 2000).

Butler, R., *Slavoj Žižek: Live Theory* (New York and London: Continuum, 2005).

Callinicos, A., *Against Postmodernism: A Marxist Critique* (Cambridge: Polity Press, 1989).

Chakrabarty, D., *Provincialising Europe: Postcolonial Thought and Historical Difference* (Princeton: Princeton University Press, 2000).

Clark, T. J., Farewell to an Idea: Episodes from a History of Modernism (New Haven: Yale University Press, 1999).

Davis, M., 'Planet of Slums: Urban Involution and the Informal Proletariat', *New Left Review 2* 26 (2004), pp. 5~34.

________, 'Urban Renaissance and the Spirit of Postmodernism', *New Left Review* 151 (1985), pp. 106~113.

Davis, M., et al. *Under the Perfect Sun: The San Diego Tourists Never See* (New York: The New Press, 2003).

Deleuze, G., *The Logic of Sense* (trans. M. Lester with C. Stivale; London: Athlone Press, 1990).

_________, *Cinema 2: The Time-Image* (trans. H. Tomlinson and R. Galeta; Minneapolis: University of Minnesota Press, 1989).

Deleuze, G. and F. Guattari, *What is Philosophy?* (trans. H. Tomlinson and G. Burchell; London: Verso, 1994).

______________________, *A Thousand Plateaus* (trans. B. Massumi; Minneapolis: University of Minnesota Press, 1987).

Derrida, J., 'Marx & Sons', in M. Sprinker (ed.) *Ghostly Demarcations: A Symposium on Jacques Derrida's Spectres of Marx* (London: Verso, 1999), pp. 213~262.

During, S., 'Postmodernism or Post-Colonialism Today', *Textual Practice*, 1:1 (1987), pp. 32~67.

Eagleton, T., 'Making a Break', *London Review of Books* 28:5 (2006), pp. 25~26.

_________, *Walter Benjamin, or Towards a Revolutionary Criticism*

(London: Verso, 1981).
Foster, H., *Design and Crime (And Other Diatribes)* (London: Verso, 2002).
Frye, N., *Anatomy of Criticism* (London: Penguin, 1957).
Gowan, P., *The Global Gamble: Washington's Faustian Bid for World Dominance* (London: Verso, 1999).
Greenblatt, S., 'Who Killed Christopher Marlowe', *The New York Review of Books* LIII: 6 (2006), pp. 42~46.
Gregory, D., *Geographical Imaginations* (Oxford: Blackwell, 1994).
Hardt, M. and A. Negri, *Multitude: War and Democracy in the Age of Empire* (London: Hamish Hamilton, 2004).
____________, *Empire* (Cambridge, Mass.: Harvard University Press, 2000).
Harvey, D., *The Condition of Postmodernity: An Enquiry into the Origins of Cultural Change* (Cambridge: Blackwell, 1990).
Henwood, D., *After the New Economy* (New York: The New Press, 2003).
Hobsbawm, E., *The Age of Empire: 1875-1914* (London: Weidenfeld and Nicolson, 1987).
Hutcheon, L., *The Politics of Postmodernism* (London: Routledge, 1989).
____________, *A Poetics of Postmodernism: History, Theory, Fiction* (London: Routledge, 1988).
Klein, N., *No Logo* (London: Flamingo, 2000).
Lévi-Strauss, C., *Tristes Tropiques* (trans. J. and D. Weightman; London: Penguin Books, 1992).
____________, *The Savage Mind* (Chicago: Chicago University Press, 1966).
Lurie, A., 'The Passion of C. S. Lewis', *The New York Review of Books* LIII:2 (2006), pp. 10~13.
Lyotard, J.-L., *The Postmodern Condition: A Report on Knowledge* (trans. G. Bennington and B. Massumi; Minneapolis: University of Minnesota Press, 1984).
MacCabe, C., 'Preface', in F. Jameson, *The Geopolitical Aesthetic: Cinema and Space in the World System* (London: BFI, 1992).
Massumi, B., *Parables for the Virtual: Movement, Affect, Sensation* (Durham,

NC: Duke University Press, 2002).

Moretti, F., *Modern Epic: The World System from Goethe to García Márquez* (trans. Q. Hoare; London: Verso, 1996).

Parenti, C., *Lockdown America: Police and Prisons in the Age of Crisis* (London: Verso, 1999).

Said, E., *Out of Place: A Memoir* (London: Granta, 1999).

Sontag, S., *Against Interpretation* (London: Vintage, 2001).

Szeman, I., *Zones of Instability: Literature, Postcolonialism, and the Nation* (Baltimore: The Johns Hopkins University Press, 2003).

Venturi, R., D. Scott Brown and S. Izenour, *Learning from Las Vegas: The Forgotten Symbolism of Architectural Form* (Cambridge, Mass.: The MIT Press, 1972).

West, C., 'Fredric Jameson's Marxist Hermeneutics', *Boundary 2* 11:1~2 (1982), pp. 177~200.

White, H., *The Content of the Form: Narrative Discourse and Historical Representation* (Baltimore: The Johns Hopkins University Press, 1987).

Willis, S., *Portents of the Real: A Primer for Post-9/11 America* (London: Verso, 2005).

Wollen, P., *Readings and Writings* (London: Verso, 1982).

Žižek, S., 'Between Two Deaths', *London Review of Books* 26 (2004), p. 11.

_______, *Tarrying with the Negative: Kant, Hegel, and the Critique of Ideology* (Durham, NC: Duke University Press, 1993).

_______, *The Sublime Object of Ideology* (London: Verso, 1990).